플라톤 철학과 헬라스 종교

플라톤 철학과 헬라스 종교

칼 알버트 | 이강서 옮김

Griechische Religion
und Platonische Philosophie

대우학술총서
604

아카넷

이 책은 칼 알버트(Karl Albert, 1921-2008)의 *Griechische Religion und Platonische Philosophie*(Hamburg: Felix Meiner, 1980)를 완역한 것이다. 원래 제목은 『헬라스 종교와 플라톤 철학』이지만 번역본에서는 순서를 바꾸어 『플라톤 철학과 헬라스 종교』로 했다.

1959년 이래로 독일 튀빙엔대학교의 고전학자 볼프강 샤데발트(Wolfgang Schadewaldt)의 두 제자 한스 요아킴 크래머(Hans Joachim Krämer)와 콘라드 가이저(Konrad Gaiser)를 중심으로 "플라톤 연구에서의 패러다임 변경"이 줄기차게 제기되어왔다. 튀빙엔대학교 고전학자들은 이런 시도를 통해 튀빙엔학파라는 이름을 얻었다. 이 패러다임 변경의 핵심은 문자화되어 우리에게 직접 전승된 대화편들뿐만 아니라 플라톤이 아카데미아에서 강의했으며 우리에게는 간접적으로만 전승된 '문자화되지 않은 이론'(agrapha dogmata)도 함께 고려해야만 플라톤 철학의 전모를 제대로 이해할 수 있다는 것이다. 이 문제를 둘러싸고 치열한 논쟁이 벌어졌으며 급기야 1967년 9월 당시 철학계에서 두루 존경받던 가다머(Hans-Georg Gadamer)는 하이델베르크 교외의 작은 마을 로이터스하우젠(Leutershausen)에서 대표적 고대철학 전문가들을 망라한 24명을 초청해서 콜로퀴엄을 열기에 이른다. 이 콜로퀴엄에서 발표된 5편의 논문이 『이데아와 수』(Idee und Zahl)라는 제목으로 출판되었다. 이 논문 모음집의 제목은 의미심장하다. 여기에서 'Idee'는 물론 전통적 플라톤 해석에서의 핵심 개념인 '이데아'를 가리키고, 'Zahl'은 튀빙엔학파가 플라톤 철학의 핵심으로 이해하는 '일자'(一者, to hen)를 의미한다. 과연 플라톤 철학의 핵심은 우리가 그의 대화편들에서 볼 수 있는 '이데아 이론'(ideology)인가, 아니면 플라톤이 아카데미아에 모인 소수의 제자들에게 강의했다는 '일자 이론'(henology)인가? 그런데 가다머가 이 로이터스하우젠 콜로퀴엄의 논문집 제목을 Idee oder Zahl이 아니라 Idee und Zahl로 한 것에 주목할 필요가 있다. 이 제목을 선택한 데에는 '이데아 이론'과 '일자 이론'의 관계를 배타적으로 이해할 것이 아니라 상보적(相補的, komplemenär)으로 보아야 한다는 생각이 개재되어 있는 것이다.

칼 알버트는 쾰른대학교와 본대학교에서 철학을 전공하고 1950년에 에리히 로타커(Erich Rothacker)의 지도로 박사 학위를 받았다. 김나지움의 철학 교사를 거쳐 1973년에서 1980년까지 라인란트 사범대학교 철학 정교수를 지냈다. 이후 1987년까지 부퍼탈대학교 철학과 정교수로 있다가 정년 퇴임했다. 그는 크래머 및 가이저와 깊은 유대를 견지했던 학자로 1988년 여름 학기에는 두 사람이 재직하던 튀빙엔대학교에 초청되어 강의했는데, 이 강의가 출발점이 되어 Über Platons Begriff der Philosophie(St. Augustin 1989, 임성철 역, 『플라톤의 철학개념』, 한양대 출판부 2002)라는 책이 나온다. 그의 주된 관심 영역은 존재론 및 형이상학, 철학사, 철학적 신비론(philosophische Mystik)이었으며, 플라톤, 마이스터 에크하르트, 루이 라벨에 대한 훌륭한 연구서를 남겼다. 알버트의 주요 저서로는 다음을 들 수 있다.

Die ontologische Erfahrung, Ratingen 1974.

Vom Kult zum Logos, Hamburg 1982.

Mystik und Philosophie, St. Augustin 1986.

Philosophie der Philosophie, St. Augustin 1988.

Philosophische Studien, 5권(철학의 철학, 예술의 철학, 종교의 철학, 사회
성의 철학, 교육의 철학), 1988-1992.

Lebensphilosophie, 1995.

Philosophie im Schatten von Auschwitz, 1995.

Einführung in die philosophische Mystik, Darmstadt 1996.

Lavelle und die Philosophie des 20. Jahrhunderts, 1997.

Betrachtungen zur Geschichte der Philosophie, 3권, 1998-2000.

Philosophie als Form des Lebens, E. Jain과 공저 2000.

Platonismus, Platons Erbe und das abendländische Philosophieren,
Darmstadt 2008.

알버트는 생전에 종교철학에 집중하는 마인츠대학교 철학과 모리
스 블롱델 연구소와 긴밀한 관계를 맺고 있었다. 알버트는 역자가 마
침 연구년을 맞아 독일에 체류하고 있던 2008년 10월에 사망했다. 이
후 모리스 블롱델 연구소에는 박사 과정 학생을 지원하는 칼 알버트
장학금이 새로 마련되었다.

『플라톤 철학과 헬라스 종교』는 플라톤 철학을 9개의 열쇠 개념을
통해 추적한다. 이 9개의 열쇠 개념은 Apollon, idea, to hen, anabasis,
eros, thaumazein, athanasia, mysterion, Dionysos이다. 고찰의 첫 개
념이 아폴론이요 마지막 개념이 디오니소스인 것에 주목해야 한다.
알버트는 니체를 통해서 널리 알려진 '아폴론적/디오니소스적'이라
는 개념 쌍을 플라톤 철학을 이해하고 분석하는 데에 적용한다. 또

'이데아'에 이어서 곧바로 '일자'를 검토하는 것도 우연이 아니다. 이 9개의 고찰 앞에는 '앞에 놓이는 말'(Prolog, 들어가는 말)이, 9개의 고찰 뒤에는 '뒤에 놓이는 말'(Epilog, 맺는 말)이 붙어서 이 책은 모두 11개 장으로 이루어져 있다.

알버트가 보기에 플라톤 철학은 헬라스 종교의 연장, 곧 신과의 유대(紐帶)를 복구하는 일의 연장으로 드러난다. 플라톤 철학의 이런 종교적 특징은 오랫동안 아리스토텔레스 철학의 학문적 성격에 가려 있었다. 알버트는 이 책의 맺는 말에서 지금까지의 형이상학을 크게 세 가지로 구별한다. 그 하나는 아리스토텔레스로 대표되고 스콜라철학과 칸트로 이어지는 학문적 형이상학이다. 또 하나는 플라톤으로 대표되며 플로티노스와 아우구스티누스로 이어지고 데카르트와 현대의 루이 라벨에게서도 뚜렷하게 나타나는 종교적 형이상학이다. 세 번째 것은 헤겔로 대표되며 현대에는 뢰비트에게서 전형적으로 찾아볼 수 있는 역사적 형이상학이다. 알버트는 플라톤이 대표하는 종교적 방향의 형이상학의 특징이 무엇이며 이 형이상학이 철학사에서 어떻게 계승되어왔는지를 드러내고자 한다. 1880년대에 니체는 "모든 철학의 목적은 신비적 직관(intuitio mystica)이다"라고 했다. 이 말은 알버트가 이해하는 플라톤 철학의 성격에 너무도 잘 들어맞는다고 할 것이다.

이 책은 플라톤의 대표적인 중기 대화편들인 『파이돈』, 『심포시온』 그리고 『국가』를 면밀히 분석함으로써 플라톤 철학의 종교적 계기를 선명하게 드러낸다. 이 종교적 계기는 '이데아 이론'과 '일자 이론', 대화편들과 문자로 정착되지 않은 구두의 가르침, exoterika와 esoterika 사이의 소통 가능성을 열어준다.

잘 알려져 있듯이 그리스 철학은 기독교와 복잡한 관계를 맺는다. 이 둘 사이의 동일성과 차이성 그리고 연관성을 밝히는 일은 어렵지만 매력적인 일이다. 그런데 그리스 철학과 기독교 사이의 중층적 관계를 제대로 이해하고 평가하자면 먼저 플라톤 철학과 헬라스 종교 사이의 관계를 깊이 있게 고찰하는 일이 필수적이라고 말할 수 있다.

독일 유학 시절 뮌헨대학교 동학 김수배 박사(현재 충남대학교 철학과 교수)가 이 책을 뮌헨대학교 뒤편 고서점에서 구하여 나에게 선물했다. 처음 이 책을 펼쳤을 때의 기쁨과 떨림이 아직도 조금은 남아 있다. 특유의 투명한 필체로 플라톤 철학을 추적하는 이 책을 언젠가는 우리말로 번역하리라 다짐했다. 그 뒤로 제법 긴 세월이 흘렀다. 그 사이 전남대학교 철학과의 대학원 수업에서 이 책을 텍스트로 삼기도 했다. 일찌감치 초벌 번역을 마치고도 이런저런 사정으로 출판이 자꾸 미뤄졌다. 이제야 비로소 한국학술협의회와 아카넷의 도움을 받아 세상의 빛을 보게 되었다. 출판 지원을 해주신 한국학술협의회의 박은진 님과 품위 있는 책으로 만들어주신 아카넷의 오창남 님과 김재호 님께 깊은 감사를 드린다.

2011년 7월 빛고을 용봉동 연구실에서

이강서

차례

들어가는 말

철학에 그 이름을 부여하고 처음으로 철학의 본질에 대해 깊이 생각한 사람은 바로 플라톤이다. 중기의 저작들, 이를테면 『파이돈』, 『심포시온』 그리고 『국가』에서 되풀이해서 '철학에 대한 철학'이 개진된다. 따라서 우리는 철학이 원래 무엇이었는가를 (또한 어쩌면 더 나아가 철학이 도대체 무엇이어야 하는가까지도) 다른 누구보다도 바로 플라톤에게서 배울 수 있다. 나토르프(P. Natorp)도 이 점을 간파하고 다음과 같이 썼다. "플라톤 철학에 입문하게 하는 일이 곧 철학을 교육하는 것으로서 철학 개념 전체는 플라톤에게서 비로소 자라난다."[1] 그렇지만 플라톤 자신을 문제 삼기 전에 플라톤 이전의 철학의 역사를 상기해야만 한다. 다시 말해서 플라톤 철학은, 모든 사상이 그렇듯이, 자신 이전의 정신사를 토대로 전개되었을 뿐만 아니라 의식적으로 이전의 사상과 결합되는 것으로 보이기도 한다.

그 이전의 사상은 종교적인 사상이다. 우리는 철학이 헬라스 종교

---

1) P. Natorp, *Platos Ideenlehre*, 2.Aufl., Leipzig 1922(재출간 Hamburg 1961), IX쪽.

로부터 전개되어 나와서 점차 독자성을 획득했다는 것을 잘 알고 있다. 이런 전개가 플라톤과 아리스토텔레스에 이르러 종결된다. 그러므로 철학은 갑자기 그리고 완성된 형태로 등장한 것이 아니다. 그런 까닭에 그리스 사람들에게서 종교와 철학 사이에 경계선을 긋기란 쉽지 않으며, 탈레스(Thales)나 아낙시만드로스(Anaximandros)를 최초의 철학자로 보아야 할지 그것도 아니라면 피타고라스(Pythagoras)를 꼽아야 할지도 어려운 일이다. 몇몇 탁월한 학자들은 철학의 출발을 훨씬 이른 시기로 잡기도 하는데, 예컨대 기원전 700년경 고대 그리스 시인으로 알려진 헤시오도스(Hesiodos)를 초기 철학적 사상가로 보는 이들도 있다. 비록 그가 아직 종교적 신화의 언어를 구사하고 있지만 말이다.

만일 우리가 종교에서 철학으로의 전개를 좀 더 자세히 고찰하려 한다면 무엇보다 헬라스 종교의 두 계기, 곧 신화(Mythos)와 제의(祭儀, Kult)를 살펴보아야 한다. 앞으로 우리가 살펴보겠지만, 원래 직접적인 연관성이 있는 이 두 계기는 그리스 사람들의 철학적 사고에 대해서만 근본적인 중요성을 갖는 것이 아니다. 다시 말하면 오늘날의 철학도 이 두 계기를 통해 규정된다. 그런데 이 두 계기가 점차 떨어져 나가서는 최소한 플라톤과 아리스토텔레스 이래로 두 가지 상이한 방식의 대립적 철학 활동을 규정하게 된다. 그 두 가지 방식은 하나는 '학문으로서의 철학'이고, 다른 하나는 '보다 높은 존재에 이르는 길로서의 철학'이다.

플라톤은 『국가』에서 철학과 시 사이에 존재하는 "오랜 불화"(607b)와 "오랜 대립"(607c)을 이야기한다. 이때 플라톤이 가리키는 것은 초기 철학과 호메로스(Homeros), 헤시오도스 및 그 밖의 다른 시인들과의 대결이다. 여기에서 문제가 되는 것은 무엇보다도 시인들이 기술하는 신화이다.

엘레아(Elea)에서 살았고 아마도 파르메니데스(Parmenides)의 스승으로 추측되는 크세노파네스(Xenophanes)도 다음과 같이 썼다. "호메로스와 헤시오도스는 인간에게 치욕이요 수치스러운 모든 일들, 훔치고 다른 이의 부인을 건드리고 서로 속이는 일들을 신들에게 적용했다"(B 11). 실제로 그리스 서사시에는 이런 종류의 신화들이 있다. 예를 들어 헤르메스는 아폴론의 소들을 훔쳤다고 하고, 제우스와 아레스는 혼외정사를 벌였으며, 다른 신들을 속이려 드는 신들의 이야기도 수없이 많다. 프로메테우스가 제물을 두고 벌이는 사기는 심지어 신과 인간의 분리를 이야기한다. 우리는 호메로스에게서 신들끼리 벌이는 다툼을 보며, 헤시오도스는 제우스가 다른 신들에 대한 지배권을 획득하기 위해 벌여야 했던 싸움들을 자세히 쓰고 있다. 이런 것들을 두고 크세노파네스는 심포시온에 대한 애가(哀歌, 悲歌, Elegie)에서 언제나 신들을 기리는 일은 좋은 것이지만 티탄 족, 기간테스 족, 켄타우로스들과의 싸움을 그려 보이는, 저 오래된 허구를 기억하는 일은 그렇지 않다고 말한다(B 1, 21-25). 나중에 플라톤의 신화 비판도 이 점을 놓고 전개된다(『국가』 377d-378d). 그래서 크세노파네스에게는 너무도 인간을 닮은 모습의 신화와 보다 순수한 신의 관념이 대비된다. "유일한 신, 신들과 인간들 사이에서 가장 위대한 신, 이 신은 죽어야 하는 존재와 그 모습도 비슷하지 않고 그 생각도 닮지 않았다"(B 23).

그러나 신화를 둘러싸고 철학자들과 시인들 사이에서 벌어진 이런 대결이 신화적 사고가 철학에 의해서 남김없이 극복되었다는 것을 의미하지는 않는다. 오히려 신화의 근본적 요소들은 철학적 사고 안에서 살아남는다. 신화에서 철학으로의 발전, 혹은 사람들이 좀 더 일반적으로 말하듯, "미토스로부터 로고스로"의 전개 과정이 있는 것이다.[2]

---

2) W. Nestle, *Vom Mythos zum Logos, Die Selbstentfaltung des griechischen*

미토스로부터 로고스로의 전개가 일어났다는 사실은 일찌감치 파악되었다. 아리스토텔레스는 벌써 신화를 철학의 전(前) 형태로 해석한다. 그는 『형이상학』 제1권에서 철학의 근원에 대해 다음과 같이 쓰고 있다. "지금이나 시초에나 인간은 놀라움을 통해서 철학하기 시작했다. … 그런데 어떤 것을 두고 불확실한 상태에 있고 놀라워하는 사람은 그것을 알고 있다고 생각하지 않는다. 그렇기 때문에 미토스를 사랑하는 사람(φιλόμυθος)도 어떤 의미에서는 지혜를 사랑하는 사람(φιλόσοφος)이다. 왜냐하면 신화는 놀라움을 불러일으키는 것들로 이루어져 있기 때문이다"(『형이상학』 I 982b). 또 그는 자신이 최초의 자연철학자로 보는 밀레토스의 탈레스가 만물의 근원이 물이라고 한 명제는 신화에 기인한 것이라고 한다. "많은 이들은 우리 시대 훨씬 이전에 신에 대해 최초로 사색한 옛 사람들이 탈레스와 같은 생각을 품었다고도 여겼다. 왜냐하면 이 옛 사람들은 오케아노스와 테티스로 하여금 우주를 생겨나게 했으니 말이다"(『형이상학』 I 983b). 아리스토텔레스가 이렇게 말하는 것은 호메로스를 가리키는 것이다. 즉 『일리아스』의 14번째 노래에 보면 오케아노스가 "만물의 근원"(γένεσις πάντεσσι, V. 246)이라고 하고, 그보다 조금 앞에서는 오케아노스를 신들의 근원으로, 테티스를 신들의 어머니로 표현한다(V. 201). 따라서 신화는 비록 묘사적이고 의인화된 종교 언어로 그렇게 하기는 하지만 철학과 똑같은 것을 말하는 것이다. 그런 까닭에 아리스토텔레스는 신화에서 벌써 어떤 철학적인 것을 발견하고 있는 것이다.

신화의 네 가지 특징이 우리가 어떻게 신화적 사고로부터 철학적

Denkens von Homer bis auf die Sophistik und Sokrates, Stuttgart 1940(재발간 1941, 1975).

사고로 이행할 수 있었는지를 이해하게 해준다. 즉 신화는 성스러운 이야기이며, 참된 이야기이고, 초시간적인 이야기이자 모범을 보여주는 이야기이다. 이 모든 특징이 철학적 사고에 의해 받아들여졌다.

첫째로 신화는 성스러운 이야기, 곧 "신들과 영웅들이 태초에 행한 것에 대한 보고"[3]이다. 다시 말해서 "신화는 절대적인 성스러움을 계시한다. 왜냐하면 신화가 신들의 창조 행위에 대해 보고하고 이 신들의 작품들이 성스러움을 열어 보이기 때문이다."[4] 이 계시(Offenbarung)는 동시에 다른 모든 존재가 거기로 돌아가고 다른 모든 존재가 그것으로부터 그 가치를 얻는 저 보다 높은 존재의 계시이기도 하다. "모든 신화는 우주라는 전체적 실재이든지 아니면 섬이라든가 어떤 종의 식물이라든가 인간의 관습과 같은 부분적 실재이든지 간에, 어떻게 이 실재가 생겨나는지를 이야기한다."[5] 철학은 이러한 신화의 형태를 포기하지만 신화에서 본질적이었던 것을 넘겨받는다. 그 본질적인 것이란 보다 높은 실재성, 존재를 부여하는 실재성의 계시이다. 신화는 어떤 것이 어떻게 해서 존재하기 시작하는지를 이야기한다. "이런 이유로 신화는 존재론과 밀접한 연관성이 있다."[6]

둘째로 신화는 참된 이야기이다. 원시민족들은 자신의 종교적 신화들을 '참된 이야기들'이라고 부르며 '거짓된 이야기들'인 단순한 우화들과 구별한다.[7] 그리스어 미토스(μῦθος)는 '참된 말'이라는 의미

---

3) M. Eliade, *Das Heilige und das Profane, Vom Wesen des Religiösen*, Hamburg 1957, 56쪽.
4) 같은 책, 57쪽.
5) 같은 책, 같은 곳.
6) 같은 책, 56쪽.
7) R. Pettazzoni, "Die Wahrheit des Mythos", in: K. Kerényi(Hrsg.), *Die Eröffnung des Zugangs zum Mythos*, Darmstadt 1967, 253−257쪽.

에서의 '말'을 뜻한다. "미토스는 원래 참된 말, 무조건적으로 타당한 말, 있는 사실에 대한 말을 의미한다."[8] 그렇다면 미토스는 로고스와 구별된다. "로고스는 깊이 생각된 말, 따라서 올바른 말이다. 올바르다는 것(Richtigkeit)은 항상 어떤 연관성 안에서, 어떤 특정한 조건에서 올바르다. 이와는 반대로 참되다는 것(Wahrheit)은 어떤 조건이나 연관성 없이 그 자체로 타당하다."[9] 철학도 이러한 참됨을 말하려고 한다. 이 점으로부터 파르메니데스의 교훈시에서 여신이 철학자를 향해 한 말도 이해될 수 있을 것이다. "이제 그대는 흔들림 없는 진리의 심장뿐만 아니라 참된 신뢰가 없는 가사적 존재들의 의견들, 이 모두를 배워야 하느니라"(B 1, 28b-30: χρεὼ δὲ σε πάντα πυθέσθαι, ἠμὲν ἀληθείης εὐκύκλεος ἀτρεμὲς ἦτορ, ἠδὲ βροτῶν δόξας, ταῖς οὐκ ἔνι πίστις ἀληθής).

셋째로 신화는 초시간적이다. 신화에서 보고되는 것은 초시간적이고, 변함이 없으며, 영원한 존재와 관계를 맺는다. 종교적 인간은 축제에서 이러한 초시간적 존재와 결합된다. 축제에서 기리는 것은 신화적 시간 안에서, 다른 시간 안에서(in illo tempore) 최초이자 단 한 번 일어난 사건이다. "축제에 참가한 이들은 신화적 사건들의 동시대인들이 된다. … 종교적 인간은 몇 번이고 되풀이해서 신화적이고 성스러운 시간으로 들어가서는 '흐르지 않는' 근원의 시간을 다시 발견한다. 근원의 시간이 흐르지 않는 까닭은 그것이 세속의 시간이 갖는 경과를 지니지 않기 때문이요, 무한히 자주 도달할 수 있는 영원한 현재로 이루어져 있기 때문이다."[10] 이러한 영원한 현재라는 사상은

---

8) W. F. Otto, *Das Wort der Antike*, Darmstadt 1962, 285쪽.
9) 같은 책, 같은 곳.
10) M. Eliade, *Das Heilige und das Profane*, 52쪽.

초기의 철학자들, 특히 파르메니데스에게서 다시 등장한다. 즉 파르메니데스는 존재에 다음과 같은 특징을 부여한다. "존재는 생성되지도 않고 소멸하지도 않는다. 왜냐하면 존재는 완전하고 흔들림이 없으며 목적에 도달해 있기 때문이다. 존재는 과거에 있었던 적이 없으며 미래에도 있게 되지 않을 것이다. 왜냐하면 존재는 지금 완전하기 때문이다"(B 8, 3b-5: ὡς ἀγένητον ἐὸν καὶ ἀνώλεθρόν ἐστιν, ἔστι γὰρ οὐλομελές τε καὶ ἄτρεμες ἠδ' ἀτέλεστον οὐδέ ποτ' ἦν οὐδ' ἔσται, ἐπεὶ νῦν ἔστιν ὁμοῦ πᾶν).

마지막이자 넷째로 신화는 그것이 성스럽고, 참되며, 초시간적이기 때문에 인간의 모범이라는 성격을 갖기도 한다. 종교적 인간은 신화들을 모방하고, 반복하며, 현재화함으로써 성스럽고 참되며 영원한 존재의 영역으로 발을 내딛는다. "신들과 조상들이 행한 모든 것, 곧 신화들이 창조 행위에 대해 말하는 모든 것은 성스러운 영역에 속하며 그렇기 때문에 존재에 관여한다. 반면에 인간이 자신의 주도로 행한 모든 것, 인간이 신화의 모델에 따르지 않고 행한 모든 것은 세속적인 영역에 속한다. 바로 그렇기 때문에 이 모든 것은 무가치하고 환상에 불과하며 결국 비현실적인 행위이다."[11] 신화에 보고된 것이 모방되는 까닭은 이 모방이 신들의 보다 높고 참된 존재에 이르는 통로를 확보해주기 때문이다. "종교적 인간은 성화된 세계에서만 살 수 있다. 왜냐하면 그러한 세계만 존재에 관여하고 따라서 참으로 있기 때문이다. 종교적 인간은 존재를 목말라 한다."[12] 종교적 인간의 이러한 존재에 대한 목마름(Seinsdurst)을 철학도 마찬가지로 갖는다. 파르메니데스에게서 처음으로 존재 개념이 등장하는데, "이 존재 개념은 그

---

11) 같은 책, 56-57쪽.
12) 같은 책, 38쪽.

에 앞서 철학했던 모든 이들이 생각해왔으며 이 개념이 없었다면 누구도 파르메니데스 이후 더 이상 철학할 수 없었을 것이다."[13]

신화적 사고에서 철학적 사고로 이행하는 한가운데에 아스크라(Askra) 출신인 헤시오도스의 『신통기』(神統記, *Theogonia*)가 있다. 이 서양 최초의 교훈시는 1022행의 시 안에 신들의 족보라는 형태로 실재의 전모를 그려 보인다. 우리 시대의 몇몇 학자들은 일반적인 견해와는 달리 『신통기』를 철학으로 간주한다. 사실 이미 디오게네스 라에르티오스(Diogenes Laertios)는 파르메니데스, 크세노파네스, 엠페도클레스(Empedokles) 이외에 헤시오도스도 시로 철학한 사람들 가운데 한 명으로 열거했다(IX 22).

어쨌든 헤시오도스는 서곡에서 자신을 종래의 시작(詩作)과 구별지으면서 아주 새로운 어떤 것을 하고자 한다는 것을 암시한다. 즉 진리처럼 보여지는 것이 아니라 진리 자체가 말해져야 한다는 것이다. 아버지의 양들을 돌보던 목동 시절 헤시오도스에게 무사 여신들(Mousai)이 나타나서는 자신들의 본질을 드러냄으로써 그를 시인으로 이끌었다. "우리는 많은 거짓된 것들, 실재와 유사한 것들을 말할 줄 안다. 그러나 우리가 하려고만 든다면 참된 것을 선포할 수도 있다"(『신통기』 27 이하). 이에 대해 샤데발트(W. Schadewaldt)는 다음과 같이 언급한다. "이 짧은 시구에서 우리는 실제로 신화를 넘어서서 전혀 다른 말하기 방식으로의 이행, 곧 철학으로의 이행을 본다. 왜냐하면 참된 것의 가상(假象, Schein)을 제공하는 것이 아니라 참된 것을 들추어내는 것, 본래적인 존재를 열어 보이는 것은 바로 철학의 요구이기 때문이다."[14]

---

13) O. Gigon, *Der Ursprung der griechischen Philosophie von Hesiod bis Parmenides*, 2.Aufl., Basel 1968, 10쪽.

14) W. Schadewaldt, *Die Anfänge der Philosophie bei den Griechen, Die Vorsokratiker und ihre Voraussetzungen*, Frankfurt 1978, 85쪽.

기곤(O. Gigon)은 다음과 같이 쓰고 있다. "기만적인 가상의 세계는 호메로스의 세계이다. 호메로스의 신화에 진리가 대립된다. 이를 통해서 철학이 생겨난다. … 훗날의 철학자들이 가상에 진리를 대립시킬 때면 언제나, 그들이 미토스가 아니라 로고스를 내세울 때면 언제나, 그들은 헤시오도스의 상속자요 헤시오도스와 함께 시와의 대결을 벌이는 것이다."[15] 비록 헤시오도스도 훗날의 크세노파네스, 파르메니데스, 엠페도클레스와 마찬가지로 여전히 호메로스의 시 형식, 즉 장단단격(長短短格)의 육각운(六脚韻)에 머물러 있지만 그 내용에서는 다른 길을 걷는데 그것도 그리스 사람 가운데 최초이다. 프랭켈(H. Fränkel)도 『신통기』를 두고 다음과 같은 점을 강조한다. "비록 신화적이기는 하지만 이 서사시에 형이상학의 근본 문제에 대해 확신에 찬 사변의 강력한 단초들이 표현되고, 따라서 그리스 철학을 단순히 탈레스와 아낙시만드로스로부터 시작하게 하는 것은 적절하지 않다."[16]

이 근본 문제들 가운데 하나가 만물의 근원에 대한 물음이다. 아리스토텔레스는 이 물음과 관련해서 헤시오도스를 파르메니데스와 함께 언급한다. 즉 그는 이 두 사람이 세계에서의 운동의 근원을 에로스로 보았다고 말한다(『형이상학』 I 984b). 그러나 헤시오도스는 최초의 존재자이자 근본적인 존재자로 카오스를 꼽는다. "아마도 맨 처음에 카오스가 생겨났고, 그 다음에는 가슴팍이 넓은 가이아가 생겨났다" (『신통기』 116 이하). 이것은 헤시오도스가 "태초에 있었던 것"에 대한 물음, 따라서 "그 이후 철학에서 사라져버린 적이 없는 물음인 철학적 근원에 대한 물음"[17]을 제기했다는 것을 뜻한다. 이 물음은 그 뒤 모

---

15) O. *Gigon, Der Ursprung der griechischen Philosophie*, 14쪽.
16) H. Fränkel, *Dichtung und Philosophie des frühen Griechentums*, 2.Aufl., München 1962, 119쪽 각주.

든 존재자의 아르케(άρχń)를 찾아나서는 이른바 '이오니아 자연철학
자들'에게서 아주 분명히 제기된다. 탈레스는 모든 것을 물로, 아낙시
만드로스는 비한정자(άπειρον)로, 아낙시메네스는 공기로 귀착시킨
다. 게다가 헤시오도스에게서도 많은 고대 민족들에게 알려져 있던
신화, 곧 근원적인 부모 역할을 하는 하늘과 땅이 원래 하나라는 신화
가 엿보인다.[18]

 기곤은 세계의 전체가 헤시오도스의 시에서 묘사되는 경향이 있다
는 점을 그에게서 보이는 철학적 사고로의 세 번째 단초로 이해한다.
"헤시오도스에게 문제가 되는 것은 그가 믿는 신들에 대해 보고하는
일이 아니라 많은 가지를 친 신들의 족보라는 형태로 세계 전체를 묘
사하는 일이다."[19] 『신통기』에 언급된 신들 가운데 대부분은 제의와
기도에서 특별한 역할을 하지 않는다. 이 대부분의 신들이 도입된 것
은 세계 실재의 전체 상(Gesamtbild der Weltwirklichkeit)이 드러나도록
하기 위한 것이요, 이때 물론 인간을 넘어서는 것만 고려된다. 다시
말해 인간 및 인간의 일상 세계의 사물들은 배제된다.[20]

 다른 연구자들은 철학으로 이어지는 또 다른 동기들을 지적하기도
한다.[21] 그러나 이 동기들은 헤시오도스에게 철학자의 자리를 부여하
기에는 충분해 보이지 않는다. 즉 우리가 확실하게 철학자로 지칭할

---

17) O. Gigon, *Der Ursprung der griechischen Philosophie*, 19쪽 이하.

18) K. Albert의 『신통기』에 대한 안내를 참조하라. Kastellaun 1978, 30쪽 이하.

19) O. Gigon, *Der Ursprung der griechischen Philosophie*, 25쪽.

20) 같은 책, 25쪽 이하.

21) F. Nietzsche, WW I 59 Schlechta ; H. Fränkel, *Dichtung und Philosophie des
 frühen Giechentums*, 115쪽 이하 ; K. Reinhardt, "Prometheus", in: *Tradition und
 Geist*, Göttingen 1960, 191쪽 이하 ; B. Snell, "Die Welt der Götter bei Hesiod",
 in: *Die Entdeckung des Geistes*, 4.Aufl., Göttingen 1975, 50쪽 이하 ; W. Jaeger,
 Die Theologie der frühen griechischen Denker, Stuttgart 1953, 22쪽.

수 있을 사상가들은 결코 헤시오도스를 그들의 일원으로 간주하지 않고 있다. 우리에게 전승된 토막글들에서 "철학적 사고와 철학 이전의 다(多)에 대한 인식 방식들 사이의 자기 구별"을 보여주는 탁월한 예 가운데 헤라클레이토스(Herakleotos)는 토막글 B 40에서 이렇게 말한다.[22] "많은 것을 배우는 일이 예지를 지니도록 가르쳐주지 않는다. 그렇지 않다면 박식이 헤시오도스와 피타고라스 그리고 크세노파네스와 헤카타이오스(Hekataios)를 가르쳤을 것이다." 헤시오도스는 여기에서 헤라클레이토스가 "사기꾼들의 선조"(B 81)로 표현한 피타고라스, 음유시인에 불과하다고 본 크세노파네스, 지리학자로 역사 기록자일 뿐만 아니라 신화적 계보들의 저자로도 알려진 밀레토스 출신의 헤카타이오스와 같은 반열에 서 있다. 파르메니데스 역시 헤시오도스로부터 거리를 둔다. 헤시오도스와 파르메니데스는 모두 진리를 선포한다고 요구하고 있다. 그러나 파르메니데스가 인간의 통상적인 길과는 매우 다른 길을 통해(B 1, 27: ἀπ᾽ ἀνθρώπων ἐκτὸς πάτου) 진리에 도달하는 반면에, 헤시오도스는 자신의 고유한 영역에서 무사 여신들을 만난다. 또 헤시오도스의 진리는 무사 여신들이 그것을 알려주었다는 단 한 가지 이유만으로 진리로 등장하는 반면에, 파르메니데스는 여신에 의해서 그에게 계시된 진리까지도 증명하려고 시도한다.[23] 이 마지막에 언급된 점은 아리스토텔레스도 강조한다. 그는 이미 언급한 대로 신화의 친구들과 철학자들의 관계를 눈여겨보았지만 다음과 같이 말한다. "헤시오도스와 같은 시인들과 그 밖의 신학자

---

22) K. Held, "Der Logos-Gedanke des Heraklit", in: *Durchblicke, Martin Heidegger zum 80. Geburtstag*, Frankfurt 1970, 162-206쪽, 지금 논의와 직접적으로 관계되는 곳은 169쪽 이하, 187쪽 이하.

23) U. Hölscher, "Anaximander und die Anfänge der Philosophie", in: Hermes 81(1953), 257-277쪽, 385-418쪽, 직접적으로 연관된 곳은 410쪽.

들은 그들 자신들에게 믿음직스럽게 보이는 것만 생각했지 우리는 전혀 고려하지 않았다." 그렇기 때문에 우리는 "자신의 이론을 증명하려고 시도하는 이들"을 살펴보아야 한다(『형이상학』 III 1000a). 그들은 철학자들이다.

따라서 우리는 헤시오도스에게서 철학적 사고의 선구자를 보지만 아직 철학자 자체를 보는 것은 아니다. 헤시오도스의 관심은 여전히 너무도 세계의 다채로운 다양성에 향해 있으며, 그의 언어는 여전히 전적으로 신화의 언어이다. 비록 그의 사유 안에서 훗날의 철학, 곧 진리, 근원 그리고 전체에 대한 탐구가 벌써 예고되고 있기는 하지만 말이다.

우리는 그리스 신화를 우선 서사시, 서정시 그리고 극작품을 통해서 알고 있다. 고전 시기의 그리스 사람들도 자신들의 신화를 생각할 때면 우선적으로 시인들을 염두에 두었다. 호메로스와 헤시오도스가 그리스 사람들에게 신들의 발생을 가르치고, 신들에게 별칭과 활동 영역을 부여했으며, 이 신들의 본성을 규정했다는 저 널리 알려진 헤로도토스의 언급도 이런 관점에서 설명된다(『역사』 II 53). 그러나 우리는 시로 표현된 신화들이 원래의 신화가 아니라 파생된 신화 형태를 드러낸다는 사실을 잊어서는 안 된다. 만일 우리가 신화로부터 철학으로의 발전 과정을 이해하고자 한다면 신화의 원래 형태, 곧 근원적 신화를 되돌아보아야 한다.

근원적 신화(ursprüngliches Mythos)는 문학에 속하는 사안이 아니라 삶의 문제이다. 영국의 인류학자 말리노프스키(B. K. Malinowski)는 자신이 멜라네시아와 뉴기니아에서 관찰한 바를 근거로 다음과 같이 쓰고 있다. "원시사회에서의 신화, 다시 말해서 생생하게 살아 있는 원래 형태의 신화는 단순히 떠도는 이야기가 아니라 삶 속의 현실성이다."[24] 그러므로 이러한 신화들은 개인 및 공동체의 삶 전체를 규정한다. 그 까닭은 이렇다. "이 신화들이 원주민들에게는 근원적이요 보다 크고 중요한 현실성에 대한 언급이고, 이 현실성을 통해 인간의 현재의 삶, 운명 그리고 활동이 규정되며, 이 현실성을 아는 것이 인간에게 한편으로는 제의적이고 윤리적인 행위를 하게 하는 동기를 갖게 하며, 다른 한편으로는 이 행위를 실천하도록 지시한다."[25] 신화는 종교의 토대로서, 신화와 관계를 맺음으로써 모든 행위는 성스러워진다. 그런데 보다 좁은 의미에서 보자면 성스러운 행위는 제의(祭儀, Kult)이다. 제의는 신화와 가장 밀접하게 연관되어 있다. 즉 제의는 행위로 전환된 신화이고, 신화는 말로 표현된 제의이다. 제의와 신화는 사실상 동일한 것이다. "신화란 도대체 무엇인가? 조상들에 의해 체험되고 후손들에게 전해 내려온 옛 이야기이다. 그러나 과거는 신화의 한 측면일 뿐이다. 신화는 과거만으로는 살 수 없을 것이다. 참된 신화는 뗄레야 뗄 수 없게 제의와 결합해 있다. … 제의는 신화의 현재 형태이고, 지나간 그러나 그 본질상 영원한 사건을 원형 안에서 다시 바라보기 시작하는 것이다."[26]

그런데 신화가 신들과 영웅들이 존재를 부여하는(seinsstiftend) 행동들을 보고할 때, 신화는 이 행위들의 반복에도 신적이고 성스럽다는 성격을 부여하는 것이다. 이 반복들은 아르카이아 시기(고대 그리스의 역사는 일반적으로 '아르카이아 시기', '고전 시기', '헬레니즘 시기'로 3분 된다: 옮긴이)의 그리스 사람들에게는 (오늘날의 원시민족들에게도 마찬가지로 그러하듯) 본래적으로 현실적인 것이다. "신들과 조상들이 행한 모든 것, 곧 신화들이 그들의 창조 활동에 대해 이야기하는 모든 것은

---

24) B. K. Malinowski, "Die Rolle des Mythos im Leben", in: K. Kerényi, *Die Eröffnung eines Zugangs zum Mythos*, Darmstadt 1967, 177–193쪽, 인용은 181쪽.

25) 같은 책, 190쪽.

26) W. F. Otto, *Die Gestalt und das Sein*, Darmstadt 1955, 334쪽.

성스러운 영역에 속하고 그런 까닭에 존재에 관여한다."[27] 어떤 현상이나 사건이 신화적인 원형(Urbild), 따라서 성스러운 원형과 관계가 맺어짐으로써 비로소 그 현상이나 사건은 아르카이아 사유에서 한편으로는 제의적인 것의 성격을 (원래 의미 있는 모든 행위는 제의적인데) 다른 한편으로는 실재성의 성격, 존재 성격(Seinscharakter)을 획득하게 된다. 신화적이요 성스러운 것(das Mythisch-Sakrale)과 존재론적인 것(das Ontologische)은 매우 밀접한 연관이 있다. 왜냐하면 아르카이아의 종교성은 기본적인 존재 갈증(Seinsdurst)에 의해 지탱되고, 그에 상응해서 존재론 같은 어떤 것이기 때문이다. 또한 "그래서 성스러운 것은 본래적이요 심층적으로 현실적인 것이다. 왜냐하면 성스러운 것만이 절대적인 방식으로 존재하고, 영향력 있게 행위하며, 사물들에 지속성을 부여하기 때문이다."[28]

또 하나의 상황이나 행위가 신화와 연관을 맺음으로써 실재성을 획득하게 될 뿐만 아니라 비로소 이해된다. 그 상황이나 행위가 신화적인 모범(mythisches Vorbild)과 연관될 수 있다면 말이다. 스넬(B. Snell)은 핀다로스(Pindaros)의 『에피니키아』(Epinikia)에 담긴 신화들에 대해 다음과 같이 보고한다. "우리는 핀다로스의 승리의 노래들에서 다음과 같은 점들을 확인할 수 있다. 즉 신화들은 경합(agon)의 장소나 종류를 표적으로 삼든지 아니면 승자의 조상이나 고향을 표적으로 삼는다. 또 신화들은 지금·여기의 반대 상(Gegenbilder)을 묘사하는데, 이 반대 상을 통해서 현재적인 것이 밝혀진다. 그런데 어떤 본(本), 그러니까 윤리적 파라데이그마타(paradeigmata)가 일으켜 세워지는 식으로 그렇게 한다. 그뿐만 아니라 핀다로스는 칭송의 대상이 되는 특

---

27) M. Eliade, *Das Heilige und das Profane*, 56쪽.
28) M. Eliade, *Der Mythos der ewigen Wiederkehr*, Düsseldorf 1953, 23쪽.

별한 상황을 신화적이고 지나간 것, 보다 고차적인 것, 타당한 것과 연결시킴으로써 이 상황이 포착되고 파악되는 방식으로도 그렇게 한다."[29] 예를 들어 아이스킬로스(Aischylos)의 『제주를 바치는 여인들』(*Choeporoi*. *Agamemnon* 및 *Eumenides*와 함께 *Oresteia* 3부작을 이룬다: 옮긴이)에서 합창단은 클리타임네스트라(Klytaimnestra)에 의한 아가멤논의 살해를 법과 본성을 거스르고 자신들과 가까운 남자들을 죽이는 여자들을 다루는 세 가지 신화로 설명한다. 즉 알타이아(Althaia)가 아들 멜레아그로스(Meleagros)를, 스킬라(Skylla)가 아버지 미노스(Minos)를, 렘노스 섬의 여인들이 그 남편들을 죽이는 이야기가 바로 그것이다(V. 585-651). 서사시의 영역에서 한 가지 예를 더 든다면 『일리아스』의 24번째 노래를 떠올릴 수 있겠다. 이 노래에서 아킬레우스는 자신이 죽인 헥토르(Hektor)의 아버지 프리아모스(Priamos)와 화해하기 위해 식사에 초대하고는 망설이는 프리아모스에게 아들을 잃은 슬픔에도 불구하고 다시 음식을 들라고 한다. 이때 아킬레우스는 아이들을 땅에 묻고 다시 음식을 먹은 니오베(Niobe)의 신화를 말하면서 그렇게 한다(V. 596-620).

그런데 이 마지막에 든 예는 상황의 해석일 뿐만 아니라 동시에 어떤 행동의 지시이기도 하다. 다시 말해서 이것은 고대의 사유에 대해서 신화가 갖는 또 하나의 의미인 것이다. 즉 신화는 행위의 모범, 파라데이그마타를 제공한다. 신화는 태초의 신적인 일을 보고한다. 그런데 이 일은 신들이 막강한 존재라는 점에서 일어난다. "이러한 근거로 이 성스러운 존재 현현(顯現, heilige Ontophanie), 다시 말해서 이 존재 충족의 당당한 드러남을 이야기하는 신화는 인간의 모든 행동의

---

29) B. Snell, *Die Entdeckung des Geistes, Studien zur Entstehung des europäischen Denkens bei den Griechen*, 4.Aufl., Göttingen 1975, 97쪽.

모델이 된다."[30] 또한 "매우 책임감 있는 존재인 것과 같은 태도를 취하는 인간은 신들이 보이는 행위를 모방하고, 그 행위를 반복한다. 이때 영양 섭취와 같은 단순히 생리적인 기능이 문제인지 아니면 사회적, 경제적, 문화적 혹은 군사적 행위가 문제인지는 상관이 없다."[31] 플라톤의 대화편 『에우티프론』(Euthyphron)에서 에우티프론도 부당하게 노예를 죽인 아버지를 고발하러 가면서 자신의 아이들을 삼킨 아버지 크로노스를 결박한 제우스를 신화 상의 본으로 삼아 자신의 행위를 정당화한다(『에우티프론』 5d-6a). 이처럼 신화에서 모범을 찾겠다는 생각이 더 이상 일반적으로 인정되지 않는 시기에 이르러서야 비로소 "제우스에게 허용된다고 해서 소에게 허용되는 것은 아니다"(quod licet Iovi, non licet bovi)라는 말이 나올 수 있었다.

그러나 신화는 단지 모방될 뿐만 아니고, 이 모방은 동시에 신화의 현재화이자 현실화이기도 하다. 이 점을 이해하기 위해서는 신화적 사고가 세속적 사고와는 다른 아주 특별한 시간 파악을 담고 있다는 사실을 분명히 해야 한다. 사포(Sappho)의 시들 가운데에는 기원전 600년경 미틸레네(Mytilene)의 어느 결혼식에서 불려진 노래가 있다. 이 노래는 헥토르와 안드로마케(Andromache)의 신화에서의 결혼을 다룬다. 따라서 이 시는 이 결혼식에서 합창단이 부르는 노래를 반복하는 셈이다. 여기에 대해서 메르켈바흐(R. Merkelbach)는 다음과 같이 설명한다. "합창단의 가수들은 옛날 트로이아 사람들과 똑같이 하고 있는 것이다. 합창단의 가수들은 어떤 의미로는 트로이아 사람들과 동일하다. 옛날 헥토르와 안드로마케의 역할을 오늘날에는 신랑 신부가 하는 셈이다. 이 신랑 신부가 오늘날의 헥토르와 안드로마케

---

30) M. Eliade, *Das Heilige und das Profane*, 57쪽.
31) 같은 책, 57쪽 이하.

이다(sind). 왜냐하면 결국 오늘날의 결혼식과 저 신화의 결혼식은 동일하기 때문이다."[32] 그런데 이것은 신화적 과거와 역사적 현재 사이의 차이가 없게 된다는 의미이다. 신화의 반복을 통해서 과거는 '반복'되고 그리하여 현재가 된다. 과거는 엄격한 의미로 현재화되며 따라서 현실이 된다. 신화적인 시간 파악에서는 태초에 일어난 일이 반복됨으로써 현재의 일이 된다. 이렇게 볼 때 신화적 시간은 지속적인 현재, 어떤 의미로는 영원한 현재이다. "종교적 인간은 그가 신들을 모방하는 정도에 따라 근원의 시간, 신화적 시간 속에서 산다. 달리 표현하면 세속적인 지속에서 '벗어나서' '움직이지 않는 시간', 곧 '영원'과 접속하게 된다."[33] 이런 관점에서 신화적 시간은 나중에 파르메니데스에서 발견되는 시간 관념과 동일하다. 파르메니데스는 존재에 대해 다음과 같이 가르친다. "그것은 결코 과거에 있었던 것이 아니며 미래에 있을 것도 아니다. 그것은 지금 온전하게 함께 있으므로 하나이다"(토막글 8). 그래서 엘리아데는 신화적 시간이 "항상 동일하고 변하지도 않으며 닳아지지도 않는 존재론적 시간, 파르메니데스적 시간"이라고 말할 수 있었던 것이다.[34]

이처럼 신화에서 철학으로 향하는 길이 있는데, 특히 무엇보다도 존재 전체의 근원에 대한 물음의 영역에서 그러하고, 일상적 인식에 주어진 것의 배후에 놓이는 보다 고차적인 실재에 초점을 맞출 때 그러하다. 그런데 신화는 우리가 지금껏 보아온 대로 제의와 근원적이고 본질적인 관계를 맺고 있다. 제의도 철학으로 이행하며, 그리스 사람들의 철학에서 제의의 정신적 내용이 계속 살아남는다는 점은 거의

---

32) R. Merkelbach, "Sappho und ihr Kreis", Philologus 101(1957), 1–2쪽, 인용은 19쪽 이하.

33) M. Eliade, *Das Heilige und das Profane*, 63쪽.

34) 같은 책, 40쪽.

항상 간과되었다. 다시 말해서 해석가들은 대부분 신화적 사고에서 학문적 사고로의 발전, '미토스로부터 로고스로'(vom Mythos zum Logos)의 발전에만 관심이 쏠려 있다. 그러나 그리스 철학에는 결코 학문으로는 이해될 수 없는 계기가 들어 있다. 그리고 이 계기는 철학적 사고의 제의와 연관된 배경들을 주목하지 않는다면 이해될 수 없을 것이다.

제의의 본질은 우리가 제의를 '모든 신화들 중의 신화'라고 할 '신과 인간의 결별에 대한 신화'와 연관시킬 때 가장 잘 파악된다.[35] 모든 제의의 토대가 되는 이 신화에 따르면 신들과 인간들은 처음에 공동생활을 했다. "불사의 존재인 신들과 죽어야 하는 존재인 인간들에게는 식사도 공동의 것이었고, 자리도 공동의 것이었다"(Hesiodos 토막글 82). 그러다가 나중에 분리가 일어나는데, 그것은 대부분 인간의 잘못 때문이었다. 그 분리는 신들이 인간들에게서 물러나든가 아니면 인간들이 신들에 의해 추방되는 것이다. 이 사실로부터 인간의 현재 처지가 설명된다. 그런데 제의에서 신과 인간의 원래의 공동체가 회복될 수 있다. 제의 안에서 "인간이 신적인 상태로 승화되어 신의 동료가 된다".[36]

제의의 형태는 그리스 사람들 사이에서도 다양하며 흔히 서로 매우 다르다. 그러나 그 의미는 어떤 경우에라도 똑같다. 즉 제의의 의미는 인간과 신 사이의 연결을 회복하는 것이다. 그래서 제물을 바치는 것은 다름 아니라 그 제물을 바치는 인간과 신의 공동 식사인 것이다. 물론 신은 일반적으로 눈에는 보이지 않는 방식으로 이 공동 식사에

---

35) R. Schaeffler, "Kultus als Weltauslegung", in: *Kult in der säkularisierten Welt*, hrsg. B. Fischer u.a., Regensburg 1974, 34쪽.
36) W. F. Otto, *Das Wort der Antike*, 38쪽.

참여한다고 생각되었다(『오디세이아』 I 22-26; III 435 이하 참조). 그렇지만 『오디세이아』에서 알키노스(Alkinoos)가 말하듯이 파이아케스(Phaiakes) 사람들이 제물을 바칠 때 신들은 '눈에 보이게'(ἐναργεῖς) 나타나기까지 한다. "신들은 여기 우리와 함께 앉아서 식사한다"(『오디세이아』 VII 201-203). 더 나아가 인간과 신 사이에는 보다 내적인 결합 방식이 있다. "원주민들이 최고의 종교적 축복, 곧 신과의 합일(ὁμιλεῖν Θεῷ)로 여기는 형식들 가운데 하나는 당연히 성적 결합의 형식, 다시 말해서 인간이 신의 가장 내적인 본질과 힘, 곧 신의 정자를 받아들이는 형식이다."[37] 비교(秘敎, Mysterienreligionen)에서는 이런 종류의 제의가 있었으며, 이 제의에서 사제가 신의 역할을 맡는다. 그 밖의 다른 형식으로는 신을 먹는 것, 인간이 신의 아이를 갖는 것, '세례'를 통해서 볼 수 있듯이 죽음과 재탄생을 묘사하는 것, 마지막으로 혼이 신에게로 여행한다는 것 등이 있다.[38]

제의 안에서 인간과 신의 결합은 구체적이고 외적인 행위들을 통해서 이루어지고 또 그 안에서 체험되기도 한다. 철학이라는 새로운 형태에서도 이 결합이 문제이지만, 여기에서는 오직 사유를 통해서만 결합이 이루어진다. 이 점이 잘 드러나는 세 사람의 그리스 사상가로는 파르메니데스, 헤라클레이토스 그리고 플라톤을 꼽을 수 있다.

제의와의 연관성은 파르메니데스에게서 잘 드러난다. 파르메니데스 교훈시의 서곡은 신화의 언어로 철학자가 여신에게 향하는 기이한 여행을 보고한다. 이 여신이 철학자를 친절하게 맞아들여 그에게 진

---

37) R. Reitzenstein, *Die hellenistischen Mysterienreligion nach ihren Grundgedanken und Wirkungen*, 3.Aufl., Leipzig 1927(재발행 Darmstadt 1977), 34쪽.

38) A. Dieterich, *Eine Mithrasliturgie*, 3.Aufl., Leipzig und Berlin 1923(재발행 Darmstadt 1966), 92쪽 이하.

리 그 자체뿐만 아니라 세계에 대한 인간의 그럴듯한 의견도 전해준다. 이 서곡을 두고 일찍이 딜스(H. Diels)는 파르메니데스가 여기에서 예전의 생각들에 의존하는 것이 아닌지 의문을 품었다. 그는 여신에게 향해 오르는 것에 대해 기술하는 대목이 혼이 하늘로 여행한다는 샤머니즘적 묘사와 비슷하다고 지적한다. 즉 한편으로는 1인칭 서술이라는 형식을 통해서 그러하고 (이 형식으로 개인적 체험이라는 성격이 강조된다), 다른 한편으로는 신의 계시를 받게 되는 어떤 피안의 영역으로의 침잠을 보여준다는 점에서 그러하다.[39] 그리스 종교에 '샤머니즘적 면모'도 있다는 사실은 무엇보다도 부르커트(W. Burkert)의 피타고라스 연구서 이후 대단히 설득력을 얻고 있다.[40] 파르메니데스 서곡을 제의와 연관시키는 다른 해석들도 있다. 예컨대 예거는 파르메니데스가 살았던 이탈리아 남부에 널리 퍼져 있던 비교(秘敎) 제의들과 연관이 있을 것으로 추측한다. 이 비교 제의들의 정점은 에폽테이아(epopteia), 곧 신적인 것을 직접 보는 일이었다. "이런 종류의 체험은 국가가 인정하는 종교에서 찾을 수 있었던 것이 아니요, 그 원형은 비교들의 신앙에서 찾을 수 있다."[41] 그러나 파르메니데스가 자신의 체험을 쓰는 것은 비교 집단의 일원으로서가 아니라 어떤 새로운 것의 선구자로서 하고 있는 것이다. 여기에서 문제가 되는 것은 "종교적 표현 방식이 철학의 영역으로 전이한다"[42]는 점이다. 샤데발트는 파르메니데스가 서곡에서 묘사하는 것을 파울루스의 체험(「고린도후서」 12, 1-4)에 비교하고 그 근거로 두 가지를 든다. 그 첫 번째 근거는

---

39) *Parmenides' Lehrgedicht*, Berlin 1897, 9쪽.
40) W. Burkert, *Weisheit und Wissenschaft, Studien zu Pythagoras, Philolaos und Platon*, Nürnberg 1962.
41) W. Jaeger, *Die Theologie der frühen griechischen Denker*, Stuttgart 1953, 114쪽.
42) 같은 책, 115쪽.

"사유로서의 사유가 보다 강렬하게 자기 자신에게 향한다"는 정황이다. "이 과정은 냉철하고 조용히 일어나는 것이 아니라 강렬한 황홀경에서 발생한다." 두 번째 근거는 파르메니데스에게 돌려지는 인식, 곧 "존재라고밖에는 달리 쓸 수 없고 그 자신 전혀 표현할 수 없는 인식"은 황홀한 체험이라는 성격을 갖는다는 점이다.[43] 제의의 외면적 형태들은 여기에서 전적으로 사라져버린다. 그렇지만 제의가 이루려고 하는 것, 곧 보다 고차적인 현실성, 일상의 저편에 놓인 현실성과의 결합을 이루어내는 일은 파르메니데스에게 매우 분명하다.

헤라클레이토스는 일(一, das Eine)과 다(多, das Viele)에 대해 깊이 생각한다. "나에게 귀 기울이지 말고 로고스에 귀 기울여라. 모든 것이 하나라는 사실에 동의하는 일은 지혜롭다"(B 50). 또 그가 보기에는 "모든 것은 하나로부터 나오며 하나로부터 모든 것이 나온다"(B 10). 대립되는 것들도 신 안에서 통일된다. "신은 낮이자 밤이요, 겨울이자 여름이고, 전쟁이자 평화이며, 배부름이자 배고픔이다. 기름이 향과 혼합되었을 때 각각의 향내에 따라 이름이 붙는 것처럼 신은 그때마다 변화한다"(B 67). 헤라클레이토스가 제의에 대해 어떤 태도를 취하는지 분명하지 않은데, 그것은 우리에게 전승된 자료들이 이 문제를 두고 서로 모순되는 것으로 보이기 때문이다. 그러나 바로 이 모순이 벌써 이 문제의 핵심일 수도 있다. 그래서 일자(一者, das Eine)가 다음과 같이 제의의 최고의 신과 결합된다. "오직 일자만이 지혜로운데, 그것은 좋든 싫든 제우스라는 이름으로 불린다"(B 32). 헤라클레이토스가 각각의 제의 행위들에 어떤 태도를 취했는지도 결정하기 어렵다. 그는 한편으로는 비교 제의의 풍습들을 치료제(ἄκεα)라고 하는가 하면, 다른 한편으로는 비교 제의로의 입문 의식을 경건하지 못한

---

43) W. Schadewaldt, *Die Anfänge der Philosophie bei den Griechen*, 317쪽.

(ἀνιερωστί) 것으로 보기도 한다(B 14). 또 그는 아주 깨끗한 소수의 사람들에 의해서만 행해지는 희생 제물에 대해서도 물질적인 제물과 그와는 다른 제물로 구분한다(B 69). 어쨌든 분명한 것은 헤라클레이토스가 여러 가지 제의들의 의미에 대해서 깊이 생각했다는 점이다. 그런데 그의 일자 이론이 어떤 의미로는 혼에서의 로고스 개념과 결합되기 때문에 개별적 인간의 로고스와 존재하는 모든 것의 근거가 되는 로고스 사이의 결합을 이루어낸다는 제의의 근본 사상이 여기에서도 역할을 수행하는 것으로 보인다. "당신이 모든 길을 간다고 하더라도 혼의 경계를 찾아낼 수 없다. 혼의 로고스는 그만큼 깊다"(B 45). 왜냐하면 개별적 혼의 로고스는, 곧 존재하는 모든 것의 통일성을 말하는 로고스이기도 하기 때문이요, 또 이 로고스는 그 현존이 아니고서는 다른 어떤 것을 통해서도 말할 수 없고 그 자체가 통일성이기 때문이다(B 50 참조). 사유하는 자는 자기 자신으로 되돌아감으로써 이 세계의 로고스를 파악할 수 있다. "나는 나 자신을 물었다"(B 101)라는 헤라클레이토스의 말은 바로 이러한 되돌아감의 의미로 이해될 수 있다. 이것은 인간의 근본 경험을 뜻하는 것으로 보인다. 그런 까닭에 프랭켈(H. Fränkel)은 이 구절을 설명하면서 인도의 '만유 통일성 이론'(All-Einheits-Lehre)을 끌어들인다. "인도 사람들이나 헤라클레이토스나 다 마찬가지로 우주의 근원과 내 자아의 핵심이 하나라고 주장한다. … 로고스가 우리의 기초이자 우주의 기초이기도 하기 때문에 우리는 조명된 자기 관찰이라는 통로를 통해서 우주의 심층에 접근하는 길을 갖는 셈이다."[44] 그리스 민족종교에서 문제가 되는 것은 인간과 신의 결합을 다시 이루어내는 일이었다. 헤라클레이토스의 철학은 인간의 로고스와 (존재하는 모든 것의 근거인) 초인간적 로고스가

---

44) H. Fränkel, *Wege und Formen frühgriechischen Denkens*, 248쪽, 주 2.

하나될 수 있는 길을 찾는다. 고대 종교는 외형적으로는 사라졌지만 그 정신적 내용은 유지되고 있는 셈이다. 우리는 플라톤의 철학도 마찬가지로 그리스 사람들의 고대 종교와 결합되어 있음을 보게 될 것이다.

아폴론 1

아폴론(Apollon)은 그리스 이전의 신이다. 아르카이아 시기(archaische Zeit)와 고전 시기(klassische Zeit)의 헬라스 종교가 아폴론의 모습을 크게 변화시키고 자신의 특성에 동화시켜서, 아폴론이 모든 그리스 신들 가운데 가장 그리스다운 신으로 나타날 수 있게 되었다.[1] 어쨌든 아폴론은 그리스 사람들에게 제우스와 함께 가장 중요한 신이다. 심지어 『일리아스』에서는 한 차례 "신들 가운데 최고"라고까지 일컬어진다(XIX 413). 또 아폴론 송가(頌歌)는 다음과 같이 노래한다. "아폴론이 지나가면 제우스 궁전의 신들이 두려워 떤다네. 아폴론이 다가와서 빛나는 활을 당기면 모두 자리에서 벌떡 일어나도다"(V. 2-4). 아폴론 신의 권위는 사람들이 아낙스(ἄναξ)라고 부르는 데에도 나타나 있다. 이 단어는 '주인' 혹은 '통치자'를 뜻한다. 그래서 헤라클레이토스는 아폴론을 두고 이렇게 쓴다. "델피의 신탁의 주인장은 말하지도 않고 침묵하지도 않으며 암시할 뿐이다"(B 93). 아폴론이 그리스

---

1) W. F. Otto, *Die Götter Griechenlands*, 78쪽.

사람들의 종교적 의식(意識)에서 어떤 위치에 있는지는 아폴론의 신탁이 그리스에 미친, 심지어 그리스를 넘어서까지 미친 영향력에서도 드러난다.

오토(W.F. Otto)는 아폴론을 '먼 데의 신'(Gott der Ferne), 즉 멀리에서 그리고 멀리 있다는 점을 통해서 자신의 고귀함을 드러내는 신으로 묘사한다. 그래서 아폴론은 인간으로부터 멀고 인간을 능가하는 신으로서 그리스 사람들에게는 항상 다소간 낯설다. 시인들이 이 신을 항상 최상의 외경심을 갖고 다룬 것에 대해 빌라모비츠-묄렌도르프(U. von Wilamowitz-Moellendorff)는 "그리스로 이주한 사람들이 도처에서 마주치는 이 신, 처음에는 적대적으로 보인 이 신을 공경할 줄 알게 되었다"[2]는 데로 귀착시킨다. 이 신이 적대적이라는 성격을 상실했음에도, 메울 수 없는 거리(Distanz)는 여전히 남아 있었다. 이 신의 특별한 권위와 위대함은 바로 이 거리에 기인한다. 오토는 "이 신이 그 우월함을 과시하지 않고 등장하는 일은 절대 불가능하다"고 말한다.[3] 고전 시기의 한 조각가가 아폴론의 특성을 올림피아(Olympia)에 있는 제우스 신전 서쪽에 있는 박공(博栱, Giebel)에 아주 완벽하게 형상화했다. "이 예술가는 압도하는 듯한 웅대한 순간을 포착했다. 걷잡을 수 없는 소동이 일어나고 있는 한복판에 이 신이 갑자기 나타나서는 팔을 뻗어 조용히 하라고 명령한다. 그의 얼굴에서는 권위가 빛을 발한다. 그저 바라보기만 해도 위압을 느끼게 하는 부릅뜬 눈이 무언가를 준엄하게 요구한다. 그러나 힘차고 고상한 입술 주변에서는 보다 높은 앎이라는 섬세한, 거의 우수에 젖은 기색이 감돌고 있다."[4]

---

2) U. von Wilamowitz-Moellendorff, *Der Glaube der Hellenen* I, 320쪽.

3) W.F. Otto, *Die Götter Griechenlands*, 62쪽.

4) 같은 책, 같은 곳.

아폴론은 그리스 사람들에게 다른 어떤 신보다도 훨씬 지적인 신이다. 이 신은 정말로 먼 데의 신, 멀리에서 모든 것을 굽어보는 인식의 신으로 생각되었다. 이 점을 오토도 다시 한 번 강조한다. "먼 데의 신으로서 아폴론은 — 먼 데의 신이라는 말은 공간적으로 떨어져 있는 신을 뜻할 뿐만 아니라 고상한 간격, 거리의 신, 지나치게 가까운 모든 것을 거부하는 신을 의미하기도 하는데 — 모든 신들 가운데 가장 정신적인 신이다."[5] 델피의 아폴론 신전 입구에 새겨진 그노티 사우톤(γνῶθι σαυτόν)이라는 유명한 경구가 철학자들에게 그토록 매력적으로 보이는 것도 아마 이런 연유에서일 것이다. 이 경구는 원래 철학적이거나 심리학적 자기 인식을 촉구한다는 의미가 아니다. 이 경구는 신전에 들어서는 사람에게 오히려 자기 자신이 인간일 뿐이지 신이 아님을 깨닫도록 촉구하는 것이다. 신전에 들어서는 이는 아폴론 신이 우월하고 숭고하다는 것을 기억해야 한다. 그런데 철학자들은 이 델피의 경구에서 자신들의 사유와 맞아떨어지는 무언가를 찾았다. 이미 헤라클레이토스가 "나는 나 자신을 물었다"(B 101: ἐδιζησάμην ἐμεωυτόν)고 말했을 때 (그의 고유한 철학함의 원천을 주목하면) 그는 다른 해석을 제공하고 있는 것이다. 이때 그는 '묻는다'는 그리스 단어를 신탁(神託) 언어에서 빌려온다. 또 이 해석은 그리스 사람들에게만 있는 것은 아니다. 아우구스티누스(Augustinus)의 말도 이와 닮았다. "밖으로 나가지 마라. 네 자신 안으로 돌아가라. 진리는 인간의 내면에 있다"(De vera religione c.39 n.72: Noli foras ire. In te ipsum redi. In interiore homine habitat veritas). 심리학적 파악을 분명하게 거부하는 헤겔도 이 경구를 달리 해석한다. "그러므로 델피의 아

---

5) W. F. Otto, *Theophania*, *Der Geist der altgriechischen Religion*, Hamburg 1956, 99쪽.

폴론이 그리스 사람들에게 자신을 알라고 요청하는 것은 낯선 힘으로부터 외부적으로 인간 정신에 가해진 명령이라는 의미를 갖는 것이 아니다. 오히려 자기 인식으로 몰아가는 신이 다름 아닌 정신의 고유한 절대 법칙이다. 그렇기 때문에 정신의 모든 행위는 오직 자기 자신을 파악하는 일일 뿐이요, 모든 진정한 학문의 목적은 하늘과 땅에 있는 모든 것에서 정신이 자기 자신을 인식하는 것일 따름이다."[6] 위에서 언급한 아우구스티누스 구절을 마찬가지로 인용하는 후설(E. Husserl)은 자신이 그노티 사우톤(γνῶθι σαυτόν)에 새로운 의미를 부여한다는 것을 알고 있다.[7] 그러나 델피의 경구에 대한 이러한 오해들과 재해석들도 직접적으로나 간접적으로 아폴론에게 귀착되는 이 경구에서 깊은 진리를 우리가 얼마나 많이 추측해왔는가를 보여주는 셈이다. 그리스 사람들의 모든 신들 가운데에서 아폴론이 철학에 가장 가까이 서 있다.

철학이 아폴론과 맺는 관계는 아마도 아폴론이 고전 시기와 헬레니즘 시기에 태양의 신이자 빛의 신으로 이해되었다는 점과도 연관이 있을 것이다. 아폴론에게 부여한 호메로스의 별칭이 벌써 이 점을 가리킨다고 할 수 있겠다. 왜냐하면 포이보스(Φοῖβος, 라틴어로 Phoebus)가 대체로 '빛을 발하는 자', '빛나는 자' 정도를 뜻하기 때문이다. 오토는 심지어 아폴론이 본래 태양신이라는 것을 증명하고자 했다.[8] 어쨌든지 간에 우리는 아폴론이 최소한 고전 시기의 그리스 사람들로부터는 광명의 신, 빛의 신으로 간주되었다고 보아도 좋을 듯하다. 그런데 빛은 그리스 철학에서 이미 그 시초부터 철학적 인식

---

6) G. W. F. Hegel, WW 10, 10쪽(Glockner).

7) E. Husserl, Husserliana I 183쪽.

8) W. F. Otto, *Das Wort der Antike*, Stuttgart 1962, 53쪽 이하(Apollon), 90쪽 이하 (Mythos von Leto, dem Drachen und der Geburt).

의 모습으로 이해되었다.[9] 이 점은 특히 플라톤에서 그러하다. 플라톤은 '동굴의 비유'에서 철학적 인식을 동굴 안의 어둠으로부터 지상 세계의 빛으로의 상승으로 해석한다. 이때 인식하는 자는 결국 태양 자체까지도 볼 수 있게 된다(『국가』 514a-518b). 이런 의미에서 핑크 (E. Fink)도 동굴의 비유에 대해서 언급하기를 인식의 상승 과정의 각 단계에서 그때마다 보다 높은 '밝음'(Lichthaftigkeit)이 나타난다고 한다. "단계들의 전체 계열은 존재의 빛의 본성(Lichtnatur)을 차례차례 보는 것으로 포괄되어 있다."[10]

그런데 이제 플라톤은 다른 철학자들과 마찬가지로 아폴론과 분명하게 연관된다. 이런 맥락에서 오토는 피타고라스(Pythagoras), 엠페도클레스 그리고 플라톤이 그려보이는 소크라테스(Platonischer Sokrates)를 상기시킨다. "피타고라스의 제자들은 자신들의 스승을 히페르보레이스(hyperboreas, Hyperboreerland, 그리스 신화에 나오는 북쪽 끝[極北]의 항상 봄[常春]의 나라, 이곳의 주민은 hyperboreos[단수], hyperboreoi[복수]: 옮긴이)에서 나타나는 아폴론 신으로 경배했다고 한다. 엠페도클레스가 신성(神性)의 진정한 본성을 선포하고, 이 신성을 인간적인 생각들과는 달리 '그 생각이 번갯불처럼 세계 전체에 금방 확산되는' '성스럽고 말로 표현할 수 없는 정신'으로 기렸을 때, 이는 그가 아폴론을 염두에 두고 한 말이다."[11] 플라톤과 플라톤이 형상화하는 소크라테스에 대해서는 다음과 같이 말한다. "소크라테스는 스스로를, 우리가 플라톤을 통해서 알고 있는 대로, 아폴론 신의 성스

---

9) 여기에 대해서는 다음 박사 학위논문을 참조. W. Beierwaltes, *Lux intelligibilis, Untersuchungen zur Lichtmetaphysik der Griechen*, München 1957.
10) E. Fink, *Metaphysik der Erziehung im Weltverständnis von Platon und Aristoteles*, Frankfurt 1970, 58쪽.
11) W. F. Otto, *Das Wort der Antike*, 66쪽.

러운 백조들의 '조력자'(Mitdiener)라고 불렀다. 이 백조들처럼 자신도 아폴론 신에게 끝까지 복종하고 충실할 의무를 지고 있다는 것이다. 자신의 삶을 되돌아보면서 소크라테스는 자기가 해온 모든 일을 아폴론 신의 섭리와 명령에 따른 것으로, 다시 말해서 죽음의 위협이 가해질지라도 이 세상의 힘에 굴복해서 충실하지 않게 되어서는 안 된다는 예배 의식으로 여겼다."[12] 이제 플라톤 및 그의 철학이 아폴론과 연결되어 있음을 좀 더 자세하게 살펴보기로 하자.

우리는 고대의 플라톤 전기(傳記)들을 통해 이미 일찍부터 플라톤 생애의 주요한 단계들이 아폴론 신과 연관해서 기술되었음을 알고 있다. 훗날의 아카데미아에서는 타르겔리온(Thargelion, 고대 그리스 역법의 열두 달 가운데 하나: 옮긴이)의 일곱째 날을 플라톤의 생일로 기렸다. 이 날은 아폴론 신의 생일로[13] 아티카 지방의 축제력에서 타르겔리온의 핵심인 날이었다.[14] 이렇게 아폴론 신의 축제가 아카데미아의 창시자의 축제와 결합된다.

그렇지만 전설에 따르면 플라톤은 태어나기 이전부터 벌써 아폴론 신과 연관된다. 아풀레이우스(Apuleius)는 플라톤의 아버지가 아리스톤(Ariston)이 아니라 아폴론 신이라고 기록한 보고들을 알고 있었다. 이 보고들에 따르면 아폴론 신이 인간의 모습을 하고 플라톤의 어머니 페릭티오네(Periktione)와 결합했다는 것이다.[15] 이러한 보고들은 오래된 것들이다. 이 보고들은 아마도 결국에는 지금은 전승되지 못한 스페우시포스(Speusippos)의 플라톤 찬가(ἐγκώμιον Πλάτωνος)로 거슬러간다고 하겠다. 이 찬가는 플라톤의 조카이자 플라톤이 죽고 나

---

12) 같은 책, 같은 곳.
13) Apollodoros, *Vita Platonis* c.1 참조.
14) L. Deubner, *Attische Feste*, Berlin 1932, 179쪽 이하.
15) Diogenes Laertios, III 2; Apuleius, *De Platone et eius dogmate* I c.1.

서 아카데미아의 학통을 잇는 스페우시포스가 장례식에서 했거나 아니면 삼촌이 죽고 첫 번째로 돌아온 플라톤의 생일에 아카데미아에서 한 연설이다. 스페우시포스는 여기에서 이미 아폴론을 플라톤의 아버지라고 생각하는데, 그렇게 볼 수 있는 까닭은 그가 아폴론이 아리스톤에게 임신한 페릭티오네를 건드리지 말라고 했노라고 언급하기 때문이다. 플라톤은 이렇게 아폴론 신의 아들로 등장한다.

플라톤의 죽음 역시 아테네 사람들에게 아폴론을 연상하게 했다. 플라톤이 아폴론 신이 보낸 인물로 기술된 묘비명(墓碑銘)들이 있다. 이것들 가운데 하나를 소개하면 다음과 같다.

> 포이보스가 인간에게 아스클레피오스와 플라톤을 보내주었나니
> 그 하나는 혼을 치유하기 위해서요, 다른 하나는 육체를 치유하기 위해서라.[16]
> Φοῖβος ἔφυσε βροτοῖς Ἀσκληπιὸν ἠδε Πλάτωνα,
> τὸν μὲν ἵνα ψυχὴν, τὸν δ᾽ ἵνα σῶμα σαοῦ.

플라톤은 여기에서 치유의 신 아스클레피오스와 동시에 언급되고, 그럼으로써 그 자신은 정신과 혼을 치유하는 신의 역할을 부여받는다.

더 나아가 고대의 전기들은 플라톤이 철학의 길로 들어서는 데에 있어 결정적인 소크라테스와의 만남을 아폴론 신의 영향을 받은 것으로 묘사한다. 그런데 우선 소크라테스 자신도 아폴론 신과 연관된다. 이 연관성은 아폴론 생일의 전야인 타르겔리온 여섯째 날을 소크라테스의 생일로 지낸 점과 소크라테스의 지혜에 대한 델피의 신탁이 잘 암시한다.[17] 소크라테스가 꿈을 꾸었는데, 그 꿈에서 아폴론에 속하

---

16) Diogenes Laertios, III 45.

는 신성한 새인 백조[18])가 나타나 무릎 위에서 놀더니 노래를 부르면서 공중으로 날아갔다고 한다. 그 다음 날 플라톤이 제자가 되기 위해 소크라테스에게 왔고, 소크라테스는 즉시 플라톤이 바로 꿈에 나타났던 백조임을 알아차렸다고 한다.[19] 몇몇 기록들에 따르면 이 만남은 아크로폴리스 기슭에 있는 디오니소스 극장 앞에서 이루어졌다고 하는데, 이로써 또 다른 신이 그 배경에 있었다는 것이 된다. 이 디오니소스 신이 플라톤 철학에 대해 갖는 의미는 나중에 다루게 될 것이다.[20] 플라톤은 소크라테스를 만남으로써 어찌 되었든지 간에 디오니소스 신에게서 등을 돌리기로 결심한 것으로 보인다. 왜냐하면 이 만남이 있고 나서 그는 시인이 되겠다는 생각을 버리고 그때까지 만들어진 비극들과 디티람보스(Dithyrambos)들, 곧 디오니소스를 숭배하는 작품들을 불 속에 던져버렸다고 하니 말이다.

이 일화는 디오게네스 라에르티오스를 통해서 우리에게 전해진다. 그는 플라톤에 대해 다음과 같이 쓴다. "플라톤은 막 비극 경연 대회에 참가하려 디오니소스 극장 앞에서 소크라테스의 말을 듣고는 '헤파이스토스여 어서 오라, 플라톤이 그대를 필요로 하노라'라는 말과 함께 자기의 작품을 불태웠다."[21]

플라톤은 여기에서 테티스(Thetis) 여신의 이름을 자기 이름으로 바꾸어 호메로스를 인용하고 있다. 『일리아스』 XVIII 392를 보면 파트로클로스(Patroklos)가 헥토르에게 져서 아킬레우스의 옛 장비를 잃어버리자 테티스가 신들의 대장장이인 헤파이스토스를 불러내 아킬레

---

17) 『소크라테스의 변론』 21a 참조.
18) 아리스토파네스, 『새』, V 771; 키케로, *Tusc.* I 73.
19) Diogenes Laertios, III 5.
20) 아래의 「디오니소스」 장을 참조할 것.
21) Diogenes Laertios, III 5.

우스에게 새 무기를 만들어주도록 부탁한다. 테티스가 그랬던 것처럼 이번에는 플라톤이 새로운 무기, 새로운 장비를 요구하는 셈이다. 그는 이 장비를 소크라테스를 통해서 얻게 되는데, 그것은 철학이다. 그러나 그는 아직은 철학을 갖고 있지 않다.[22]

2세기에 파우사니아스(Pausanias)가 아테네 방문을 기록하기를 아카데미아 근처에서 플라톤의 묘비를 보았는데 거기에는 다음과 같이 씌어 있었다고 한다. "신[아폴론 신: 원주]이 예고한 대로, 그는 철학의 최고가 되었다."[23] 파우사니아스는 또 아카데미아에 프로메테우스(Prometheus)와 무사(Mousa) 여신들의 제단이 있는 것을 보았다. 아카데미아 입구에는 에로스(Eros)를 기리는 제단이 있었다. 이 무사 여신들의 제단도 다시금 아폴론 신과의 연관성을 나타낸다. 잘 알려져 있는 대로 플라톤과 그의 제자들은 (전에 피타고라스 학파 사람들이 공동체를 이루었던 것처럼) 사적인 숭배 단체라고 할 티아소스(θιασος)를 조직했으며, 그 중심에 있는 것이 무사 여신들에 대한 경배였다.[24] 아주 일반적으로 무사 여신들의 숭배는 정말이지 그리스 철학에서 중요한 역할을 했다.[25] 그러나 아폴론적 사상가인 플라톤과 그 제자들 사이에서는 이 숭배가 특히 특징적인데, 그 까닭은 잘 알려져 있듯이 무사 여신들이 '무사 여신들을 이끄는 자'(μουσαγέτης)인 아폴론 신과 아주 밀접한 연관이 있기 때문이다. 게다가 아폴론과 무사 여신들의 연

---

22) 여기에 대해서는 다음을 참조하라. A. Müller, *Autonome Theorie und Interessedenken, Studien zur politischen Philosophie bei Platon, Aristoteles und Cicero*, Wiesbaden 1971, 14쪽.

23) 원문에는 각주 번호가 붙어 있는데, 각주 내용이 빠져 있다. 출판상의 오류이다: 옮긴이.

24) H. Herter, *Platons Akademie*, 2.Aufl., Bonn 1952 참조.

25) P. Boyancé, *Le culte des Muses chez les philosophes grecs*, Paris 1937.

관성은 콜러(H. Koller)가 플루타르코스(Plutarchos)를 참조하여(*De Pythiae oraculis*) 잘 설명하는 대로 델피로부터 나온 것으로 보인다.[26]

그러므로『파이돈』(61a)에서 철학이 '무사 여신들이 관장하는 것 가운데 최고의 술(術)'(μεγίστη μουσική, höchste Musenkunst)이라고 일컬어지는 것은 플라톤과 아폴론 신과의 관계에서 기인한다. 이와 동시에 플라톤 철학은 아폴론 신에 대한 헌신이다. 즉 플라톤은 죽음을 두려움 없이 직시하는 소크라테스에게 그의 주위에 모인 친구들에게 다음과 같이 말하게 한다. "자네들은 내가 죽음이 가까이 옴을 아는 백조만도 못한 예언자라고 생각하는 것 같군 그래. … 백조들은 자기들의 주인인 신에게 되돌아가는 것을 기쁘게 여겨 가장 아름답게 노래하니 말일세. … 백조들도 아폴론 신의 사자(使者)이기 때문에 예언하는 능력이 있다네. 백조들은 저 세상에 있을 좋은 일을 미리 알고 있는 터라 그 어느 때보다 즐겁고 특히 아름답게 노래하는 걸세. 나도 백조들과 마찬가지로 같은 아폴론 신을 섬기는 자로서 나의 주인으로부터 백조들 못지않은 예언 능력을 받았다고 생각하며, 따라서 백조들 못지않게 기쁜 마음으로 이 세상을 떠나는 것일세"(『파이돈』84e-85b).

플라톤이 철학을 아폴론 신에 대한 헌신으로 묘사하면서 하필이면 백조에 비유한 까닭이 보다 분명해질 수 있기 위해서는,『파이돈』에서 철학한다는 것을 죽음의 한 방식으로 특징짓고 있다는 점을 기억해야 한다. 소크라테스는 이미 다음과 같은 견해를 밝혔다. "자신의 삶을 참으로 철학하는 것으로 보낸 사람은 죽음이 임박했을 때 기쁜

---

26) H. Koller, *Musik und Dichtung im alten Griechenland*, Bern 1963, 34쪽 이하. 플라톤과 무사 여신들 사이의 연관성을 아엘리아누스(Aelianus)의 기록도 말하고 있다. 그에 따르면 플라톤의 아버지는 아들이 태어나자 히메토스(Hymettos) 산에서 무사 여신들과 님프들에게 제물을 바쳤다고 한다(*Varia historia* X 31).

마음을 가질 만한 이유가 있고, 죽어서 저 세상에서 최대의 좋음을 얻을 희망을 가질 수 있다네"(『파이돈』 63e-64a). 플라톤에 따르면 이 점이 철학의 본질에 기초한다. 왜냐하면 "사실 세상 사람들은 눈치채지 못하지만, 제대로 철학에 몸 바친 사람들은 오직 죽음만을 추구하기"(『파이돈』 64a) 때문이다. 그런데 죽음은 "혼이 육체로부터 해방되는 것"(『파이돈』 64c: τῆς ψυχῆς ἀπὸ τοῦ σώματος ἀπαλλαγή)으로 이해되고, 따라서 철학자의 일은 "육체에 관해서 마음 쓰는 것이 아니라 될 수 있는 대로 육체에 대해서는 생각을 멀리 하고 혼으로 생각을 돌리는"(『파이돈』 64e) 데 있다. 그 까닭은 육체에 근거를 두는 감각적 인식의 영향력이 배제되고 사유만이 작동될 수 있을 때, 그때에만 철학적 사유가 흐려지지 않기 때문이다. 우리는 '혼 자체로' 사유해야 한다(『파이돈』 66d). 혼은 "육체를 떠나 될 수 있는 대로 그 자체로만 있을 때, 혼이 육체와 관계를 맺거나 소통함이 없이 참으로 존재하는 것을 추구할 때"(『파이돈』 65c) 가장 잘 사유한다.

플라톤은 여기에서 이원론자로 드러난다. 즉 그에게는 육체와 혼이 서로 다른 실재이고, 사유에서 구별된다. 혼은 육체로부터 해방되어야 하며, 순수하게 되어야 한다. 우리는 이 지점에서 전적으로 종교적 정화(淨化) 사상에 가까이 있는 셈이다. 종교적 정화, 곧 카타르시스(κάθαρσις)의 신은 아폴론이다.[27] 그런데 이 카타르시스, 혼의 육체로부터의 해방은 플라톤이 『파이돈』에서 말하듯이 이승의 삶에서는 결코 완전히 이루어지지 않는다. 그렇기 때문에 참된 철학자는 죽음을 동경하는 것이다. "이렇게 될 때 비로소 우리는 우리가 구하여 마지않는 지혜에 도달할 수 있을 걸세. 그런데 우리가 이 지혜에 도달하게 되는 것은 우리가 죽은 뒤의 일일 것이네. … 육체를 지니고서는 어떤

---

27) 예컨대 다음을 참조. W. F. Otto, *Die Götter Griechenlands*, 68쪽 이하.

것을 순수하게 사유할 수 없다고 한다면, 우리에게는 두 가지 가운데 어느 하나만 가능할 걸세. 즉 인식에 전혀 도달할 수 없든가 그렇지 않으면 죽은 다음에야 도달할 수 있겠지. 그때에야 혼이 육체를 떠나 홀로 있게 될 것이고 그 전에는 그렇게 될 수 없을 것이니 말일세. 살아 있는 동안에는 우리가 될 수 있는 대로 육체와 상관하지도 않고 꼭 필요한 경우가 아니고서는 어울리지도 않으며 육체적인 성질에 젖지도 않고, 신이 우리를 해방시켜줄 때까지 우리 자신을 육체로부터 순수한 상태로 지켜내야 그나마 인식에 가장 가까이 이를 수 있다고 생각되네"(『파이돈』 66e-67a).

혼이 순수한 상태로 있는 경우라야 철학하는 자는 인식하고자 하는 것, 즉 분명하고 흐려지지 않은 참된 존재자를 인식한다. "순수하지 못한 것은 순수한 것에 이르지 못하는 법이네"(『파이돈』 67b). 이렇게 볼 때 철학적 인식은 일종의 자기 인식이요, 이런 관점에서 플라톤은 델피의 그노티 사우톤(ϒνῶθι σαυτόν)에 대한 헤라클레이토스의 해석에 근접한다고 하겠다.

이 자기 인식, 다시 말해서 혼을 통한 혼의 인식의 대상을 플라톤은 다음과 같이 특징짓는다. "그러나 혼이 자신을 통해서 자기 자신을 생각하는 때에는, 순수하고 영원하며 불멸하고 불변하는 것을 향하게 되네. 혼은 이것과 동질적인 것이어서, 만일 혼이 제 자신에게 돌아가기만 하면 언제나 이것과 함께 있게 되지. 이렇게 되면 혼은 방황하는 것을 그치게 되고 영원하고 불변하는 것과 사귐으로써 그 자신 이것과 같이 되는 게야. 혼의 이런 상태를 지혜라고 하네"(『파이돈』 79d).

이것이 말하는 것은 자기 자신을 인식하는 혼은 이랬다 저랬다 하는 체험들을 향하는 것이 아니라 한결같은 상태로 있는 것을 향한다는 것이다. 또 혼은 자기 자신을 인식함으로써 변화를 겪지 않는 존재자를 발견하기 때문에 한결같은 상태로 있을 수 있다. 바로 이런 이유로 플라톤의 소크라테스는 혼은 계속 산다고 믿는다. 왜냐하면 혼은 소멸될 수 없기 때문이다. "이 세상에 사는 동안 혼은 육체와 어울리지 않도록 애쓰고, 육체를 피해 자기 자신 안에서 항상 스스로만을 돌보아왔기에 순수한 채로 육체를 떠나며 육체의 흔적을 전혀 지니고 가지 않네. 그러니 소멸될 수 없지. 그런데 이것이 다름 아닌 참으로 철학하는 것 아니겠나?"(『파이돈』 80e)

따라서 철학은 혼을 육체로부터 해방시키는 일이고, 이 일을 통해서 종교가 최후의 약속으로 알고 있는 것에 이른다. 즉 혼은 "신적이요 불멸하며 예지적인 것에 다다르게 되어 … 거기에서 행복을 누리며 … 영원토록 신들과 함께 지내게 되네"(『파이돈』 81a).

종교적 카타르시스가 철학적인 것이 되었다. 두 가지 카타르시스는 비슷한 기능을 하지만 같은 것은 아니다. 『파이돈』에 따르면 궁극적으로 순수한 상태는 이승의 삶에서 도달되지 못한다. 죽으면 그 사람들의 모든 혼은 일단 지하 세계로 간다. 그러나 모든 혼이 거기에 머무르지는 않는다. 플라톤의 지하 세계에 대한 신화는 다음과 같이 묘사된다. "그러나 특히 경건하게 산 사람들은 지상의 여러 곳들에서 해방되고 감옥에서 풀려나 청정한 곳으로 올라가 그 땅에서 살게 되네. 이 사람들 가운데 특히 철학을 통해서 자신을 순수하게 한 사람들은 그 이후로는 전적으로 육체 없이 살 것이며, 방금 말한 거처보다 더 아름다운 곳에 이르게 될 걸세. 이곳이 어떤 곳인지는 설명하기도 쉽지 않고 또 지금은 설명할 시간도 넉넉하지 않네"(『파이돈』 114b-c).

이것은 철학이 우선은 종교적 계율의 의미로 성공을 거둔 것과 꼭 같은 것을 수행한다는 뜻이다. 그러나 철학은 더 나아가 지금까지의 종교를 통해서 도달될 수 있는 것을 능가한다. 즉 철학을 통해서 순수하게 된 혼은 죽고 나서 더 아름다운 거처를 얻는다. 철학은 종교와 어느 정도는 같은 길을 걷는다. 그러나 철학은 종교보다 더 높은 목표에 이른다. 이렇게 철학은 종교를 더 밀고 가고 고양(高揚)하는 것으로서 나타난다. 그런데 이렇게 종교를 고양하는 일은 외적인 숭배 행위를 전혀 하지 않고 오로지 혼의 인식을 통해서만 일어난다. 이 인식은 감각을 통해서 포착된 세계에 등을 돌리고 자기 자신과 혼 안에 있는 세계를 향한다.

끝으로 언급해야 할 것은, 『파이돈』이 여러 차례에 걸쳐 플라톤이 피타고라스 철학과 맺는 연관성을 떠올리게 하는 것처럼, 육체로부터의 혼의 해방이라는 생각이 피타고라스학파에서 나왔다는 사실이다. 『파이돈』에서 소크라테스의 주요 대화 상대자는 필롤라오스(Philolaos)의 제자들인 케베스(Kebes)와 심미아스(Simmias)이다(『파이돈』 61d). 그런데 피타고라스는 플라톤과 마찬가지로 여러모로 아폴론과 연관이 있는 인물이다. 그는 특히 '히페르보레아스의 아폴론'으로 간주되었다.[28] 역사적으로 생존한 인물로서의 피타고라스에 대해 우리는 무엇보다도 혼의 윤회설을 주장한 것을 알고 있다.[29] 이 혼의 윤회설이 『파이돈』에도 다시 등장한다. 부르커트의 연구들은 역사적으로 생존한 피타고라스가 학자도 수학자도 아니었으며 일종의 샤머니즘적 기적을 행하는 사제(司祭)였음을 분명하게 밝히고 있다. 피타고라스에 대한 가장 오래된 증언들은 모두 같은 방향, 즉 "학문이 아니라 종교적 계시의 방향"[30]을 가리키고 있다. 게다가 피타고라스는 플라톤과 마찬가지로 아폴론 신뿐만 아니라 무사 여신들과도 연관을 맺고 있다.[31] 플라톤이 이탈리아 남부의 피타고라스학파 사람들, 그 가운데에서도

---

28) 아리스토텔레스, 토막글 191(Rose); Diogenes Laertios, VIII 11.
29) H. S. Long, *A study of the doctrine of metempsychosis in Greece, From Pythagoras to Plato*, Princeton(New Jersey) 1948.
30) 같은 책, 100쪽.
31) W. F. Otto, *Die Musen und der göttliche Grund des Singens und Sagens*, 36쪽 이하.

이미 언급한 아르키타스(Archytas)와 교류가 있었음은 확실하다. 플라톤이 처음 마그나 그라이키아(Magna Graecia: 남부 이탈리아와 시칠리아에 이룩된 그리스 식민 세계: 옮긴이)을 방문한 것도 피타고라스 철학을 알아보려는 의도였다고 한다.[32] 카타르시스라는 주제는 피타고라스 학파에서 비중 있는 역할을 한다.

이제 한 가지 근본적인 물음을 밝히는 일이 남아 있다. 우리는 플라톤이 어떤 방식으로 자신의 철학함을 아폴론적인 것을 통해서 규정짓게 했는지를 살펴보았다. 또 아폴론은 거리를 두고 바라보는 인식의 신으로 드러났다. 그렇다면 플라톤은 무엇을 철학적 인식이라고 생각하는가? 혼을 통한 혼의 인식이라는 플라톤의 개념에서 무엇이 아폴론적인가? 철학적 인식이 아폴론적 인식이라면, 이때의 철학적 인식이란 무엇인가?

누구보다도 젊은 시절의 니체(F. Nietzsche)는 『비극의 탄생』이라는 저술에서 아폴론적인 것의 특징을 아폴론적인 것과 디오니소스적인 것을 대비시킴으로써 분명하게 만들려고 했다. 그에 따르면 아폴론적인 것은 우리 눈앞에 꿈의 세계, 다시 말해서 우리에게 그럴듯한 그림의 세계로 나타나는 세계를 펼쳐 보인다. 이 그림의 세계는 우리 눈에 개별적, 개체적 형상들이 보이게 만든다. 아폴론적 그림의 세계 배후에는 개별화의 원리(principium individuationis)가 서 있다. 그렇기 때문에 니체에 의하면 아폴론에 대해 다음과 같이 말할 수 있다. "저 원리(principium)에 대한 흔들리지 않는 신뢰와 이 원리에 사로잡혀 조용히 앉아 있는 것이 아폴론에게서 그 가장 숭고한 표현을 획득하며, 우리는 아폴론 자체를 '개별화 원리'의 장려한 신상(神像)이라고 부르고자 한다. 아폴론의 몸짓과 시선으로부터 '현상'의 모든 기쁨과 지혜

---

32) Diogenes Laertios, III 6.

그리고 아름다움이 우리에게 말을 걸어온다."[33] 그에 반해서 디오니소스적인 것은 도취에 비견된다. 개체는 도취에서 자기 자신을, 자기의 개별성을 잊어버리고 보다 높은 통일성을 향해 솟아오르는 것으로 보인다. "디오니소스적인 것의 마술 아래 인간과 인간 사이의 연대가 다시 이어질 뿐만 아니라 소외되고, 적대시되며, 억압된 자연이 그 잃어버린 아들, 곧 인간과 다시금 화해의 축제를 벌인다."[34] 디오니소스적인 경험에서 개별화 원리는 그 효력을 상실한다. 우리는 "우리의 이웃과 일치하고, 화해하고, 함께 섞여 녹아내릴 뿐만 아니라 하나라고"[35] 느끼게 된다. 우리는 "다시금 개별적인 것에 신경 쓰지 않고, 심지어 개체를 없애고자 하며 신비로운 일체감을 통해서 자유로워지려는"[36] 현실과 만나게 된다. 그래서 건축이나 조각과 같은 아폴론적 예술은 조형적이고, 디오니소스적 예술인 음악은 비조형적이다. 아티카의 비극에는 조형적인 것과 비조형적인 것, 아폴론적인 것과 디오니소스적인 것이 함께 녹아 있다.[37] 이렇게 보면 철학도, 니체가 드러내 놓고 말하는 것은 아니지만, 아폴론적인 것과 디오니소스적인 것의 결합으로 나타난다. 즉 니체에 따르면 철학, 더구나 모든 시대의 철학은 '신비적 직관으로부터', 다시 말해서 디오니소스적인 근본 경험과 이 직관을 개념적으로 파악하고 언어로 표현하려는 시도들로부터 생겨난다. 이 시도들은 결국 다름 아니라 "모든 것은 하나이다"[38]라는 명제에 대한 더 나은 표현들을 찾아내려는 것이다. 우리는 이 시도들에서

---

33) F. Nietzsche, WW I 23 이하(Schlechta).
34) F. Nietzsche, WW I 24.
35) F. Nietzsche, WW I 25.
36) 같은 책, 같은 곳.
37) F. Nietzsche, WW I 25 및 그 밖의 여러 곳.
38) F. Nietzsche, WW III 361.

아폴론적인 것을 볼 수 있을 것이다.

  그렇지만 여기에서 조심해야 할 것이 있다. 니체와 비교할 때 아폴론적인 것을 본질적인 점들에서는 동일하게 해석하는 오토(W. F. Otto)는 바로 이 아폴론적인 것이 개별적인 것에 대해 갖는 관계를 『비극의 탄생』의 저자와는 달리 해석한다. 오토도 아폴론적인 것에 디오니소스적인 것을 대립시킨다. 아폴론이 모든 신들 가운데 가장 그리스적인 신으로 간주되는 데에 대해 다음과 같이 설명할 수 있다. "디오니소스적 열정(enthousiasmos)이 한편으로는 중요한 힘이었지만, 이러한 일을 포함해서 모든 적도(適度)를 벗어나는 일을 극복하는 것이 그리스적 전통의 특징이었으며 그리스적 전통의 중요한 대표자들이 매우 단호하게 아폴론적 본성을 신봉했다는 것은 의심의 여지가 없다. 디오니소스적 본성은 도취, 곧 가까움을 지향하고, 아폴론적 본성은 명석함과 조형(造形), 곧 거리를 지향한다. 거리라는 단어는 직접적으로는 어떤 부정적인 것을 표현하지만, 그 배후에는 가장 긍정적인 것, 즉 인식하는 자의 태도가 들어 있다."[39) 여기까지는 오토도 본질적인 면에서 니체와 생각을 같이한다. 그러나 오토에게 거리라는 이념은 아폴론적인 것과 개별성의 관계에 대한 다른 견해를 갖게 한다. 니체에게 아폴론은 개별적인 존재의 신이었다. 오토는 아폴론을 다르게 본다. "아폴론은 스스로를 강조하지 않으며 델피의 신탁으로 무엇보다도 먼저 자기를 칭송하고 경배할 것을 요구하는 일이 결코 없는 것처럼, 아폴론은 개별적 인간과 개별적인 혼의 영원한 가치에 대해 관심이 없다. 그가 내리는 계시의 의미는 인간의 고유한 본성의 존엄함과 인간 각자의 혼의 깊은 내면성이 아니라 각자의 인격을 넘어서는 것, 변화하지 않는 것, 영원한 형식들로 향하라는 것이다.

---

39) W. F. Otto, *Die Götter Griechenlands*, 78쪽 이하.

… 영원한 것과 지상의 현상들 — 개인으로서의 인간도 지상의 현상들에 해당하는데 — 사이에는 심연이 가로놓여 있다. 개별적인 것은 무한성의 왕국에 미치지 못한다."⁴⁰⁾ 인간의 개별적인 삶은 신들에서처럼 보존된 채로 머물러 있지 않는다. 아폴론은 그노티 사우톤(γνῶθι σαυτόν)이라는 경고에 나타나 있는 것처럼 되풀이해서 인간적인 것과 신적인 것을 구별할 것을 환기시키고 있다. 다시 말해서 인간은 자신이 인간이지 신이 아님을 알아야 한다는 것이다. 이에 상응해서 인간에게는 개별적인 불멸성이란 없다. 즉 인간은 본질적으로 브로토이(βροτοί), 곧 죽어야 하는 존재이다. 아폴론적 정신은 "욕망과 구원에 대한 동경이라는 두 가지 모두로부터 자유로운 시선으로 세계와 인간 존재를 조형으로서 직관할 수 있었다."⁴¹⁾

이런 생각은 기본적으로 플라톤의 생각이기도 하다. 물론 플라톤은 드물지 않게 개별적인 혼의 불멸성을 말한다.⁴²⁾ 그러나 우리는 플라톤의 이 사상이 대부분 혼이 윤회한다는 사상과 결합되어 있다는 사실을 잊어서는 안 된다. 그런데 피타고라스학파에게 물려받은 혼의 윤회설은 개별적인 것을 파악하는 데에 아주 특별한 성격을 갖는다. 즉 혼이 전적으로 개체 혼으로 생각되기는 하지만, 상이한 육체들에서 상이한 삶을 두루 체험함으로써 끊임없이 달라진다. 아폴론적인 것의 본질은 개별적인 존재자, 개별적인 혼이 아니라 개별적인 것이 변화하지 않고 영원한 것과 맺는 관계이다. 아폴론은 그 어떤 다른 신들에서보다도 더 영속적인 존재라는 생각이 드러나는 신이다. 훗날의 플라톤주의자 플루타르코스(Plutarchos)는 "De E apud Delphos"라는

---

40) 같은 책 79쪽.
41) 같은 책 80쪽.
42) 아래 「아타나시아」 장을 참조하라.

글에서 델피에서 발견된 철자 E가 (이 철자를 그는 εἶ라고 읽어서) 아폴론 신을 가리킨다고 본다. 이 철자로 아폴론 신을 두고 '네가 있다'(du bist)라고, 다시 말하면 오로지 너만 절대적으로 존재한다고 말한다는 것이다.[43] 그러나 존재는 개별을 넘어선다. 존재는 초감각적이고 초시간적이다. 따라서 아폴론적인 것과 디오니소스적인 것 사이의 대립은 니체가 생각한 것보다 한결 덜한 것 같다. 아폴론적인 것도 개별을 넘어서는 것(das Überindividuelle)을 알고 있다.

우리는 아폴론과 디오니소스를 연결하는 또 하나의 특성을 말하려고 한다. 여기에서도 플라톤의 텍스트를 끌어들일 수 있다. 아폴론은 정말이지 특히 신탁의 신이고, 아폴론의 여사제들은 일종의 신적인 광기로 미래의 일을 예언한다. 플라톤은 『파이드로스』에서 예언녀들이 신적인 광기(μανία) 상태에서 행하는 것을 그녀들이 이성적 사유로 행한 것보다 우위에 둔다. "델피의 예언녀와 도도나(Dodona)의 여사제들은 광기의 상태에서 사적이고 공동체적인 사안들에서 우리 그리스를 위하여 좋은 것을 많이 행했지만, 깬 사유로는 별것 없거나 아니면 하나도 없다. 시빌레(Sibylle)마저 끌어대더라도 ⋯ 우리는 두루 알려진 일들에 대한 설명에 지루해할 것이다"(『파이드로스』 244a–b). 델피의 피티아(Pythia)와 키마이(Kymai, 라틴어로 Cumae)의 시빌레는 잘 알려져 있듯이 아폴론의 여사제들이다. 예언녀들의 신적인 광기는 신으로 충만된 상태, 엔투시아스모스(enthousiasmos)의 상태이다. 그리스 사람들은 여사제들의 이러한 신으로 충만된 상태를 처음에는 신과 성적으로 합일되는 것으로 생각했다. 그래서 많은 예언녀들이 스스로를 아폴론의 신부(新婦) 혹은 애인이라 칭했다.[44] 트로이아의 예

---

43) 델피의 E에 대해서는 플루타르코스의 글 17장을 참조.
44) E. Norden, *Vergils Aeneis* VI, 2.Aufl., 1916, 144–147쪽 참조.

언녀 카산드라(Kassandra)는 신의 욕망을 받아들이지 않았기 때문에 아무도 그녀의 예언을 믿지 않게 되는 벌을 받았다.[45] 오비디우스(Ovidius)는 키마이의 시빌레에 대해서 마찬가지로 신의 뜻에 따르지 않았다고 적고 있다.[46] 베르길리우스의 『아에네이스』(*Aeneis*)에는 시빌레가 아에네아스(Aeneas)에게 신탁을 말하기 전에 그녀의 의사에 반해서 아폴론이 격렬하게 애무해서 억지로 예언하게 만든다(『아에네이스』 VI 77–80). 이 시인이 묘사하는 장면은 강간을 연상하게 한다.[47] 이러고 보면 아폴론 신의 거리 두기는 인간인 여자들과의 교접을 마다할 만큼은 아니다. 이런 관점에서 보자면 아폴론은 결코 니체의 의미에서의 '아폴론적'이지 않다.

그런데 우리는 아폴론적 엔투시아스모스를 플라톤에서도 발견한다. 물론 이러한 엔투시아스모스는 일방적으로 아폴론적인 것에만 돌려지는 것이 아니라 디오니소스적인 것에도 마찬가지 정도로 돌려진다. 우리는 마지막 장에서 플라톤 철학에서 아폴론적인 것이 디오니소스적인 것과 결합된다는 것을 밝히려고 한다.[48]

---

45) Apollodoros, III 151쪽.
46) Ovidius, *Metamorph.*, XIV 132쪽 이하.
47) "At Phoebi nondum patiens immanis in antro
    bacchatur vates, magnum si pectore possit
    excussisse deum: tanto magis ille fatigat
    os rabidum, fera corda domans, fingitque premendo."
48) 아래 「디오니소스」 장을 볼 것.

이데아 2

이른바 '이데아 이론'은 독일 관념론 시대 이후 플라톤 철학의 본질적인 부분으로 간주되어왔다. 헤겔은 플라톤에 대해 다음과 같이 말한다. "플라톤에게 철학은 그 자체로 보편적인 것을 다루는 학문이다. … 우리는 철학을 이렇게 규정하는 데에서 이미 수없이 이야기되는 플라톤의 이데아들이 무엇인지를 보게 된다. 이데아는 다름 아닌 보편자이다."[1] 그렇다면 철학은 플라톤에게는 이데아들에 관한 학문인 셈이다. 신칸트학파의 일원인 나토르프(P. Natorp)도 같은 생각이다. 나토르프는 플라톤의 이데아 이론을 문제 삼는 저서에서 독자들을 플라톤 사유 세계의 중심으로 이끌려고 하는데 거기에서 그는 다음과 같이 확언한다. "이데아들에 대한 이론, 이것이 바로 중심이고 앞으로도 항상 중심으로 남아 있을 것이다."[2] 같은 방향에서 플라톤을 해석하는 무수히 많은 사람들 가운데 세 번째 대표적 인물을 든다면

---

1) G. W. F. Hegel, WW 18, 197−199쪽(Glockner).

2) P. Natorp, *Platos Ideenlehre*, 2. Aufl., Leipzig 1922, VII쪽.

마틴(G. Martin)을 들 수 있겠다. 그도 당연하다는 듯이 플라톤 철학을 이데아 이론과 동일시한다. 다만 그는 두 단계를 구별한다. 그 한 가지는 플라톤 철학이 "거의 전적으로 이데아 이론을 예언가적으로 선포하는 데에 가까운"[3] 단계이고, 다른 하나는 "이데아가 존재한다는 것의 의미를 좀 더 성찰해야 한다"[4]는 생각으로부터 전개되는 단계이다. 아리스토텔레스가 자신의 옛 스승의 철학에 대해 취하는 태도도 이런 의미로 파악된다. "아리스토텔레스 전집은 플라톤의 이데아 이론에 대한 끊임없는 대결을 드러낸다. 따라서 아리스토텔레스 철학에 대한 해석들이든 플라톤 철학에 대한 해석들이나 매한가지로 플라톤의 이데아 이론에 대한 아리스토텔레스의 비판이 큰 비중을 차지한다는 것은 이해됨 직하다."[5] 이 말은 마치 플라톤 철학을 이데아 이론과 동일시하는 것이 일반적으로 동의된다는 것처럼 들린다.

그러나 사실은 그렇지가 않다. 우리는 다음 장에서 무엇보다도 크래머(H. J. Krämer)의 획기적인 작업들을 바탕으로 플라톤 철학의 핵심은 (그것이 비록 최고의 이데아에 대한 사상이라고 할지라도) 이데아 이론이 아니라 일자(一者) 사상임을 보여주려고 한다. 또한 그때에도 플라톤 철학은 하나의 이론이기보다는 경험에 이르는 길을 여는 일인 것으로 보인다. 그러나 플라톤의 사유에서 이데아들이 중요한 역할을 하고 플라톤을 통해서야 비로소 이데아(ἰδέα)라는 단어가 철학적 용어로 확립되었다는 사실은 논란의 여지가 없다. 그렇지만 여기에서 주의해야 할 점은 플라톤 자신도 이 용어를 달리 표현할 수 없을 정도로 그렇게 확고했던 것은 아직 아니었다는 사실이다. 다시 말해서 플라톤은 이데아 개념을 일련의 다른 표현들로도 나타낸다. 마인하르트

---

3) G. Martin, *Platos Ideenlehre*, Berlin 1973, 127쪽.
4) 같은 책, 같은 곳.
5) 같은 책, 133쪽.

(H. Meinhardt)가 이 점을 주목하게 만든 것은 잘한 일이다.[6]

여기에서 이데아 이론을 구체적으로 밝히는 것은 내가 의도하는 일이 아니다. 오히려 나에게 문제가 되는 것은 어떻게 해서 기본적으로는 별로 납득할 수 없는 이런 종류의 이론이 생겨날 수 있었는가 하는 점뿐이다. 나는 이데아 이론의 싹들을 그리스 종교에서 찾을 수 있다는 사실을 밝히려고 시도할 것이다.

플라톤이 느꼈다는 철학과 종교 사이의 '오랜 대립'은 앞에서 이미 언급했다. 그리스 사람들 사이에서 시인들은 예술가라기보다는 오히려 종교인이었다. 다시 말해서 그들은 신화를 선포하고 해석함으로써 영향력을 발휘하는 사람들이었다. 헤로도토스는 유명하고 자주 인용되는 구절에서(*Hist.* II 53) 호메로스와 헤시오도스가 그리스 사람들에게 비로소 신들을 가져다주었다고 말한다. 이 말을 글자 그대로 받아들이면 안 된다. 왜냐하면 신들은 당연히 호메로스와 헤시오도스 훨씬 이전부터 숭배되었기 때문이다. 그렇지만 그리스 최초의 이 두 시인들이 부분적으로는 새로운 모습으로 만들어낸 신화들에서 신들을 특정한 방식으로 소개하고 해석했다는 것은 여전히 사실이다. 아리스토텔레스가 최초의 그리스 철학자들에게 테올로고이(Θεόλογοι, 『형이상학』 II 1000a9)와 테올로게산테스(Θεολογήσαντες, 『형이상학』 I 983b29)를 마주 세울 때, 그 역시 호메로스와 헤시오도스를 염두에 둔 것으로 보인다. 이렇게 그리스 사람들에게는 그들의 위대한 시인들이 신학자(Theologen)이자 신화가(Mythologen)로 나타난다.

그런데 이 두 시인들은 그 자체로 본질적으로 종교를 통해서 특징지을 수 있는 그리스적 삶에 현저한 영향을 끼쳤다. 크세노파네스는

---

6) 'Idee' 항목, *Historisches Wörterbuch der Philosophie*, Bd.IV, Basel 1976, Sp.55–65, 특히 Sp.55.

마치 당연한 것에 대해 말하듯 애당초 모든 그리스 사람들은 호메로스로부터 배웠노라고 말한다(B 10). 플라톤 역시 호메로스를 칭송하는 이들에 대해 언급한다. "이들은 이 시인이 그리스를 교육했다고 하며 인간사(人間事)의 경영 및 교육과 관련해서 이 시인을 모범으로 삼아 그에게서 배워야 하며 자신의 생애를 전적으로 그의 가르침에 따라 설계하고 살아야 한다고 주장한다"(『국가』 606e-607a). 호메로스 이외에도 흔히 그와 함께 거론되는 헤시오도스 역시 그리스의 교사로 간주된다. 이 점을 우리는 특히 헤라클레이토스에서 알 수 있는데, 그는 "대부분의 사람들의 스승은 헤시오도스이다"(B 57)라고 쓰고 있다. 시인과 신화의 이러한 의미는 어떻게 해서 생겨난 것일까?

그리스 문헌에 드러나는 가장 두드러진 예들 가운데 하나로 시작해 보자. 『일리아스』 24번째 노래에는 늙은 프리아모스가 남몰래 밤에 그리스 진영의 아킬레우스를 찾아와서는 장례를 치를 수 있도록 헥토르의 시체를 내달라고 간청하는 장면이 나온다. 아킬레우스는 이 부탁을 들어주고는 자신의 손에 죽은 적의 아버지를 식사에 초대한다. 그런데 아킬레우스는 그때까지 곡기를 끊고 있던 프리아모스가 이 초대를 받아들이도록 하기 위해서 신화의 인물인 니오베를 상기시킨다. 아킬레우스는 아폴론에 의해 자식들을 살해당하는 니오베의 이야기를 한다. 니오베의 자식들은 죽어서 아흐레 동안 묻지 못한 채 있다가 열흘째 되던 날에야 묻힐 수 있었고 우느라 지친 니오베는 그 제사 음식을 먹었다는 것이다(V. 596-620). 그리고 나서 『일리아스』는 프리아모스가 니오베 이야기를 듣고 마음을 돌려 아킬레우스와 함께 저녁식사를 하고 죽은 아들의 장례를 지내기 위해 열 하루간의 휴전을 허락받는 대목을 묘사한다. 우리의 주제와 연관되는 점은 이런 것이다. 즉 아킬레우스가 자기의 손님에게 음식을 들도록 설득했던 것은 어떤 논변이 아니라 신화에 나오는 모범 사례(mythisches Vorbild)를 지적하는 것을 통해서이다. 즉 아킬레우스는 프리아모스가 신화의 전례에 의해서 행동에 영향을 받는다고 생각하고, 그 결과가 말해주듯 그런 생각은 옳았다. 오늘날 우리는 이런 종류의 행위를 '신화적 사고'의 결과로 이해한다. 이런 신화적 사고는 그 본성상 범형적(paradigmatisch) 사고, 본을 지향하는 사고이다. 프리아모스는 마치 니오베가 그랬던 것처럼 행동했고 실제로 어떤 의미로는 니오베였으며, 자신을 니오베와 동일시했다. 또 죽임을 당하고 아직 장례를 치르지 못한 그의 아들은 니오베 신화에 나오는 니오베 자식들과 똑같은 상황에 놓여 있다.

방금 말한 『일리아스』 대목은 소위 신화 속의 신화를 묘사한다. 왜냐하면 이 서사시가 한편으로는 신화를 보여주고(아킬레우스의 분노를 그리는 시는 하나의 신화이다), 다른 한편으로는 다른 신화들을 암시하기 때문이다(아킬레우스는 프리아모스에게 니오베 신화를 상기시킨다. 니오베 신화를 훗날 오비디우스가 더 자세히 묘사한다). 이와 유사하게 우리는 『오디세이아』에서 님프 칼립소가 신화들을 끌어들이고 있는 것을 보게 된다. 그런데 이 경우에는 행동의 본이 문제라기보다는 해당 상황의 이해가 문제이다. 즉 헤르메스가 제우스의 명을 받아 칼립소에게 오디세우스를 고향으로 돌아갈 수 있게 하라고 요구하자 칼립소가 이 신의 사자에게 대답한다(V. 118-129).

무정하시도다, 그대들 남신들은. 그대들은 질투가 강하지요.
그대들은 어떤 여신이 인간을 사랑하는 지아비로 삼아
공공연히 품는 꼴을 못보니까요.
장밋빛 손가락을 가진 새벽의 여신 에오스(Eos)가 오리온을 택했을 때에도
안락한 생활을 하는 그대들 신들은 이를 질투했고
급기야 황금 왕좌의 순결한 아르테미스가 오르티기아에서
그에게 다가가 부드러운 화살들로 그를 죽였지요.

또 머리를 곱게 딿은 데메테르가

세 번이나 갈아 놓은 밭에서 이아시온과 사랑의 동침을 했을 때에도

제우스께서는 번쩍이는 번개를 던져 그를 죽이셨지요.

이번에는 또, 신들이여, 그대들은 한 인간이 내 곁에 있는 것을 질투하는군요.

그는 내가 구해주었지요.

그가 혼자 배의 용골에 걸터 앉아 있을 때 말이에요.

제우스가 포도주 빛 바다 한가운데에서

번쩍이는 번개로 그의 배를 부수고 쪼개버렸기 때문이지요.

이렇게 신화는 행동의 지침을 제공하는가 하면 각각의 상황을 이해할 수 있게 해준다. 더 나아가 신화는 어떤 의미로는 미래를 전망할수 있게 해주기도 한다. 다시 말해서 신화는 장차 무슨 일이 일어날것인지를 말해주기도 한다. 예를 들어 베르길리우스의 아에네아스(Aeneas)는 시빌레에게 자신의 아버지를 만날 수 있도록 지하 세계로통하는 길을 가르쳐달라고 청한다. 이때 그는 성공적으로 끝난 지하세계 여행을 이야기하는 신화를 지적한다(『아에네이스』 VI 119−123).

오르페우스는 칠현금의 아름다운 소리에 힘입어

아내의 혼을 불러낼 수 있었고

폴리데우케스(라틴 이름 Pollux: 옮긴이)는 형을 죽음의 수레바퀴에서 구해냈건만

나는 무엇으로 테세우스를 기억할꼬.

나 역시 제우스의 손자인데.

물론 서사시가 직접적으로 신화를 이야기하기도 한다. 예컨대 헤시

오도스는 『신통기』에서 하늘의 신 우라노스와 땅의 여신 가이아 사이의 자식들에 대해서 말하기를 우라노스가 자식들을 삼키고 그들을 지하 동굴에 가두었다고 한다. 결국 이 아들들 가운데 한 명이 낫으로 아버지의 성기를 절단한다. 그러나 크로노스도 다시 제우스에 의해 권좌에서 쫓겨난다(『신통기』 154-181a, 459-503).

우리로서는 인간 문명 발달의 초기에 생긴 이 무시무시한 신화가 고전 시기 그리스에서 본(Vorbild)의 성격, 원형(Urbild)의 성격을 지녔다는 점을 쉽게 이해하기 어렵다. 그러나 이 점은 실제로 사실이다. 우라노스가 아들 크로노스에 의해 살해되는 신화는 플라톤의 대화편들 가운데 하나에서 중요한 역할을 수행하고 있으니 말이다.

즉 이데아(ἰδέα)와 에이도스(εἶδος) 개념이 최초로 철학적 의미로 사용된 대화편인 『에우티프론』에서 소크라테스는 에우티프론과 함께 종교적으로 요구되는 것, 흔히 경건하다고 번역되는 것, 호시온(ὅσιον)의 본질에 대해 대화를 나눈다. 경건함에 대한 물음이 등장하는 까닭은 에우티프론이 자신의 아버지를 법정에 고발하려고 했기 때문인데, 이는 당시의 생각으로는 파렴치한 행위였다. 그러나 에우티프론은 아버지가 노예를 살해했으므로 자신의 행위는 경건하다는 생각을 피력했고 소크라테스는 그에게 도대체 '경건하다'는 것이 무엇인지를 묻는다. 그런데 이 물음을 받은 자는 오늘날 우리가 보기에는 놀라운 방식으로 대답한다. 즉 에우티프론은 경건함에 대한 정의가 요구되고 있다는 것을 전혀 이해하지 못한 것으로 보인다. 경건함을 정의하는 대신에 에우티프론은 하나의 신화, 곧 우라노스, 크로노스 그리고 제우스의 이야기를 담고 있는 신화로 대답한다.

"경건이란 바로 제가 지금 하고 있는 행위와 같은 것이지요. 즉 살인을 하거나, 신전의 물건을 훔쳐내거나 혹은 이 밖의 어떤 죄를 범하든 어쨌든 부정을 행하는 사람을 그것이 자기 아버지이건 어머니이건, 혹은 다른 어떤 사람이건, 고발하는 것이지요. 이런 사람을 고발하지 않는 것은 불경건입니다. 제 말이 옳다는 것을 훌륭하게 보여주는 증거를 댈 테니, 오 소크라테스, 한번 잘 생각해 보세요. … 사람들은 제우스를 가장 훌륭하고 가장 옳은 신이라고 여기고 있습니다. 그러면서도 그들은 또한 이 신이 자기 아버지(크로노스: 옮긴이)가 자식들을 부당하게 삼켜버렸다 하여 그 아버지를 결박하였고, 또 이 아버지는 비슷한 이유로 자기 아버지(우라노스: 옮긴이)를 제거했다는 것을 인정하고 있어요. 그런데 사람들은 제가 부정을 저지른 아버지를 고발한 것을 두고 화를 내고 있어요. 이렇게 그들은 신들에 관해서나 저에 대해 스스로 반대되는 말을 하고 있어요"(『에우티프론』 5d-6a).

왜 이런 대답이 나온 것일까? 에우티프론은 신화가 본이라는 식의 사고를 하고 있다. 그는 자신의 아버지를 고발한다는 (특히 고대 그리스의 가부장적 세계에서) 특이한 행위를 아들들이 그들의 아버지에게 한 신화를 통해서 정당화한다. 더욱이 에우티프론이 자신의 행위를 거부하는 것은 신들에 대한 생각과 어긋난다는 점을 지적할 때, 인간은 신들과 마찬가지 방식으로 행위해야 한다는 것이 일반적으로 인정되는 기준으로 분명하게 전제되는 셈이다. 따라서 에우티프론은 자신의 행위를 본으로 파악되는 저 신화에 기술된 신들의 행위를 모방한 것으로서 정당화하고 있는 것이다. 우리는 신화를 이렇게 파악하는 방식을 좀 더 정밀하게 탐구해야 한다. 왜냐하면 이 점이 플라톤의 이데아 이론의 배경을 밝히는 것이 되기 때문이다. 이렇게 함으로써 우리는 앞서 「들어가는 말」에서 한 말과 결합하게 된다.

'미토스'라는 단어는 원래 '로고스'라는 말과 같은 의미였다.[7] 점차 의미의 차이가 생겨나는데, 이 차이를 오토가 자세하게 연구했다. 그

---

7) W. F. Otto, *Die Gestalt und das Sein*, Düsseldorf 1955, 334쪽 이하.

의 견해에 따르면 로고스(λόγος)와는 반대로 미토스(μῦθος)는 "사고된 것, 계산된 것, 의미 있는 것을 뜻하지 않는다. 이 단어의 의미는 아주 객관적이다. 곧 참인 것, 실제인 것이다. … 미토스는 일어난 것, 일어나고 있는 것, 사실에 부합한다는 의미에서의 '이야기'이다. … 특히 미토스는 과거에 실제로 일어난 것에 대한 '말'이다. 또 이 과거가 오래될수록, 의미 있는 것일수록 그만큼 성스러운 과거로 현재의 무미건조함과는 다르기 때문에 이 미토스라는 단어가 나중에 허구적인 것, 참이 아닌 것이라는 의미를 어떻게 얻을 수 있었으며 또 그럴 수밖에 없었는지를 쉽게 알 수 있다. 그렇지만 이 단어는 원래 정반대로 사실적이고 참된 것을 가리켰다."[8] 따라서 우리는 미토스 개념에서 우선 이 개념이 '참된 말', '진실을 이야기하는 말' 정도를 뜻한다고, 더욱이 과거에 있었던 일에 대해 그렇게 한다고 확정할 수 있겠다.

위에서 인용한 대목에서 오토는 계속 논의하기를 미토스가 참된 것을 가리키지만 이 미토스는 "일회적인 것으로 보고될지라도 그 본성상 무시간적이고 영원한 것"[9]이라고 한다. 이것이 무엇을 의미하는가 하는 것은 고대 종교에서 신화와 긴밀하게 연관되어 있던 제의(祭儀)에서 특히 두드러지게 나타난다. 제의는 신화의 초시간적인 원초적 행위(Urhandlung)를 시간 안에서 반복하는 것이다. 이 원초적 행위는 그 자체로는 일회적이지만 제의 안에서 되풀이하여 현재가 된다는 점에서 초시간적이다. 우리는 이 점을 이미 언급했는데, 여기에서는 몇 가지 점만을 특히 강조해야 하겠다. 기본적으로 현실성은 속되고 성스러운 것으로 이해된다. 일상적 현존재의 지금·여기(Hier und Jetzt)

---

8) W. F. Otto, "Der Mythos und das Wort", in: *Das Wort der Antike*, Stuttgart 1962, 348–373쪽, 인용은 358쪽.
9) W. F. Otto, 같은 책, 같은 곳.

에서 벌어지는 제의에서 신화의 사실성은 일상 세계 안으로 끌어들여지고 현재화된다. 이렇게 해서 신화의 사실성은 초시간적이다. 이때 제의는 매우 넓은 의미로 파악된다. 즉 고대 인간들에게는 결혼도 운동 시합도, 사냥과 낚시도 신화적이고 제의적으로 규정된다. 엘리아데(M. Eliade)는 심지어 "분명한 목표를 추구하는 모든 책임 있는 행위는 아르카이아 세계에서는 의식(儀式)과 연관된다"[10]고 주장한다. 이 점은 무엇보다도 원시 문화들에 해당하지만 고대 그리스 문화에 대해서도 약화된 형태로 적용시킬 수 있다. 그래서 우리는 원시 문화들에 대한 엘리아데의 언급을 기본적인 점들에서는 그리스인들에게도 적용해도 좋을 것이다. "원시인은 인간의 행위를(경작, 풍속, 성생활, 문화 등을) 그 행위가 신, 조상 혹은 문화 전달자에 의해 드러나는 행위를 반복하는 한에 있어서만 본질적이라고 본다. 이 틀에 맞지 않고 초인간적인 모델을 지니지 않는 모든 것은 명칭도 없고 의미도 없다."[11] 이를테면 결혼식은 신과 여신 사이의 '성스러운 결혼'(ἱερὸς γάμος)을 반복하는 것으로 이해되었는데, 이때 본이 되는 것은 대체로 하늘과 땅 사이의 원초적인 결혼이었다. '내가 가이우스인 곳에서 너는 가이아이다'(ubi ego sum Gaius, tu es Gaia)라는 이른바 로마 시대 결혼식 구절도 이런 의미에서 이해된다. 여기에서 가이아는 대지의 여신 가이아의 이름임을 쉽게 알 수 있다. 그런데 가이우스라는 남성 이름은 하늘의 신의 이름에서 온 것으로 추정된다. 하늘의 신은 고 인도어로는 'dhyaus'로 그리스어로는 제우스(Zeus)(아마도 '듀스'[djous]로 발음되었을 것이다. 그래서 제우 파테르[Ζεῦ πάτερ]가 라틴어로 유피테르[Jupiter]가 된다)로 불렸다.[12] 따라서 이렇게 이해된 결혼은 하늘과 땅 사이의 결

---

10) M. Eliade, *Der Mythos der ewigen Wiederkehr*, Düsseldorf 1953, 46쪽.
11) M. Eliade, 같은 책, 56쪽.

혼을 반복하는 것이자 갱신하는 것으로 생각되었다. 이 결혼을 통한 결합에서 시간으로의 복귀, 신화의 현실성으로의 복귀, 신화적 세계로의 복귀가 이루어진다. 여기에 대해서는 이미 자세하게 논의한 바 있다.

이러한 신화와의 연관성은 원시인들뿐만 아니라 고대 문화의 인간들에게도 깊게 각인되어 있다. 오르테가(J. Ortega)는 이 점을 고대 그리스·로마 세계를 염두에 두고 다음과 같이 표현한 적이 있다. "고대 인간은 미래에 대해 놀라우리만큼 눈멀어 있다는 병을 앓고 있다. 고대 인간은 마치 색맹인 사람이 붉은색을 보지 못하는 것처럼 미래를 보지 못한다. 그 대신에 고대 인간은 과거에 뿌리를 내리고 있다. 고대 인간은 무엇인가를 행하기 전에 한 걸음 물러서는데 이것은 투우사 라가르티조(Lagartijo)가 최후의 일격을 가하기 위해 팔을 뒤로 제치는 것과 같다. 고대 인간은 과거에서 모범을 찾는데, 마치 잠수기에 들어가듯 과거의 모범 안으로 미끄러져 들어가서는 한편으로는 보호받고 그와 동시에 일그러져서는 현재의 문제에 다가선다. 그렇기 때문에 고대 인간의 삶(Leben)은 어떤 의미로는 항상 소생하는 것(Beleben)이다. 이런 행동 방식은 아르카이아의 특징을 이루며, 고대인 대부분이 그러했다."[13] 그런데 고대인이 관계를 맺는 이 과거는 현재의 사유와 행위에서 늘 함께하며 결코 사라지지 않는 토대이다. 우리는 이 과거를 미토스를 통해서 알게 된다.

그리스 사람들이 현재의 상황이나 상태를 미토스의 도움을 받아 얼마나 이해했는지를 보여주는 예로서 사포의 시를 인용하는 것이 좋겠다. 이 시는 온전히 보존되어 있지 않으며 마지막 세 소절은 부분적

---

12) J. Pirenne, *Civilisations antiques*, Paris 1952, 304쪽 주 2 참조.
13) J. Ortega, *Der Aufstand des Massen*, Hamburg 1956, 119쪽.

으로만 전해진다. 그렇지만 이 시에서 우리의 관심을 끄는 것은 처음 세 소절인데, 이 부분은 간혹 공백이 있기는 하지만 재구성할 수 있었다.[14]

어떤 이들은 기마 부대를 좋아하고
또 어떤 이들은 보병 부대나 해군을 가장 소중한 것으로 여기지.
하지만 나에게는 사랑한다는 것이 가장 소중하다네.
이건 누구에게라도 쉽사리 이해되지.
모든 이를 능가하는 아름다운 헬레나는
누구보다도 훌륭한 남편을 떠났지.
그녀는 트로이를 향해 항해했고
아이도 사랑하는 부모도 생각하지 않았다네.
왠고하니 그녀의 마음은 이미 사랑으로 가득 차 있었으니까.

여기에 이어서 사포는 예전의 제자 아낙토리아(Anaktoria)에 대한 사랑을 묘사한다. 다섯 번째 소절에서 이 사랑이 노래된다.

나는 보고 싶다
리디아의 군대와 철제 무기로 무장한 전사보다도
그녀의 가벼운 발걸음을
그녀 얼굴의 밝은 미소를

사포는 이 시의 서두에서 왜 그녀가 다른 많은 이들과는 달리 바다

---

14) Fragment 16(Lobel-Page). Max Treu의 번역을 사용했는데, 이 번역은 사포의 가락을 잘 드러내고 있다(구두점은 다소 변경되었다).

나 육지의 무장한 군대의 장대한 모습이 아니라 그녀가 사랑하는 것을 최고로 꼽는 이유를 설명하고자 한다. 그녀는 이 점을 이해시키기 위해서 다른 특별한 이유들을 대지 않고 신화에 등장하는 인물들의 행동을 지적한다. 즉 그녀는 자신이 사랑하는 것을 그 어떤 것보다도 우위에 둠으로써 스스로를 호메로스의 헬레나와 비교한다. 헬레나가 사랑하는 이를 따르고자 남편인 영웅 메넬라오스를 떠난 것처럼 사포는 자신이 사랑하는 아낙토리아의 모습을 막강한 군대의 모습보다 우선시한다. 호전적인 메넬라오스(ἀρηίφιλος: 전쟁의 신 아레스로부터 사랑받는 자)는 무장한 군대에 상응하고, 아름답기로 유명한 파리스는 아프로디테(φιλομμειδὴς Ἀφροδίτη)의 사랑을 받는 자로서 젊은 아낙토리아에 비교된다. 신화에서 헬레나와 파리스 사이에 일어난 것과 똑같은 것이 이 여류 시인의 여제자에 대한 사랑에서 일어난다.[15] 이렇게 해서 사포의 태도가 설명되고 납득할 수 있게 될 뿐만 아니라 그 태도에 어떤 특별한 품격이 부여되기도 하는 것이다. 미토스는 인간의 삶을 해석하고 고양한다. 신화는 행위의 본을 제공할 뿐만 아니라 실재하는 것에 대한 이해의 원형을 제시하기도 한다.

사람들은 아르카이아 시기 인간의 사고를 '신화적 사고'로 규정해 왔다. 우리는 이 사고를 '범형적 사고'(paradigmatisches Denken)라고도 부를 수 있겠는데, 그것은 이 사고가 신화를 본이자 원형으로 받아들이기 때문이다. 그런데 제의가 신화의 실현이라면, 이 사고는 기본적으로 '제의적 사고'이기도 하다. 다시 말해서 신화는 종교적 성격을 갖는다. 신화는 '성스러운 이야기'이며 바로 그 점에서만 모방할

---

15) 따라서 나는 R. Merkelbach("Sappho und ihr Kreis", in: Philologus 101, 1957, 13쪽 이하)와 Eisenberger("Ein Beitrag zur Interpretation von Sapphos Fragment 16 LP", in: Philologus 103, 1959, 130-135쪽)와는 달리 보는 셈이다. 내 해석은 부분적으로 Schadewaldt(*Sappho*, Potsdam 1950, 123쪽 이하)의 해석과 일치한다.

가치가 있다. 신화를 모방하는 자나 신화와 관계를 맺는 자는 성스러운 것의 세계, 영원한 것의 세계와 결합된다. 그런데 이렇게 되는 것은 현저하게 제의의 문제이다.

그렇다면 이런 종교사적 고찰이 플라톤의 이데아 이론과 무슨 상관이 있단 말인가? 이데아 이론에서 문제가 되는 것은 순수이성적 사고의 결과들이 아닌가? 다시 한 번 『에우티프론』의 앞서 인용된 대목으로 되돌아가보자. 이 대화편에서 에우티프론은 아버지에 대한 고발을 우라노스-크로노스-제우스 신화를 지적함으로써 정당화했다. 신화와 연관시키는 이 논의 방식에 대해 소크라테스는 어떤 태도를 취하는가? 무엇보다도 두 가지를 들 수 있다. 첫째로 그는 자신이 신화들이 참인지에 대해 의심을 품고 있음을 암시한다. 즉 그는 에우티프론이 시인들이 말하고 조형 예술가들이 표현하는 것처럼 신들이 서로 대항해서 전쟁을 치르고 갈등을 일으킨다는 것을 참으로 믿느냐고 묻는다(『에우티프론』 68b-c). 신화에 대한 플라톤의 비판은 나중에 『국가』에서 더 자세하게 개진된다. 『국가』에서 요구되기를 우리는 "헤시오도스와 호메로스 그리고 그 밖의 시인들이 우리에게 이야기하는" 신화들이 거짓을 말하는 것은 아닌지 아주 자세히 검토해야 한다고 한다. 왜냐하면 누군가가 "우라노스가 헤시오도스가 말하는 것을 행했고, 크로노스도 같은 방식으로 우라노스에게 보복을 가했다"(『국가』 377d-e)고 말한다면 이는 참이 아니기 때문이다. 또한 "만일 어떤 이가 자신의 아버지가 잘못을 저질렀다고 해서 어떤 방식으로든 벌주고는, 그것이 최초의 위대한 신들이 행한 것을 행하는 것일 따름이라고 한다면"(『국가』 378b) 우리는 젊은 사람에게 악을 행하지 말라고 설득해서도 안 될 것이다. 여기에서 이미 신화적·범형적 사고는 그 핵심부터 비판 대상이 된다. 어쨌든 플라톤은 자신의 이상 국가(Idealstaat)에서 해로운 특정 신화들을 용납하지 않으려 한다. 그가 결코 헤시오도스의 우라노스 신화만을 해롭다고 보는 것은 아니며, 예를 들어 "신들이 신들을 속이고 서로 전쟁을 벌인다"는 이야기를 담고 있는 신화들도 마찬가지로 해롭다고 본다. "이들에게 신들과 거인족 간의 싸움을 이야기해서도 안 되고 이와 관련된 수(繡)를 옷에 놓아주어서도 안 되네. 또한 그 밖에도 신들과 영웅들이 자기들의 동족과 친근한 이들에 대해 취한 하고많은 적대 행위와 관련해서도 그러는 일이 있어서는 안 되네. ··· 헤라 여신이 아들에 의해 속박된다거나 헤파이스토스가 두들겨 맞는 어머니를 막으려다가 아버지에 의해 내동댕이쳐진다는 이야기[16], 또는 호메로스가 지은 온갖 신들의 싸움 이야기들은 숨은 뜻이 있건 아무런 숨은 뜻도 없건 간에 우리의 이 나라에 받아들여서는 아니 되네"(『국가』 378d). 신화에 대한 이러한 비판은, 보다 깊은 의미로 해석될 수 있기도 하지만, 본질적으로 이미 크세노파네스가 공격했던 것을 넘어서는 것은 아니다. 크세노파네스는 호메로스와 헤시오도스가 도둑질, 간음, 사기, 기만과 같이 인간의 수치스러운 일들을 신들에게 적용했다고 비판했다(B 11). 만일 신화가 참이 아니라면 세계를 해석하고 삶을 영위하는 데 원형이나 본이 될 수도 없을 것이다.

그러나 이것은 한 측면일 뿐이다. 또 다른 측면에서 플라톤이 그려 보이는 소크라테스는 대화 상대방에게 그가 경건함의 본질에 대해 제기된 물음에 제대로 대답하지 않았음에 주목하게 한다. 문제가 되고 있는 것은 경건하다고 간주될 수 있는 몇몇 행위들을 지금 대는 것이 아니라 "모든 경건한 행위를 경건하게 만드는 이데아 자체(αὐτὸ τὸ εἶδος)"이다(『에우티프론』 6d). 또 이미 앞에서 에우티프론은 모든

---

16) 헤파이스토스가 헤라를 속박하는 이야기에 대해서는 Pausanias I 20, 3을 참조. 헤파이스토스가 내동댕이쳐지는 이야기에 대해서는 *Ilias* I 590~594를 참조.

경건한 행위들은 단 하나의 이데아(ἰδέα)를 지니고 있다는 데에 동의했다. 에우티프론은 바로 이 하나의 이데아를 댔어야 했다. 그래야 소크라테스가 이 이데아를 본(παράδειγμα)으로 삼고 이 본의 도움을 받아 어떤 행위가 경건하고 어떤 행위는 경건하지 않은지 판정할 수 있는 것이다(『에우티프론』6e). 이데아(ἰδέα)와 에이도스(εἶδος)에 해당하는 독일어를 찾아 번역하기는 매우 어렵다. 그렇기 때문에 외래어인 '이데'(Idee)로 번역한다. 영어나 프랑스어 등 다른 현대어에서도 동일한 이유로 마찬가지 방식으로 표현한다. 그런데 그리스어에서는 어떻게 이렇게 표현하게 되었을까? 이데아와 에이도스는 언어적으로 '위데인'(wιδειν)(어간은 'wιδ', 라틴어 videre와 비교하라)과 연관되어 있다. 이데아는 '보임새'(das Gesehene)이다. 따라서 이데아는 우리가 무언가를 모방할 때 바라보는 것일 수도 있다. 이와 동시에 이것은 본뜬 모든 것과 모든 모방물들에게 원인으로 작용하여 존재를 부여하는 본래적인 실재이다. 경건함의 이데아를 통하여 모든 경건한 행위들이 경건하게 되고, 아름다움의 이데아로 인해서 모든 아름다운 것들이 아름답다. 더욱이 『파이돈』에서 그러하듯 아름다운 것은 아름다움의 이데아에 관여(μέθεξις)[17]함으로써(『파이돈』100c), 아름다움의 이데아와 결합(κοινωνία)됨으로써, 그 안에 아름다움의 이데아가 현존(παρουσία)함으로써(『파이돈』100d) 아름답게 된다. 이 모든 것은 신화가 의례적 행위, 제의에 대해 갖는 관계를 가리키는 표현이기도 하다. 마치 신화가 인간 행위의 원인인 것처럼 이데아들은 사물들의 원인이다.

이렇게 플라톤의 이데아 이론은 신화적 사고와 많은 공통점을 갖는다. 플라톤은 시인들이 그리는 신들의 이야기에 대해서는 단호하게

---

17) 여기에 대해서는 다음을 참조. H. Meinhardt, *Teilhabe bei Platon*, Freiburg 1968.

반대하며, 특히 신들의 불화와 반목을 그리는 경우에 더욱 그렇다. 그렇지만 이데아 이론의 구조는 신화적 사고의 구조와 많이 닮았다. 이데아 이론은 범형적 사고에 뿌리박고 있다. 신화가 아니라 이데아들이 본이다. 인간의 행위들과 사물들은 이데아들을 본뜬 것이다. 이데아들은 일상적 사고가 실재한다고 간주하는 것들에 의해서 모방되는 원인이요, 태초의 실재성이다. 물론 원인(원초적 사태, Ur-Sache)과 모방 사이의 관계를 어떻게 생각해야 하는지는 제시하기 어려우며, 바로 이 지점에서 아리스토텔레스의 비판이 시작된다.[18]

　　그리스 민족종교의 신화적 사고와 플라톤 철학의 이데아 사상 사이에 대응되는 또 한 가지가 있다. 즉 신화에 나오는 신들의 세계와 철학에서의 이데아들의 세계는 구체적인 사물들과 사건들이라는 모사물들과 마주 서 있는 본래적이고 일차적인 실재성을 드러낸다. 그래서 메르켈바흐(R. Merkelbach)는 「조가비에 새겨진 시」("Gedicht auf der Scherbe")에 대한 해석에서 다음과 같이 지적한다. 사포는 실재하는 아프로디테의 숲을 묘사하면서 신화의 님프들의 정원들에 대해서만 쓰기 마련인 표현들을 사용하는데, 그 까닭은 사포가 '지상'의 성스러운 구역을 이차적인 것, 신화의 일차적인 실재성의 모사(模寫, Abbild)로 보기 때문이라는 것이다.[19] 메르켈바흐가 보기에 여기로부터 이끌어져 나오는 것은 다음과 같다. 즉 신화적 사고에서는 "본래적 실재성이란 지금·여기가 아니라 신화적 세계이다. … 지상의 사물들은 신화의 모사물들이고 저 '이상적 세계'와 관계를 맺고 또 이 이상적 세계를 반영하는 한에서만 진정한 의미를 갖는다."[20] 플라톤 역시 실재성

---

18) 특히 『형이상학』 I 6과 『니코마코스 윤리학』 I 3을 참조.
19) R. Merkelbach, "Sappho und ihr Kreis", 25쪽 이하.
20) 같은 논문 27쪽 및 주 2.

에 대해 같은 견해를 보인다. 다만 그에게는 신화적 실재성 대신에 이데아들의 실재성이 등장할 뿐이다. 이 점이 메르켈바흐가 사포의 신화적 사고를 기술하면서 플라톤 철학의 표현들을 사용하고 또 그렇게 해도 좋은 근거이기도 하다.

이데아들은 본래적인 존재자이고 그 자체로 영원하다. 그런데 그리스 사람들은 영원한 존재를 신적인 존재로 이해했다. 왜냐하면 그들에게 신적이지 않은 모든 존재는 소멸하며 임시적인 존재로 간주되었기 때문이다. 이제 이 신적(göttlich)이라는 성격에 성스럽다(heilig)는 성격이 결합된다. 신화적 현실성은 성스러운 현실성이다. 이렇게 볼 때 이데아들은 어떤가? 호프만(E. Hoffmann)은 이데아들이 존재자이자 성스러운 것으로 규정되는 『파이드로스』의 한 대목을 지적한다(250a). 그는 "여기에서 온토스 온타(ὄντως ὄντα, 참으로 존재하는 것들: 옮긴이)가 히에라(ἱερά, 성스러운 것들: 옮긴이)로 불린다. 이것은 문자 그대로 받아들여야 한다. 플라톤 철학은 예술만큼이나 종교와도 밀접하게 결합되어 있다"[21]고 덧붙인다. 어쩌면 우리는 플라톤 철학이 철학적 종교에 이르는 도정에 있었다고까지 말할 수 있을 것이다. 이 철학적 종교는 고대 그리스의 전통적 종교에서 아주 멀리 떨어져 있었던 것은 아니었을 것이다. 이데아 이론의 경우에 신화적인 것을 탈인격화하기는 하지만 범형적인 것은 유지한다는 점을 어쨌든 알 수 있다. 플라톤은 신화로부터 해방되지만(그것도 그 자신의 신화를 만들려고 시도할 정도로) 고대 종교의 신화적·범형적 사고에서 벗어나지는 않는다.

그런데 신화적·범형적 사유 방식은 그리스 사람들에게만 고유한 것이 아니라 아르카이아 시기의 인간 일반에게도 적용된다. 그렇기 때문에 엘리아데는 플라톤을 "탁월한 '원초적 인간성'(primitive Mentalität)

---

21) E. Hoffmann, *Platon*, Hamburg 1961, 137쪽.

의 철학자"로 간주한다.[22) 이것이 옳다면 플라톤은 플라톤 이전 철학자들의 신화 비판을 이어받고 진전시키면서도 자신의 선행자들과는 달리 다시금 종교적 사고로 복귀하는 셈이다.

플라톤 철학이 그 이전의 사고와 맺은 관계에 대한 전적으로 다른 견해를 하이데거(M. Heidegger)에게서 찾아볼 수 있다. 그는 이데아 이론의 종교적 성격을 진리 개념의 변경으로 설명한다. 하이데거는 우리가 보통 '진리'라고 번역하는 그리스어 알레테이아(ἀλήθεια)의 원래 의미가 '은폐되지 않음'이었다는 사실에 큰 의미를 부여한다. 그런데 플라톤에서 이 의미가 달라지기 시작하고 결국 진리를 뜻하는 그리스 단어가 '바름'(Richtigkeit)이라는 의미를 획득했다는 것이다. 이렇게 해서 플라톤은 한편으로는 철학을 신화화하였고 다른 한편으로는 근대 주관주의의 길을 닦았다는 것이다. "플라톤 이래로 존재자의 존재에 대한 사유가 '철학'이 되었다. 왜냐하면 철학은 이데아들을 올려다보는 일이기 때문이다. 그런데 비로소 플라톤과 함께 시작하는 '철학'이 이후 훗날 '형이상학'이라고 불리는 것의 성격을 갖게 되었다. … 존재를 이데아(ιοεα)로 해석한 이후부터 존재자의 존재에 대한 사유는 형이상학적이고, 형이상학은 신학적이다. 여기에서 신학은 존재자의 '원인'을 신으로 해석하는 것이고 존재를 이 원인으로 전이시키는 것인데, 원인은 존재를 자신 안에 포함하고 또 자신으로부터 방출한다. 왜냐하면 이 원인이 가장 참된 존재자들 가운데에서 가장 참된 존재자이기 때문이다."[23) 플라톤에서는 진리 사상이 이데아의 굴레로 빠져든다. 그런데 잘 알려져 있듯이 이데아라는 단어는 '위데인'(ϝιδειν), 곧 '보다'에서 나왔다. 이것이 의미하는 것은 다음

---

22) M. Eliade, *Kosmos und Geschichte*, 34쪽.

23) M. Heidegger, *Platons Lehre von der Wahrheit*, Bern 1947, 49쪽.

과 같다. "플라톤적으로 파악된 비은폐성은 바라봄, 인지, 사유, 언표와의 연관 안으로 끼워져 있다. 이 연관에 따른다는 것은 비은폐성의 본질을 포기하는 것이다. 비은폐성의 본질을 '이성'에서, '정신'에서, '사유'에서, '로고스'에서, 어떤 종류가 되었든지 간에 '주관성'에서 근거지우려는 어떤 시도도 비은폐성의 본질을 구해낼 수 없다."[24] 플라톤과 함께 시작하는 형이상학에서 인간은 존재자의 중심에 자리 잡게 되고, 존재의 진리를 은폐되지 않음으로 보는 처음의 사고는 포기되었다. 이렇게 해서 플라톤은 그 이전의 사상가들과는 달리 주관성의 형이상학의 길을 닦은 이로 등장한다. 앞서 제시된 기술에 따르면 사실인 것으로 보이는데, 이것이 사실이라면, 플라톤의 사유는 플라톤 이전 철학자들의 사유보다 한층 더 근원적(ursprünglich)이고 시원적(anfänglich)이라 해도 좋을 것이다.[25]

---

24) 같은 책 51쪽.
25) 이 장은 조금 먼저 쓴 필자의 논문과 부분적으로 중복된다("Hinweise zur Interpretation der Platonischen Ideenlehre", in: Der altsprachliche Unterricht IX, 5, 1966, 5-18쪽).

헨 3

피렌체 메디치 가문의 '플라톤 아카데미아'의 우두머리이자 저명한 플라톤 번역가 마르실리우스 피치누스(Marsilius Ficinus)는 친구 지오반니(Giovanni)에게 보낸 편지에서 플라톤 철학의 기본 경향을 다음과 같이 기술했다. "저 신적인 플라톤이 추구하는 것은 대화편『파르메니데스』와『에피노미스』가 증명해 보이듯 주로 다음과 같은 것이었다. 즉 사물들의 단 하나의 원리를 입증해 보이는 것이 바로 그것인데, 그는 이 원리를 '일자 자체'(das Eine an sich)라고 부르기를 좋아했다. 또 그는 모든 사물의 진리는 이성을 지닌 모든 혼과 모든 사유 방식에 비추어진 일자 자체, 곧 신의 빛이요, 이 빛이 이성을 지닌 혼들에게 사유가 가능하도록 만든다고 가르쳤다. 따라서 플라톤 철학을 한다고 고백하려는 자는 누구이건 간에 오로지 일자(一者), 곧 신의 빛줄기인 이 진리만을 추구해야 한다."[1]

---

1) *Epistolae* I 612(Basel 1576). 폰 몬토리올라(K. von Montoriola)의 번역이 다음 책에 실려 있다. *Briefe des Mediceerkreises*, Berlin 1926, 147쪽.

이렇게 볼 때 피치누스에게 플라톤 철학은 본질적으로 일자의 철학(Philosophie des Einen)이다. 이러한 견해는 고대, 중세 그리고 근대 초에 걸쳐 일반적인 것이다. 19세기에 와서 사정이 달라졌다. 이 시기에 플라톤주의와 신플라톤주의 사이에는 근본적인 구별이 생겼고, 해석가들의 관심은 대화편들 및 이 대화편들에서 추출되는 이데아 이론에 집중되었다. 샤데발트의 두 제자 가이저(K. Gaiser)와 크래머(H. J. Krämer)는 로뱅(L. Robin), 스텐첼(J. Stenzel), 곰페르츠(H. Gomperz), 빌퍼트(P. Wilpert), 드 포겔(C. J. de Vogel), 브뢰커(W. Bröcker) 그리고 메를란(Ph. Merlan)의 연구를 계승하여 '플라톤의 문자화되지 않은 이론'에 대한 연구를 더욱 진전시키고, 플라톤 이데아 이론의 배후에는 '한도지어지지 않은 이자'(die unbegrenzte Zweiheit)와 함께 플라톤의 대내적 철학(esoterische Philosophie)의 핵심으로서 철학적 근본 개념인 일자에 대한 이론이 있다는 것을 지적했다.[2] '이데아 이론'은 플라톤 사상을 이해하는 데 여전히 중요한 것이 사실이다. 그러나 이데아 이론이 플라톤 사상의 본래적이고 최고의 것은 아니다. 본래적이고 최고의 것은 일자 이론(Lehre vom Einen)이다. 새로운 플라톤 이해의 정열적인 투사인 크래머는 이데아 이론이 일자 이론에 비하면 이차적 성격을 가질 뿐임을 매우 강조한다. "이데아는 플라톤 존재론의 일차적 구성원이 아니라 존재 근거인 일자와 개별적, 개체적 존재자 사이에 나중에서야 비로소 등장한다. 이데아는, 발생론적으로 보았을 때 … 이 두 가지에 비해 이차적이고 그 존재론적 위상은 처음부터 일자의 아래에 있다."[3]

---

2) 다음 책이 이 방면의 연구에 대한 훌륭한 조망을 제공한다. J. Wippern(Hrsg.), *Das Problem der ungeschriebenen Lehre Platons*, Darmstadt 1972.

3) H. J. Krämer, *Arete bei Platon und Aristoteles*, Heidelberg 1959, 517쪽.

일자 이론은 플라톤의 후기 대화편들에서 특히 현저하게 드러난다. 피치누스 또한 후기 대화편들에 주목한다. 그렇지만 이른바 중기 대화편들에서도 일자 이론을 마찬가지로 찾을 수 있다. 예컨대 일련의 고대 보고들을 보면 플라톤은 '좋음'($\tau\grave{o}$ $\dot{\alpha}\gamma\alpha\theta\acute{o}\nu$), '좋음의 이데아'를 '일자'(一者, $\tau\grave{o}$ $\ddot{\epsilon}\nu$)와 동일시했다고 한다. 만일 우리가 플라톤 철학을 기본적으로 일자 및 이 일자로부터 나오는 여럿에 대한 철학으로 본다면 한편으로는 플라톤 이전의 그리스 철학, 무엇보다도 엘레아학파 철학과의 연관성을 좀 더 잘 이해할 수 있을 뿐만 아니라, 다른 한편으로는 신플라톤주의 및 그 일자 사상과의 연관성도 복구할 수 있다. 더 나아가 일자 이론은 그리스 철학을 고대 인도와 중국의 사상과 결합되게 한다. 그러나 일자 이론의 뿌리는 훨씬 더 깊은 데까지 이른다.

이미 그리스 초기의 종교는, 아르카이아 시대의 다른 많은 종교들도 그러하듯, 골머리를 앓는 깊은 생각에서 생겨나는 물음에 답을 내놓았다. 그 물음은 존재하는 모든 것들 가운데 최초의 것, 시원(始原)이 되는 것은 도대체 무엇이고, 또 이 최초의 것으로부터 어떻게 여러 사물들이 생겨나느냐 하는 것이다. 그리스 종교의 영역에서 우리가 접할 수 있는 가장 오래되고 중요한 예는 헤시오도스의 우주발생론적 서사시인 『신통기』이다.[4]

물론 대략 기원전 700년경에 성립한 이 시가 최초의 것 자체를 우리에게 드는 것 같지는 않고, 이 최초의 것으로부터 무엇이 생겨났는지를 말할 따름인 것으로 보인다. 그렇지만 우리가 만일 다른 종교사적, 정신사적 문헌들을 참조한다면 헤시오도스의 시구들로부터 그가 언급하지 않은 최초의 것을 이끌어낼 수 있다고 생각한다. 이에 해당

---

4) 그리스어-독일어 대역본에 실린 나의 해설을 참조하라. Kastelraun 1978, 특히 18쪽 이하.

하는 시구는 다음과 같다(V. 116f., 120).

> 한 처음에 카오스가 생겨났고,
> 그 다음엔 모든 것의 항구한 자리인 가슴팍이 넓은 가이아가…
> 그리고 불멸의 신들 가운데 가장 아름다운 에로스라.

기곤은 바로 이 시 때문에 헤시오도스를 최초의 철학자로 간주한다. "헤시오도스는 시원, 곧 맨 처음에 있었던 최초의 것에 대해 말하려고 한다. 이런 식으로 시작하는 시는 달리 없다. … '태초에 무엇이 있었는가'라는 물음은 묻는 자의 현재로 모아지는 과정의 시원을 의미한다는 점에서 결정적으로 현재와 연관된다. 이 물음은 역사를 묻는 것으로 철학의 문을 여는 경계점에 서 있는 것이다."[5] 헤시오도스의 물음은 더 이상 "역사적으로 가장 오래된 것을 묻는 것이 아니라 처음부터 있었던 것 … 철학적 근원을 묻는 것이고, 이후 이 물음은 철학에서 결코 사라진 적이 없다."[6]

이 헤시오도스의 시에서 결정적인 단어는 '카오스'(Chaos)이다. 카오스는 최초의 것도 아니고 근원적인 것도 아니며 최초의 것이자 근원적인 것으로부터 모든 것 가운데 맨 처음으로 생겨난 것이다. "한 처음에 카오스가 생겨났다." 따라서 카오스 자체는 생성을 겪지 않은 것이 아니다. 그렇다면 무엇이 최초의 것인가?

그리스 단어 카오스(χαός)는 언어적으로 카이네인(χαίνειν, 하품하다, 입을 벌리다)과 연관되고 이 카이네인(χαίνειν)은 다시 카스케인(χάσκειν, 벌어지다)과 연관된다. 오늘날 우리가 카오스란 말을 혼

---

5) O. Gigon, *Der Ursprung der griechischen Philosophie*, 2.Aufl., Basel 1968, 22쪽.
6) 같은 책, 23쪽.

돈, 혼란, 무질서한 상태라는 뜻으로 쓰는 것은 아마도 성서의 「창세기」의 영향인 것 같다. 「창세기」에 따르면 세상의 처음 상태는 토후바보후(Tohuwabohu, 히브리어의 독일어식 표현: 옮긴이)였다(「창세기」1, 2). 그러나 오비디우스에게도 이미 카오스는 "거칠고 정돈되지 않은 덩어리"(『변신 이야기』 I 7)이다. 어쨌든 가장 오래된 그리스어 용법은 오늘날 우리가 사용하는 용법과는 전혀 다르다. 카오스는 벌어짐(Auseinanderklaffen)이다.[7]

그런데 만일 벌어짐이 있다면 그때 벌어지게 하는 것이 도대체 무엇이냐고 물을 수 있다. 여기에 대해서 헤시오도스의 교훈시는 직접적인 대답을 주지 않는다. 말해지는 것이라고는 그저 카오스 다음에 땅의 여신 가이아, 곧 대지가 생겨났고 (이 뒤로 삽입된 두 행이 있지만 여기에서는 생략했다), 그 다음에는 사랑의 신 에로스가 생겨났다는 것뿐이다. 이로써 우리는 벌써 중요한 준거점들을 갖게 된다. 우리가 별 어려움 없이 의견을 같이할 수 있을 기곤은 여기에 대해 다음과 같이 언급한다. "민간설화에서 맨 처음에 무엇이 있었느냐고 묻는다면 그리스 사람들은 틀림없이 '하늘과 땅'이라고 답한다. 민속적인 우주발생론은 항상 이 두 가지 형상을 태초의 것으로 들 것이다."[8] 이 점은 실제로 많은 아르카이아 종교들에서 입증된다. 이어서 기곤은 말한다. "그런데 이상한 것은 헤시오도스가 의도적으로 계속 더 나아간다는 점이다. 땅과 하늘은 모두 그리스 사람들의 신화적 사고에서 때로는 분명하게 동굴로 그려진다. 평평한 지구는 바닥이고, 견고한 … 반구(半球)인 하늘은 세계 동굴의 둥근 지붕이다. … 헤시오도스는 이 세계 동굴(Welthöhle)이라는 모습으로부터 출발한다. 그런데 이제 그는 하늘과

---

7) 여기에 대해서는 다음도 참조하기 바란다. 같은 책 28쪽 이하.
8) 같은 책 28쪽 이하.

땅도 빼놓고 생각한다. 근원은 아무 형태도 없는 것이고, 근원이 되자면 형태를 띤 이 두 가지 것들로부터도 관계를 끊어야 한다. 그러면 하늘과 땅 사이에 빈 자리만 남는다. 그것이 카오스이다."[9] 기곤이 여기에서 기술하는 것은 여러 가지 점에서 설득력이 있다. 그렇지만 그의 설명에서 한 가지 어려움이 남는다. 카오스가 하늘과 땅을 빼놓고 생각함으로써 근원이 된다면 그것은 더 이상 원래 의미의 카오스가 아니다. 다른 해결책이 우리 가까이에 놓여 있는 것 같다. 그렇다면 우리는 헤시오도스의 시를 넘어서서 카오스 이전에는 무엇이 있을 수 있는지 물어야 한다. 무엇이 벌어지는 것이며, 그 벌어짐으로써 간극이 생겨나게 하는가? 우리가 아르카이아 종교로부터 알게 된 모든 것에 따르면 우리는 여기에서 근원적 일자(Ur-Einheit)를 생각하지 않을 수 없고, 그렇다면 하늘과 땅은 이 근원적 일자의 분할로 귀착된다. 하늘과 땅이 나뉘고, 이 분리가 벌어짐, 곧 카오스이다. 따라서 카오스는 근원적 일자가 아니라 근원적 일자의 분할로부터 나온 것이다.

하늘과 땅을 세계의 부모(Welteltempaar)로 보는 신화들은 지구상에 널리 퍼져 있다. 여기에는 바우만(H. Baumann)이 방대한 민속학적 연구에서 구체적으로 묘사하고 있듯이 두 가지 기본 유형이 있다. 그 한 가지 유형에서는 "태초에 협동적인 한 쌍이 있었고, 이 쌍의 근원에 대해서는 말해지지 않는다."[10] 다른 한 가지 유형은 "세계 부모가 근원적인 전일성(全一性, All-eins)에서 생겨났다는 생각"[11]을 특징으로 한다. 즉 세계의 발생에 대한 이 유형의 견해에 따르면 근원적 아버지와 근원적 어머니라는 이원성이 등장하기 전에 일원성이 있었다는 것

---

9) 같은 책 29쪽.

10) H. Baumann, *Das doppelte Geschlecht, Ethnologische Studien zur Bisexualität in Ritus und Mythos*, Berlin 1955, 254쪽.

11) 같은 책 255쪽.

이다. "여기에서 전제가 되는 것은 양성적인 것으로 여겨지는 근원적 일자가 남성과 여성으로 반분되었다는 생각이다."[12] 이 근원적 일자가 어디에서나 동일한 방식으로 생각되었던 것은 아니다. 사람들은 이 근원적 일자를 아주 흔히 하나의 알, 그러니까 근원적 알(Ur-Ei), 세계 알(Welt-Ei)로 생각했다. 그 밖에 근원적 홍수(Ur-Flut)라는 생각도 있는데, 여기에서는 이 홍수로부터 다른 모든 존재자들이 생겨났다고 본다. 여러 각도에서 보아 이러한 신화들은 동방에서 그리스로 건너온 것으로 받아들여지는데 여기에서는 이 주제에 대해 더 이상 문제 삼지 않기로 한다.

그리스 사람들에게도 이에 상응하는 신화들이 있었다. 이 신화들이 더 나중에서야 비로소 전해진 것은 사실이지만 그 근본 생각의 분명함에 비추어 볼 때 헤시오도스 이전의 시기로까지 거슬러 올라갈 수 있는데, 그렇게 볼 수 있는 근거는 앞서 인용한 헤시오도스의 시 역시 이 신화들을 전제하기 때문이다. 또 기원전 3세기 로도스의 아폴로니오스(Apollonios)는 하늘, 땅 그리고 바다가 원래 같은 형상을 하고 있었으며 나중에 갈라졌다는 내용의 세계 발생 신화를 적고 있다 (*Argonautika* I 496 이하). 기원전 1세기에 디오도로스(Diodoros)는 자신의 우주 역사에 대한 보고에서 태초에는 하늘과 땅이 단일한 형상을 갖고 있었으며(μίαν ἔχειν ἰδέαν οὐρανόν τε καὶ γῆν) 그 본성이 어떤 섞인 것이었다고 한다(μεμειγμένης αὐτῶν τῆς φύσεως). 그런 다음 하늘과 땅이 떨어져 나오면서 눈으로 볼 수 있는 세계가 생겨났다 (I 7, 1). 디오도로스는 여기에서 매우 오래된 신화를 염두에 두고 있는 것 같다. 에우리피데스의 시구만 보더라도 벌써 그 근거들이 실제로 훨씬 이전부터 있었음을 알 수 있는데, 이 시구들은 사라진 드라마

---

12) 같은 책, 같은 곳.

의 일부로 우리에게 전승되어 있다(*Melanippe*, 토막글 484)

> 이 말은 내 말이 아니라 내 어머니의 말인즉
> 하늘과 땅이 단일한 형상을 이루었는데
> 이것이 둘로 갈라지자
> 온갖 것들이 생겨나고 빛을 받게 되었으니
> 소금 바다가 먹여 기르는 나무들, 새들, 짐승들
> 그리고 인간 족속이 바로 그것이라.

그러니까 에우리피데스는 기원전 5세기에 자기가 이야기하는 신화가 오래된 것임을 지적하고 있는 셈이다. 아리스토파네스도 『새』에서 예전의 창조 신화를 언급하고 있는 것으로 보인다. 이 신화는 종종 오르페우스 종교와 연관된 것으로 이해되는데, 그것은 하늘, 땅, 바다 그리고 신들이 생겨나는 세계 알에 대해 이야기하고 있기 때문이다(V. 700 이하). 어찌 보면 디오게네스 라에르티오스가 무사이오스(Mousaios)에게 돌리는 다음 표현 역시 오르페우스적이다. 즉 일자로부터 존재자 전체가 생겨났으며, 이 전체는 다시금 해체되어 일자가 된다(서곡 3: ἐξ ἑνὸς τὰ πάντα γίγνεσθαι καὶ εἰς ταὐτὸν ἀναλύεσθαι).

헤시오도스 역시 이런 종류의 신화들과 연결되는 것으로 보인다. 알에서 세계가 나왔다는 이론들에 대해서 바우만은 다음과 같이 언급한다. "그리스 사람들이 세계 알로 우주 발생을 설명하는 방식은 에게 해의 선사 문화에서 온 것이 분명하다. 그런데 이 선사 문화는 키프로스와 그 밖의 섬들을 통해 끊임없이 고대 동방의 사상을 공급받았다. 이 고대 동방의 사상이 오르페우스 교설(敎說)들, 헤시오도스의 『신통기』에 보존되어 있는 것이다."[13] 나로서는 세계 알 신화가 에게 해로부터 유래한다는 추측에 대해 언급할 수 없다. 그러나 헤시오도스가 하늘과 땅을 우주발생론적인 근원적 부모로 표현하는 신화들을 알고 있었다는 것은 설득력이 있다고 생각한다. 비록 『신통기』에는 카오스, 곧 벌어짐으로부터 먼저 땅만 생겨나고 하늘에 대해서는 몇 줄 뒤에 이야기되고 있기는 하다. 그런데 거기에 이렇게 되어 있다(V. 126 이하).

> 가이아가 맨 먼저 만든 것이, 그녀 자신과 닮은, 저 별이 총총한 우라노스요
>
> 이는 우라노스가 그녀를 보듬고, 또 축복받은 신들에게
>
> 영원히 굳건한 자리이게 하기 위함이라.

그 다음에는 하늘과 땅이 잠자리를 같이해서 예컨대 오케아노스와 티타네스들과 같은 다른 존재들이 생겨났다고 묘사되어 있다. 이렇게 해서 우리는 세계 생성에 대한 아르카이아적 생각에 아주 가까이 온 셈이다.

그런데 세계 생성을 말하는 신화들은 고대 문명들 안에서 그저 세계가 어떻게 생겨났는지에 대해 이야기하는 것에 그치는 것이 아니다. 이 신화들이 비록 세계의 상태가 어떠한지를 묘사하고 있다는 것은 확실하지만 이 세계의 상태를 설명하려는 그 이상의 것을 시도하고 있다. 엘리아데는 많은 문명들에서 세계의 발생을 보고하는 신화들이 제의적으로도 현재화되며, 심지어 종종 제의가 신화에 대한 언어적 표현보다 더 오래되었다고 지적한다. 이 제의들은 우주발생론의 반복을 드러낸다. "제의들은 지나가버린 시간을 파기하고자 하며, 끊임없이 '다른 시간으로'(in illud tempus) 돌아감으로써, 우주발생론적 행위를 반복함으로써 역사를 없애고자 한다."[14] 또 엘리아데는 고대

---

13) 같은 책, 268쪽.

인도의 제사 텍스트를 근거로 제단을 세우는 것은 세계 창조를 갱신하는 것으로 생각되고 따라서 그 이상의 어떤 것과 연관되어 있음을 지적한다. "그런데 만일 제단을 세우는 일이 우주발생론적인 행위를 반복하는 것이기도 하다면, 본래의 제사는 다른 목적을 지닌다. 곧 창조 이전에 있었던 태초의 통일성(primordiale Einheit)을 회복하는 일이 바로 그것이다."[15] 게다가 엘리아데에 의해서 인용된 텍스트에 나오는 대로, 브라만교의 제사는, 순수한 사유에 의해서도 대체될 수 있다.[16] 즉 우파니샤드 원전 텍스트들은 브라만(brahman)이나 아트만(atman)이라는 이름을 가진 일자를 체험한다는 신비주의를 전개한다. 물론 우리가 여기에서 이 우파니샤드 철학을 상세하게 다룰 수는 없는 노릇이다. 그러나 기본적으로 다음과 같은 점은 알 수 있다. 즉 이 철학은 종교적인 목표를 갖고 있다. 다시 말하자면 우파니샤드 철학은 우주발생론을 반복하는 제사가 하려는 것과 동일한 것, 곧 존재하는 모든 것들의 근원적인 통일성(ursprüngliche Einheit)을 회복하고자 한다.

이와 비교할 만한 것을 그리스 철학에서도 찾을 수 있다. 그리스 철학에도 일자(一者, das Eine) 개념이 있다. 그리스 철학자들이 이 일자 개념을 그들에게 친숙한 종교적 신화들로부터 물려받았다고 생각할 수 있다. 그러나 그리스 철학자들에게 일자는 신화의 주제, 세계의 원초적 상태에 대한 보고의 대상에 그치는 것이 아니다. 철학하는 자는 일자를 인식하려고 하고, 인식을 통해서 이 일자에 다가서려고 하며, 심지어 전승된 종교에서 제의의 문제였던 이 일자와 동일시되고자 하며, 이 일자와 하나가 되려고 한다. 이 점을 간파한 젊은 니체는 초기

---

14) M, Eliade, *Kosmos und Geschichte*, 70쪽.
15) 같은 책, 68쪽.
16) 같은 책, 같은 곳.

저작인 『그리스 비극 시대의 철학』에서 모든 철학함은 '신비적 직관'을 근거로 하고 있으며, 이 신비적 직관은 우선 언어적으로 '모든 것은 하나이다'라는 문장으로 표현되고, 모든 철학적 사유에서 문제가 되는 것이라고는 이 문장을 더 잘 표현하는 일뿐이라고 한다. 이 말은 통일성을 체험하는 것이 철학함의 목표이기도 하다는 뜻이다.[17]

오늘날 플라톤이 일자를 어떻게 생각했는지를 확정하기는 쉽지 않다. 대화편들에서 일자는 드물게 말해질 따름이고, 그것도 후기 대화편들에서만 분명하게 언급된다. 우리는 이 책에서 기본적으로 중기 대화편들을 고찰하고 있기에 이 후기 대화편들은 논외로 한다. 그렇지만 우리는 플라톤의 일자 이론에 대해 어느 정도 알고 있다. 그것은 우리가 특히 크래머의 연구 성과들이 나온 후부터 플라톤의 '대내적 철학'(esoterische Philosophie)에 대한 고대의 증언들, 플라톤의 '문자화되지 않은 이론'(ungeschriebene Lehre)에 다시 주의를 기울이기 시작했기에 가능했다. 이 문자화되지 않은 이론에서 '일자'(to hen) 개념은 '규정되지 않은 이원성'(aoristos dyas)이라는 개념과 함께 기본 개념이다.

우선 아리스토텔레스에게서 비롯되는 증언들을 고려해 볼 수 있겠다. 그러나 이 증언들을 다루기 전에 아리스토텔레스 『형이상학』의 다른 한 대목을 눈여겨보아야 한다. 문제가 되는 곳은 아리스토텔레스가 자기 이전의 철학자들의 철학에 대해 보고하는 대목이다. 그는 거기에서 실재성을 다수의 원리들로 귀착시키는 사상가들과 단 하나의 원리를 받아들이는 사상가들을 구별하고 있다. 그리고 이 후자의 사상가들에 대해 다음과 같이 말한다. "많은 이들이 전체(τὸ πᾶν)를 단 하나의 본성이라는 의미로 설명하지만 똑같은 방식으로 그렇게 하

---

17) F. Nietzsche WW 3, 361쪽(Schlechta).

는 것은 아니다. ⋯ 즉 파르메니데스는 일자를 개념적인 것으로 파악했고, 멜리소스(Melissos)는 질료적인 것으로 파악했다. ⋯ 반면에 일자를 가장 먼저 가르친 크세노파네스(왜냐하면 파르메니데스가 그의 제자였으므로)는 어떤 특정한 것으로 설명하지 않고 우주 전체라는 관점에서 일자는 신이라고 말한다(τὸ ἓν εἶναι φησι τὸν θεόν)"(『형이상학』 I 5, 986b10-24).[18] 따라서 그리스 철학에서 장차 중요한 역할을 수행할 일자가 여기에서는 종교적으로 해석되었다. 그런 대목들로부터 엘레아학파의 범신론이 출발했다. 이 점은 우리가 파르메니데스의 기본 사상을 받아들일 때 설명되는데, 아리스토텔레스는 파르메니데스의 기본 사상을 다음과 같이 나타낸다. "다시 말해서 그는 존재 말고 비존재는 도대체 있을 수 없다는 것으로부터 출발하기에 필연적으로 존재는 하나요 그것 말고는 없다고 생각한다"(『형이상학』 I 986b28-30). 즉 만일 존재자 전체가 하나라면 우리는 헨 카이 판(ἓν καὶ πᾶν), 곧 "하나이자 전체"인 것에 대해 말할 수 있다. 그러나 아리스토텔레스가 크세노파네스의 것으로 돌리는 견해에 따르면 일자는 신적이기 때문에 존재 전체는 신과 동일하다는 주장이 쉽사리 도출된다. 그렇지만 이 주장을 바로 이런 형태로는 크세노파네스에서도 파르메니데스에서도, 플라톤이나 플로티노스에서도 찾을 수 없다. 여기에서 확정할 수 있는 것은 아리스토텔레스가 일자에 대한 초기의 철학적 사색을 신 개념으로, 따라서 종교로 근접시킨다는 점이다.

그렇다면 우리가 아리스토텔레스를 통해 일자에 대한 플라톤의 견해와 관련해서 알게 되는 것은 무엇인가? 아리스토텔레스는 『형이상학』 제1권에서 플라톤의 이데아 이론을 보고하는데, 이 보고는 이데

---

18) 자이들(H. Seidl)의 그리스어-독일어 대역판을 사용하되 간혹 조금씩 고쳤다. Hamburg 1978.

아들을 우리가 플라톤의 대화편을 통해서 알고 있는 것과는 다르게 기술한다. 즉 아리스토텔레스는 플라톤이 감각을 통해서 포착된 사물들과 이데아들을 구별했다고 설명한다. 사물들은 이데아들에 관여 (Teilhabe)함으로써 존립한다. 그리고 사물들과 이데아들 사이에 수학적인 것들이 놓인다. 그런데 이데아들이 사물들의 원인이다. 또 이데아들은 일자에 관여한다고 한다(『형이상학』 987b7–22). 조금 뒤에 "사물들 각각의 경우에는 이데아들이 본질(das Sosein, τὸ τί ἦν εἶναι)을 부여하지만 이데아들의 경우에는 일자가 그렇게 한다."(988b4–6)고 한다. 이데아들이 사물들의 원인인 것처럼 일자가 이데아들의 원인이다.

이 일자 이론은 우리가 플라톤의 주요 대화편들로부터 알고 있는 이데아 이론과 어떤 연관이 있는가? 『형이상학』 마지막 권에는 이밖에도 의미심장한 대목이 있다. 거기에서 이데아 이론을 내세우는 사람들에 대해 말하기를 그들은 "일자 자체가 좋음 자체이다"(『형이상학』 XIV 1091b14: αὐτὸ τὸ ἓν τὸ ἀγαθὸν αὐτὸ εἶναι)라고 가르쳤다고 한다. 더 나아가 아리스토텔레스의 제자인 타라스 출신의 아리스토크세노스(Aristoxenos)는 플라톤이 「좋음에 대하여」라는 제목으로 공개 강연을 했고 그 강연에서 청중들에게 어떤 반응을 얻었는지를 보고하고 있다. "그들은 저마다 이 강연에서 세상 사람들이 좋은 것으로 간주하는 어떤 것, 이를테면 부, 건강, 힘, 그리고 어떤 비범한 행운을 얻어들을 것이라는 생각에서 왔다. 그러나 강연에서는 수학, 기하학, 천문학, 결국에는 좋음은 일자라는 것이어서 그들의 기대는 철저하게 무너졌다고 한다. 그래서 어떤 이들은 흥미를 잃었고, 또 어떤 이들은 욕을 했다."[19] 우리는 '좋음'이나 '좋음 자체'라는 개념을 플라톤의 주요 대화편들을 통해서 알고 있다. 따라서 플라톤이 '좋음

---

19) P. Marquard, *Die harmonischen Fragmente des Aristoxenos*, 44쪽.

자체'나 '좋음의 이데아'에 대해 말하는 곳이면 어디에서나 일자를 염두에 두고 있다고 생각해도 좋을 것이다.

왜 플라톤이 일자를 염두에 두고 있으면서도 좋음에 대해 말하는지를 이해하기는 쉽지 않다. 그는 일자 개념을 아무렇게나 쓰고 싶지 않았고 정말로 자신이 아주 특별한 가치를 부여했던 구두의 가르침(mündliche Unterweisung)을 위해 남겨두고자 했던 것일까? 우리는 단지 추측할 수 있을 뿐이다. 그렇지만 우리는 이 맥락에서 경미하지 않은 몇 가지 사실을 알고 있다. 디오게네스 라에르티오스는 플라톤이 소크라테스가 처형된 뒤 몸을 피해 찾아갔던 에우클레이데스(Eukleides)를 다루는 장에서 에우클레이데스가 파르메니데스의 철학을 추종했노라고 적고 있다. 또 디오게네스에 따르면 "이 사람은 일자가 좋음이고, 이 좋음은 여러 가지 이름으로 불리는데 어떤 때에는 정신으로, 또 어떤 때에는 신으로, 어떤 때에는 이성으로, 그 밖에 다른 것으로도 불린다고 했다"(II 106). 이렇게 볼 때 플라톤이 엘레아학파의 일자를 자신의 대화편들에서 '좋음'이나 '좋음 자체'로 부른 것은 에우클레이데스의 영향을 받은 것일 가능성이 크다.

그런데 대화편들이 문제 삼고 있는 좋음이 사실 일자인가? 이 좋음이 정말로 엘레아학파의 일자와 같은 종류인가? 또 이 좋음이 신화적 우주발생론이 세계의 근원으로 상정하는 일자와 연관을 갖는가? 이러한 물음들에 답할 수 있으려면 중기 대화편들의 몇몇 대목을 자세하게 살펴보아야 한다. 『국가』의 '동굴의 비유'로 시작해보자. 잘 알려져 있듯이 동굴의 비유에서는 인간의 통상적인 처지를 동굴 안의 삶으로 표현한다. 동굴 안에서 결박된 인간들은 벽면만을 바라보도록 강요당하고, 그 벽면에서 이 결박된 사람들의 등 뒤로 왔다갔다 하는 물건들의 그림자들을 보게 되어 있다. 이 그림자들이 생겨나는 것은 물건들 뒤에서 모닥불이 타고 있기 때문이다. 그런데 만일 결박된 이들 가운데 한 사람이 결박에서 풀려나 몸을 돌려(Umwendung) 바깥으로 나오게 된다면, 비록 처음에는 다소 저항이 있고 익숙해지는 데까지 시간이 걸리기는 하지만 결국 참된 세계를 인식하게 된다. 즉 그는 사물들 자체를 보게 되고 끝내는 태양을 바라보게도 된다. 플라톤은 이 비유에 대한 해석을 다음과 같이 제시한다. 동굴 안의 지하 감옥은 우리의 감각에 의해 포착되는 세계에 해당하고, 동굴 안의 모닥불은 태양에 해당하며, 동굴 벽면에 어른거리는 그림자들은 우리가 날마다 경험하는 사물들을 나타낸다. 동굴 바깥에서 인식된 사물들은 이데아들이고, 동굴 바깥의 태양은 최고의 이데아에 해당한다. 플라톤은 이 최고의 이데아를 '좋음의 이데아', '좋음 자체'라고 부른다(『국가』 514a-517c). 그런데 이 최고의 이데아에 대해 말해지기를, 이것은 "모든 옳고 아름다운 것의 원인이고, 가시적 영역에서는 이 빛과 이 빛이 의존하고 있는 태양을 낳고, 지성에 의해서라야 알 수 있는 영역에서는 이것만이 지배자로서 진리와 지성을 제공한다"(『국가』 517c)고 한다. 그러므로 우리는 여기에서 아리스토텔레스가 기술하는 바와 같은 실재하는 것의 세 부류를 갖게 되는 셈이다. 아리스토텔레스의 기술에 따르면 사물들이 있고, 그 다음에는 이 사물들의 원인으로서의 이데아들이 있으며, 마지막으로 이 이데아들의 원인인 일자가 있다. 이제 동굴의 비유에서는 사물들(동굴 벽면의 그림자들)이 있고, 이데아들(동굴 바깥의 사물들)이 있으며, 좋음의 이데아(태양)가 있다. 그런데 조금 앞에서 이미 다음과 같이 언급되었다. 플라톤은 517b에서 앞서 언급되었던 것을 함께 고려해야 한다고 한다. "인식되는 것들의 인식됨이 가능하게 되는 것도 좋음으로 인해서일 뿐만 아니라 그것들이 존재하게 되고 그 본질을 갖게 되는 것도 이 좋음에 의해서이다"(『국가』 509b). 이렇게 볼 때 '좋음의 이데아'가, 혹은 더 간단히 말해지는 대로, '좋음'이 이데아들의 최고 원인으로서 모든 원인들의 원인이다.

이렇게 해서 좋음의 이데아 혹은 좋음은 공개 강연 「좋음에 대하여」에서의 일자와 정확히 동일한 위상을 갖는 셈이다.

어쩌면 이 최고 이데아의 특별한 위상에 의해 대화편들에서 이것을 가리키는 표현들도 설명될 수 있을 것 같다. 즉 『국가』에서는 좋음을 유익하다(379b: ώφέλιμον τò άγαθόν)고도 한다. 그런데 『티마이오스』에서는 세계의 창조자 데미우르고스(demiourgos)를 두고 그는 좋은 이이고 "좋은 이에게는 어떤 것과 관련해서도 결코 질투심이 생기지 않는다. 그는 질투에서 벗어나 있기에 모든 것이 되도록 자신과 닮은 상태에 있기를 바랐다"(29e)고 한다. 그러니 좋음은 전적으로 질투를 지니지 않고 악의라고는 전혀 모르는데, 그것은 좋음의 어원이 말해 주는 대로,[20] 모든 것을 넘치도록 갖고 있기 때문이다. 좋음은 질투를 모르기에 그 자신이 갖고 있는 것을 두고 시샘하지 않는다. 심지어 좋음은 존재하는 모든 것이 최대한 자기 자신과 가깝게 되기를 바란다. 좋음은 자신이 갖고 있는 것을 나누고 자기의 고유한 존재와 본질을 나눠줌으로써 다른 것을 후원한다. 『국가』의 좋음(άγαθόν) 역시 이런 의미를 지니는 것으로 보인다. 또한 프로클로스(Proklos)와 위(僞)디오니시오스(Pseudo-Dionysios)에서 따온 "좋음은 그 자체로 퍼져나간다"(bonum est diffusivum sui)는 스콜라 철학적 격언은 이 점을 적확하게 요약해 보인다.

우리의 맥락에서 의미심장한 또 하나의 대목을 『심포시온』의 디오티마(Diotima) 연설에서 찾을 수 있다. 여기에서는 철학적 인식의 궁극적인 목적으로서 직접적으로 좋음의 이데아를 말하지 않고 아름다움의 이데아나 아름다움 자체를 말하지만 이 아름다움 자체가 좋음

---

20) 다음을 참조. J. B. Hofmann, *Etymologisches Wörterbuch des Griechischen*, München 1950, 398쪽.

자체와 같다고 한다(204d-e). 그리스어의 두 개념 아가톤(ἀγαθόν)과 칼론(καλόν) 사이는 독일어의 두 개념 좋음(das Gute)과 아름다움(das Schöne) 사이보다 훨씬 적은 차이가 있을 뿐이다. 아름다움의 이데아가 인식하는 자에게 어떻게 나타나는지를 플라톤이 설정한 디오티마는 "그 자체로 있으며, 한 가지 보임새(μονοειδές)이고, 영원하며, 다른 모든 아름다운 것들은 이 아름다움의 이데아에 관여한다"(211b)고 한다. 또 조금 뒤로 가면 '아름다움 자체'를 '신적인 아름다움'(θεῖον καλόν)으로 표현하며 다시 한 번 '한 가지 보임새'로 있다고 한다(211d). 플라톤이 이 '한 가지 보임새'라는 말로 무엇을 말하는지는 어느 정도 전체 맥락 안에서 추정해 볼 수 있다. 문제가 되는 대목은 다음과 같다. "만일 우리 가운데 누군가 아름다움 자체를 흐림 없이 순수하게, 다른 것과 섞이지 않게 보게 되었다면 … 이 한 가지 보임새로 있는 신적인 아름다움을 보게 되었다면 우리는 이것을 어떻게 생각해야 되겠는가?"(211e) 이것은 전적으로 일자에 대해서도 적용할 수 있는 기술(記述)이다. 한 가지 보임새라는 개념은 『파이돈』에서도 등장한다. 거기에서 이 개념은 우선적으로 시간적인 한결같음, 곧 변화를 겪지 않는다는 것을 가리킨다. 한 가지 보임새로 있는 존재자는 "언제나 그 자체로 꼭 같은 방식으로 있고, 결코 그리고 어떤 방식으로든 변화를 받아들이지 않는다"(78d)고 설명된다. 약간 뒤에서는 한 가지 보임새가 신적인 것과 순수한 것과의 연관 속에서 거론된다(83e). 여기에서도 다시 한 가지 보임새가 섞이지 않았다는 의미로 쓰인 셈이다. 그러므로 『심포시온』에서 이야기되는 아름다움 자체는 좋음과 마찬가지로 최초의 원인이고, 그것도 변화하지 않고 순수하며 신적이라는 성격의 원인이다. 이런 식의 원인은 그 자체로 우리가 최초의 것이자 궁극적인 것으로서의 일자에 부여할 수 있을 모든 규정들을 드러내고 있다.

따라서 고대 문헌들이 기록하고 대화편들에도 간간이 암시되어 있 듯이 만일 플라톤에게 일자 이론이 있었다는 것이 사실이라면 이른바 '신플라톤주의자들'(Neuplatoniker)과 다시금 연결될 수 있게 된 셈이 다. 그렇다면 플라톤과 저 일자 이론이 매우 강하게 드러나는 플라톤 주의 사이에는 단절이 있지 않은 것이다. 또 과거와 관련해서도 '플 라톤 이전의 철학자들'(Vorplatoniker)과의 거리도 한층 줄어든다. 크 래머는 플라톤에서 왜 일자 이론이 그렇게 중시될 수 있었는지에 대 한 좋은 설명을 제공한다. "플라톤은 파르메니데스와 함께 존재 근거 를 일자로 본다. 이 규정은 해석을 통해서 얻게 된 것도 아니고 사변 적인 것도 아니며 '근거'(Grund)라는 개념에서 풀어낸 것이다. 다시 말해서 존재 근거는 본질적으로 그 자체로 미분화의 상태이며 모든 개별화에 선행하는 절대적인 것, 따라서 단 한 번만 있는 것, 단적으 로 하나의 것, 수, 맥락, 시간 및 등급의 관점에서의 일자이다."[21] 플 라톤은 일자 이론으로 특히 고대 인도인들에게 친숙한 인간의 근원적 사고를 이어가는 것이다. 즉 도이센(P. Deussen)에 따르면『리그베다』 (*Rigveda*)의 저자는 이미 "최초이자 가장 중요한 첫걸음으로서 크세노 파네스가 그리스에서 철학을 근거 지었던 것과 동일한 일을 수행한 다. 이 일은 철학의 시작을 의미한다. 철학의 시작은 신들과 이 세계 의 것들이 보이는 저 모든 다채로운 다양성의 밑바닥에 이 모든 것들 과 구별되는, 영원한 일자(혹은 통일성, ewige Einheit)가 놓여 있음을 인식하는 데에서 성립한다."[22]

이렇게 보면 플라톤의 일자 이론은 두 원천에서 생겨났다. 한편으 로 일자 이론은 세계의 원초적 상태를 그 안에 모든 존재자들이 모여

---

21) H. J. Krämer, *Arete bei Platon und Aristoteles*, 535쪽 이하 및 주 84-85.
22) P. Deussen, *Allgemeine Geschichte der Philosophie*, Bd.I, 1, Leipzig 1894, 103쪽.

있고 싹처럼 포함되어 있는 통일성으로 기술하는 오래된 신화들로 거슬러 올라간다. 다른 한편으로는 일자 이론은 제의 행태(kultisches Verhalten)에 기반을 두고 있는데, 이 제의 행태에서 문제가 되는 것은 인간이 다시금 원초적 상태로 발을 들여놓는 일이요, 달리 말하면 모든 존재자들의 태초의 통일성으로 귀환하는 일이다. 그런데 이 원초적 상태는 특정한 제의 행위뿐만 아니라 철학적 사유를 통해서도 회복될 수 있다. 더군다나 신화와 제의가 그 의미를 상실한 경우에는 더욱 그렇다. 그러므로 철학자의 인식은 예전에 제의가 담당했던 일, 곧 세계가 생겨나기 이전의 상태로 귀환하는 일을 떠맡는다. 이렇게 해서 철학적 인식은 제의적 성격을 얻게 된다. 이 귀환은 여러 가지 방식으로 이루어질 수 있다. 즉 신비주의에서처럼 완전하고 존재에 합당한 하나됨(Einswerdung)의 방식으로 이루어질 수도 있고, 완전히 하나가 되지는 않지만 나누어진 것을 모으는 인식으로 이루어질 수도 있다. 분명히 이 후자의 방식이 플라톤이 철학하는 방식이다.[23] 여러 차례에 걸쳐 플라톤은 철학적 인식(philosophische Erkenntnis)을 인식하는 자가 일시적으로 도달하게 되는 보다 높은 존재로의 상승, 아나바시스(ἀνάβασις)로 표현한다. 다음 장에서 이 주제에 대해 다룰 것이다.

---

23) 다음을 참조. E. Hoffmann, *Platon*, Hamburg 1961, 23쪽 이하.

아나바시스 4

전승된 그리스 종교의 신화가 이미 알고 있었던 일자 사상(der Gedanke des Einen)이 플라톤 철학의 근본 사상으로 보인다. 이 사상은 철학적 이론을 세우고 전개하는 데에만 봉사하는 것이 아니다. 제의(祭儀)와 마찬가지로 플라톤 철학도 일자에 이르는 길, 궁극적이고 최고의 인식에서의 일자와의 만남을 추구한다. 지금까지 철학사가들은 대화편들의 이런 관점에 대해 별로 다루지 않았다. 이 관점은 플라톤 철학이 최소한 학문적 철학의 전 형태(前形態, Vorform)라는 일반적인 생각과는 잘 맞지 않는다. 학문에서 중요한 것은 문자화하여 자기 것으로 만드는 결과들이다. 그러나 이러한 것을 플라톤이 자기가 생각하는 본래 목적에 이르기까지의 인식 과정을 묘사하는 곳에서는 찾아볼 수 없다. 그럼에도 불구하고 그런 묘사들은 플라톤 전집 안에서 확고한 자리를 차지한다. 우리는 이 대목들을 그저 침묵하고 건너뛸 수 없다. 오히려 그 정반대이다. 즉 플라톤에게 일자에 이르는 인식 과정의 묘사가 대단히 중요한 의미를 지니고 있는 것으로 보인다. 플라톤은 이 길을 밟는 것을 여러 차례에 걸쳐 아나바시스(ἀνάβασις), 상승이라고 부른다. 우리는 이 장에서 이 말이 무엇을 뜻하는지에 대해 분명히 밝히려고 한다.

플라톤은 여러 대화편들에서 '일자', '좋음 자체', '아름다움 자체' 혹은 '참된 존재자'에 이르는 인식의 상승이라는 주제를 다루고 있다. 우리 고찰의 서두에 이런 종류의 중요한 대목들을 다시 한 번 기억에 되살리고자 한다.

아나바시스 개념은 『국가』의 '동굴의 비유'와 연관하여 플라톤에 의해 여러 번 사용된다(515e, 517b, 519d). 이 비유 자체는 각종 문헌에서 아주 충분히 다루어져 있다.[1] 그렇기 때문에 우리는 여기에서 중요한 몇 가지에 대해서만 다루고자 한다.

동굴의 비유는 한 인간이 교육 부족(ἀπαιδευσία, Unbildung)의 상태로부터 교육(παιδεία, Bildung)의 상태로 나아가는 과정을 이야기한다. 그런데 교육의 상태는 철학적 인식의 상태와 동일하다. 플라톤은 그런 상태에 이르는 길을 "우리가 진정한 철학이라고 부르고자 하는 오름길"이라고 표현한다(『국가』 521c). 우리는 이 교육과 철학의 길을 다섯 단계로 구분한다. 첫 번째 단계는 '거처'(οἴκησις)로서의 동굴에 결박당한 채 있는 사람들의 상태이다. 두 번째 단계는 한 죄수가 자신을 동굴 안에 묶어두었던 결박에서 풀려나는 단계로 벌써 인식이 상승하기 시작함을 나타낸다. 다시 말하면 이 단계는 상승을 가로막는 것으로부터의 '해방', 곧 리시스(λύσις)의 단계이다. 그런 다음에는 결박에서 풀려난 사람의 시선이 동굴 벽면에서 동굴의 입구 쪽으로

---

1) 예컨대 다음의 것들을 참조. W. Jaeger, *Paideia*, Bd.III, 14-18쪽; M. Heidegger, *Platons Lehre von der Wahrheit*, Bern 1947; Th. Ballauff, *Die Idee der Paideia, Eine Studie zu Platons 'Höhlengleichnis' und Parmenides' 'Lehrgedicht'*; W. Bröcker, *Platos Gespräche*, Frankfurt 1964, 278-287쪽; K. Bormann, *Platon*, Freiburg 1973, 73-80쪽.

향하게 되는데, 이렇게 해서 아래로부터 위로 향하는 길, 곧 아나바시스(ἀνάβασις), '상승'의 길이 그 사람에게 드러난다. 이것이 세 번째 단계이다. 네 번째 단계는 빛에 이끌린 사람이 동굴 바깥에 도달하여 동굴 안에서는 그림자만 보아왔던 그가 이제 참된 실재를 인식할 줄 알게 되고 마침내 실재하는 모든 것과 인식할 수 있는 모든 것의 근원인 태양을 바라볼 때 도달된다. 이렇게 해서 이 도정(道程)의 '끝'(τέλος, 532b)에 이르는데, 이것이 네 번째 단계이다. 그 다음은 마지막 단계로서 동굴 안으로 되돌아간다. 왜냐하면 최고의 인식에 도달한 자는 다른 동료 죄수들에게 자신이 본 것을 알려서 그들을 해방시키고 빛으로 이끌어야 하기 때문이다. 이것이 플라톤이 카타바시스(κατάβασις)라고 표현한 단계로서 상승에 대응되는 '하강'의 단계이다(514a–519d).

우리가 관심을 두는 것은 특히 세 번째 단계이고 이와 더불어 그에 이웃하는 전후 단계이다. 이 비유에는 결박에서 풀려나기, 위로 올라가기 그리고 태양을 바라보는 일이 얼마나 어려운지가 상세하게 묘사되어 있다(515c–516b). 플라톤은 이 어려움을 다음과 같이 해석한다. "만일 그대가 상승(ἀνάβασις)과 높은 곳에 있는 것들의 구경을 인식의 영역을 향한 혼의 오름길(ἄνοδος)로 이해한다면, 그대는 내가 의도하는 것에서 벗어나지 않는 셈이 될 걸세"(517b). 이미 언급한 대로 플라톤은 이 인식의 오름길을 교육 및 진정한 철학의 길로 본다. 다시 말해서 이 길은 "밤과도 같은 낮에서 진정한 낮으로 향하는 혼의 전환(ψυχῆς περιαγωγή)이고 실재를 향한 오름길"이다(521c). 이 길의 끝에서 인식된 것은 가장 참된 존재자이고 이 길은 이 존재자에 점점 더 가까이 다가서는 길이다. 그러나 처음에는 바로 이 길을 걸어 나가기가 무척 어렵다. 만일 누군가가 빛과 실재를 향해 위로 이끌려가는 사람에게 그대는 동굴 안에서 엉터리(φλυαρία)만 보아왔지만 "이제는 실재에 더 가까이 와 있고 또한 한결 더한 실재를 향해 있어서 더욱 올바르게 보게 되었다"(515d)고 말한다 해도 그 사람은 처음에는 이 말을 믿지 않을 것이기 때문이다. 따라서 혼의 등정(登頂)은 한결 더한 실재(stärkeres Sein)에 다가서는 일인데, 이 한결 더한 존재는 처음에는 덜 존재하며 덜 진실된 것으로 보인다. 빛으로 인도되는 사람은 정말로 자신이 동굴 안에서 본 것이 오름길에서 본 것보다 더 진실하다고 생각할 것이다.

상승은 『심포시온』의 소크라테스 연설에서 최고의 철학적 인식에 대해 말하는 곳에서도 나온다. 소크라테스는 이 연설에서 제사녀이자 예언가인 만티네이아(Mantineia) 출신의 디오티마와 나누었다는 대화를 소개한다. 이 소크라테스 연설에 나온 디오티마가 플라톤이 만들어낸 가공의 인물인지 아니면 역사적으로 존재했던 인물인지는 오늘날 확실하지 않다.[2] 그렇지만 그 내용은 어쨌거나 역사적으로 있었던 대화가 아님은 분명하다. 디오티마가 전하는 이야기는 플라톤 철학의 기본 사상과 아주 일치한다. 소크라테스 연설은 이 제사녀를 끌어들임으로써 특별한 색채, 즉 종교적 색채를 띠게 된다. 이 연설은 세 부분으로 나뉘는데, 그 세 부분은 '동굴의 비유'의 가운데 세 단계들에 상응한다. 나중에 플로티노스로 거슬러 올라가는 신비주의에서 '순수화'(κάθαρσις, via purgativa, Reinigung), '점화'(φωτισμός, via illuminativa, Erleuchtung) 그리고 '합일'(ἕνωσις, via unitiva, Vereinigung)이라고 불리는 것이 바로 이 세 부분이다.[3] 연설의 첫째 부분에서 소크라테스는 앞서 연설한 아가톤이 개진한 견해, 에로스는 신들 가운데 가장 아름다운 신이라는 견해를 반박하고는 아가톤에게 무지를 고백하게 만든다. 이렇게

---

2) 다음을 참조. W. Kranz, "Diotima von Mantineia", in: Hermes 61(1926), 437–477쪽.
3) Pseudo-Dionysius, *De caelesti hierarchia*, III c.2.

해서 이어지는 논구들은 근본적인 오류들로부터 순수하게 되었다. 그 다음으로 둘째 부분에서는 디오티마와 나눈 대화를 보고함으로써 점점 에로스의 본질로 이끈다. 여기에서 에로스의 열망은 불멸성에 대한 열망임이 밝혀지고 에로스 탄생의 신화를 통해 철학의 본질을 드러내 보인다. 셋째 부분이자 마지막 부분을 시작하기 전에 앞으로 나올 이야기가 아주 새로운 것임이 매우 강조된다(209e–210a). 이 부분은 '신적인 아름다움'의 관조를 말하고, 신적인 아름다움과 함께 있는 것이 인식으로 묘사된다. 이 인식이 인식하는 자를 불멸하게 한다 (212a).

그런데 '아름다움 자체'에 이르는 인식은 단계적인 과정으로 그릴 수 있다. "이것이 자기의 힘으로 도달하든 다른 이의 인도를 받든 사랑하는 것에 이르는 올바른 길이다. 즉 개개의 아름다운 것들로부터 출발하여 저 아름다움을 향하여 점점 높이 올라가는데(ἐπανιέναι) 사다리를 밟고 올라가듯(ἐπαναβασμοί) 한다"(211b).

이 단계적 과정은 다음과 같이 표현된다. "하나의 아름다운 육체에서 두 개의 아름다운 육체로, 두 개의 아름다운 육체에서 모든 아름다운 육체로 나아가고, 아름다운 육체에서 아름다운 행위로 나아가고, 아름다운 행위에서 아름다운 학문으로 나아가고, 마지막으로 아름다운 인식에서 오로지 아름다움 자체만을 아는 인식으로 나아가 마침내 아름다움으로서 실재하는 것을 인식하게 된다"(211c–d).

이 인식의 상승 과정은 동굴의 비유에서와 유사하게 최고의 존재에 이르러 끝난다. 이 점은 이미 앞에서 아름다움 자체와 관련해서 언급되었다. 즉 아름다움 자체는 "그 자체로 존재하며 한 가지 보임새로 있고 영원한 것"(211b: αὐτὸ καθ' αὑτὸ μεθ' αὑτοῦ μονοειδὲς ἀεὶ ὄν)이다. 만일 아름다움이 이미 앞에서 언급한 일자의 다른 이름에 지나지 않는다면, 여기에서 문제가 되는 것은 개별적인 존재자의 다수성

(Vielheit)으로부터 존재자의 그 원인에 있어서의 궁극적인 단일성(혹은 통일성, Einheit)으로의 상승이다. 그런데 에로스가 추구해 마지않는 이러한 상승이 곧 철학이다. 철학의 종점에는 이론은 없으며 참된 존재자인 아름다움을 직접적으로 보는 일만 있다.

『파이드로스』의 "혼에 대한 신화"(246a-249d) 역시 아나바시스의 목표로서의 존재 인식(Seinserkenntnis)을 우리에게 펼쳐 보인다.[4] 여기에서도 다시금 동굴의 비유에서와 같은 종류의 비유가 문제로 등장한다. 플라톤은 여기에서 혼을 날개 달린 전차와 그 전차를 끄는 마부에 비유한다. 신들의 혼에서는 전차를 끄는 이와 말들이 훌륭하다. 그렇지만 다른 혼들의 경우에는 말들 가운데 하나가 고약해서 전차를 끄는 이가 전차를 자신이 원하는 목적지로 몰고 가기 어렵다. 이 목적지는 천구의 바깥, 곧 '하늘을 넘어서는 영역'(überhimmlischer Bereich)이다. 그래서 혼으로 된 많은 전차들은 천구 저편의 이 영역으로 향하는 일종의 축제 행렬을 이루는 것으로 묘사된다. 이때 신적인 혼의 전차와 신적이지 않은 혼의 전차는 다른 행태를 보인다. "그런데 신들이 잔치에 가고자 하늘 꼭대기로 가파르게 올라갈 때, 신들의 전차는 말들이 보조를 맞추고 잘 통제되어 쉽사리 앞으로 나아가는 반면에 다른 전차들은 여간 어려움을 겪는 게 아니다. 즉 성질이 고약한 말은 땅을 향하려 하고 무거워져서 전차를 끌어내린다. … 그러나 불멸하다고 불리는 것들은 바깥으로 나아가 꼭대기에 도달했을 때 천구를 등지고 서게 되고, 이 자리에서 그들은 천구와 함께 회전하면서 하늘 바깥에 있는 것을 보게 된다"(247a-c, 원문에는 '237a-c'로 잘못 표기되었다: 옮긴이).

---

4) 특히 다음을 참조. E. Schmalzried, "Der Umfahrtsmythos des Phaidros", in: Der altsprachliche Unterricht IX, 5(1966), 60-99쪽.

이것은 신적이지 않은 혼들에게는 불가능한 일이다. 성격이 다른 말들로 이루어진 전차를 제대로 몰기는 어렵다. 이 전차를 모는 이는 하늘을 넘어서는 영역 쪽으로 머리를 내밀어도 성질이 고약한 말이 복종하지 않아서 끊임없이 방해를 받는다. 그래서 이런 혼들의 전차가 하늘 바깥의 경계 지점에 도달하더라도 얼핏 볼 수밖에 없으므로 거기에서 인식될 수 있는 모든 것을 인식하지는 못한다.

그런데 거기에서 인식될 수 있는 것은 무엇인가? 플라톤은 이것을 묘사해 보려는 시도를 감행하기 전에 잠시 망설인다. 그런 다음 그는 소크라테스에게 다음과 같이 말하게 한다. "오로지 지성으로만 볼 수 있고, 모든 참된 앎과 관계를 맺는 혼을 모는 이에게만 보여지는 저 색깔이 없고, 형태도 없으며 참으로 존재하는 본질, 바로 이것이 이 영역을 차지한다. 신의 지적 사고는 지성과 순수한 앎을 먹고 살고, 마찬가지로 모든 혼의 지성도 이에 걸맞는 것을 받아들이려 애쓰고 실재(τὸ ὄν)를 바라보기를 기뻐하며 참된 것을 바라봄으로써 회전이 이 참된 것의 바라봄을 다시 동일한 장소로 가져오기까지 길러진다"(247c-d).

이처럼 신들의 혼들은 본래적인 존재의 직관적 인식을 통해 길러진다. 그러나 신적이지 않은 혼들은 육체와 결합되어 있고 지상에서 살아야만 한다. 그런데 참으로 존재하는 것을 직관하는 데에 한 번이라도 성공한 혼들만 인간의 육체와 결합된다. "모든 인간의 혼은 본성상 실재를 보았을 것임에 틀림없다. 그렇지 않고서는 인간이라는 결합물 안으로 들어올 수 없었을 것이다. 그러나 모든 혼이 이 실재를 기억하기는 쉽지 않다"(249e-250a). 그런데 철학자의 혼은 "기억을 통해서 신을 신적이도록 하는 것의 곁에 항상 함께 있다"(249c)는 특성을 갖는다. 신들에게 그 신성을 부여하는 것은 참으로 있다는 본질이요, 이 점을 플라톤은 '성스럽다'고도 특징짓는다(250a).

지금까지 소개한 세 대목이 플라톤이 철학적 인식을 아나바시스 (ἀνάβασις), 상승으로 이해하고 있는 중요한 대목들이다. 물론 아나바시스라는 단어 자체는 『국가』에만 등장한다. 여기에서 주목할 것은 지금 언급된 대목들이 신화적인 비유로 등장하거나 제사녀 디오티마와의 만남을 보고하는 형식으로 묘사된다는 사실이다. 이런 이유로 이 세 대목을 조금 덜 진지하게 받아들여야 할까? 플라톤이 이 세 대목에서 자신의 고유한 철학을 말하는 것은 아닐까? 플라톤이 철학적 인식을 상승, 곧 위로 향하는 도정으로 묘사하는 특별한 동기라도 있는 것일까?

철학적 인식을 상승으로 나타내는 것이 단순하게 창안된 것이 아님을 플라톤 자신이 우리에게 암시한다. 그는 분명히 오래된 신화들을 염두에 두고 있다. 플라톤은 '동굴의 비유'에 이어지는 설명 부분에서 어떻게 교육자가 동굴에 살고 있는 사람들을 광명으로 인도할 수 있는지의 문제를 언급하고는 "지하 세계(Hades)에서 신들에게로 올라갔다는 것"(521c)이 있을 수 있는 일인지 묻는다. 여기에서 다루게 되는 것은 분명히 지하 세계의 여행을 다루는 신화들이다. 이 신화들에서는 어둠으로 떨어진 이가 살아 있는 이들의 영역, 그리고 동시에 신들의 영역으로 다시금 되돌아올 수 있다고 한다. 예를 들자면 에우리디케(Eurydike)를 지하 세계로부터 구출해내려는 오르페우스(Orpheus)의 신화나 지하 세계를 지키는 개 케르베로스(Kerberos)를 제압한 헤라클레스 신화가 그것이다. 이런 종류의 신화들은 플라톤 이전에 이미 철학과 연관되어 있었다.

오르페우스 이야기로 시작해보자. 오르페우스에 대한 신화가 보고하고 있는 내용은 최근의 종교사적 연구에 의해 샤머니즘 현상과 연관이 있는 것으로 밝혀졌다.[5] 사실 연구자들은 호메로스가 그리는 오디세우스의 경우에도 샤머니즘적인 면모가 있다는 점을 강조했다.[6]

샤머니즘이란 아르카이아의 종교성의 한 형태로서, 여기에서는 특정한 사람들(결국에는 산스크리트어로 소급하는 퉁구스어로 '샤먼'[Schaman]이라고 불리는 사람들)이 자신들의 혼을 육체와 결합된 상태에서 해방시키고 이 혼들을 피안의 세계로 여행하도록 할 수 있으며, 피안의 세계에서 다른 사람들은 접근할 수 없는 어떤 특별한 통찰과 지시를 받아온다고 전제한다. 스위스의 문예사가 무쉬그(W. Muschg)는 헤르더의 연구 성과를 좇아[7] 가장 오래된 신화에 나오는 인물들인 암피온(Amphion), 아리온(Arion) 그리고 오르페우스를 샤머니즘과 연결시킨다.[8] 그는 이 종교사적 현상의 특색을 다음과 같이 기술한다. "샤먼들이 하는 주된 일은 저승으로 들어가 혼령들을 만나는 것이다. 그것은 죽은 자를 동반하는 역할일 수도 있고, 계시를 얻는 일일 수도 있으며, 기적을 일으키는 부적을 얻는 일일 수도 있다. … 샤먼들이 자신들이 경험한 것을 이야기할 때 그 이야기는 특히 놀라운 것과 연관되어 있다. 그들은 이야기를 듣는 이들에게 자기들의 암시를 전하고자 하며, 사람들은 그들을 추앙하고 두려워한다. 왜냐하면 샤먼들이 좀처럼 일어나지 않을 일을 그럴듯하게 만들고 인간 혼의 가장 깊은 두려움과 소망 그리고 가장 대담한 추측을 드러내는 데에 성공하기 때문이다. 그들은 걷잡을 수 없이 격앙되고, '넋을 잃고'(außer sich) 무아경에 이른 자(Ekstatiker)로서 열광 어린 언어를 말한다. 그들은 의식이 있는 상태에서 꿈을 꾸든 잠자면서 꿈을 꾸든 아니면 꿈꾸는 체 하든지 간에 아무튼 몽상의 대가이고, 모든 종류의 침잠과 무의식의 대

---

5) E. Dodds, *The Greek and the Irrational*, Berkeley(Calif.) 1951, 147쪽 이하.

6) W. Burkert, *Weisheit und Wissenschaft*, 132쪽 및 주 226.

7) J. G. Herder, "만일 암피온, 아리온 그리고 오르페우스가 살았다면, 그들은 그리스의 품격 높은 샤먼들이었을 것이다"(WW Suphan 9, 534).

8) W. Muschg, *Tragische Literaturgeschichte*, 3.Aufl., Bern 1957, 23쪽.

가이다. 그들은 꿈에서, 도취에서 일시적으로 사물들을 지배하게 되고, 자신의 힘으로 자기들의 인격의 경계를 뛰어넘어 자연의 내면으로 들어선다. 그들 앞에서는 이 세계와 저 세계 사이의 벽, 안과 밖 사이의 벽이 무너진다. 그들의 인격은 우주로까지 확장되고, 그들의 힘은 우주적인 힘들과 합쳐져서는 전체 자연에 대한 신령스러운 우위를 점하기에 이른다. 그들은 혼의 가장 위대한 모험을 이겨내고, 최고의 기쁨과 최대의 전율을 느낄 수 있는 영역으로 들어가는 데에 성공한다. … 그들은 은총을 받은 자들로서 넘쳐흐르는 존재의 충만 속에서 살며, 창조의 정상에 등극하고, 동일한 순간에 어디에라도 있으며 모든 것이다."[9] 우리는 앞으로 샤먼 제사장의 이러한 특성이 샤먼을 시인뿐만 아니라 철학에서도 선구자가 되도록 했다는 사실을 밝혀야만 할 것이다. 이렇게 오르페우스는 샤머니즘으로 귀착되는데, 그것은 결코 무쉬그에 의해서만은 아니다. 종교사가 엘리아데도 샤머니즘적 특색 가운데 중요한 점들을 열거하면서 다음과 같이 말한다. "오르페우스로 말할 것 같으면 그의 신화는 샤머니즘적 이데올로기 및 기술과 비교되는 여러 요소들을 내보인다. 그 가운데 가장 중요한 것은 물론 오르페우스가 부인 에우리디케의 혼을 구하기 위해 지하세계로 내려간 것이다. … 그런데 오르페우스는 '위대한 샤먼'의 다른 특징들을 보이기도 한다. 즉 치유술, 음악에 대한 사랑, 동물에 대한 사랑, 마술 수단, 예언력 등이 그것이다. 또한 그의 '문화를 가져다주는 영웅'이라는 성격도 최상의 샤머니즘적 전통과 모순되지 않는다. 그렇다면 '최초의 샤먼'은 인류를 질병으로부터 보호하고 문명화하기 위해 신이 파견한 사신(使臣)이 아닐까?"[10] 그러므로 오르페우스

---

9) 같은 책, 24쪽.

10) M. Eliade, *Schamanismus und archaische Ekstasetechnik*, Zürich 1957, 372쪽 이하.

및 이와 유사한 신화적 인물들이 시작(詩作)의 시초에 서 있다면, 시와 철학(어쨌든 철학이 형이상학이라면) 사이의 친족 관계를 알아차리게 된다. 왜냐하면 시인의 원초적 형태인 샤먼은 일상적 세계를 넘어서서 다른 세계, 피안의 세계, 곧 형이상학적 세계로 들어가기 때문이다. 플라톤이 『심포시온』과 『국가』에서 나타내는 인식의 상승은 이 넘어감(Überschritt)에서 진척된 형태이고 보다 반성적인 형태일 뿐이다.

이미 피타고라스도 철학에 가까이 서 있는 것 같지만 사실은 훨씬 더 오르페우스 신화와 연관을 맺고 있다. 케레니이(K. Kerényi)가 이 점을 환기시킨다. "오르페우스가 하데스로 여행한다는 이야기는 … 피타고라스학파의 가장 오래된 세대의 한 사람이 지어냈다고도 한다. 비교적 오래된 전승에 따르면 … 피타고라스 자신도 오르페우스라는 이름 아래 글을 썼다고 한다."[11] 부르커트의 인상적인 연구들 이후 우리는 다음과 같은 사실을 다시금 알게 되었다. 즉 피타고라스는 우리가 오랫동안 생각해온대로 위대한 수학자이자 철학자이며 훗날 일련의 전설들로 말미암아 일종의 주술적 제사장이 된 것이 아니라 사실은 그 정반대이다. 다시 말해서 피타고라스는 일종의 샤머니즘적인 주술적 제사장이고 사람들이 그를 훗날 수학자이자 철학자로 만들었다.[12] 부르커트가 여기에 대해 충분한 자료를 모아 놓아서 이런 식의 피타고라스 해석이 "피타고라스를 일종의 의료인으로 간주하는 것이 최근 경향"이며 "진지한 반박이 필요하지 않다"는 예거의 거부를 완전히 제압했다고 보아도 좋을 것이다.[13] 무엇보다 분명한 것은

---

11) K. Kerényi, "Pythagoras und Orpheus", in: *Humanistische Seelenforschung*, München 1966, 15–51쪽, 인용은 46쪽.
12) W. Burkert, *Weisheit und Wissenschaft*, 특히 123쪽 이하.
13) W. Jaeger, *Paideia* I, 221쪽.

전설들이 피타고라스 전승의 가장 오래된 층을 보여주는 것이고 이러한 전승은 "고 아카데미아에서 피타고라스를 플라톤화하여 재해석한 것"보다 시기적으로 앞선다는 사실이다.[14] 부르커트는 피타고라스를 샤머니즘에 근접시키는 요소들을 열거한다. "우리는 신들 및 정령들과의 교류, 동물에 대한 지배, 열광, 여러 곳에 동시에 있다는 것 등을 보게 된다. 특히 혼의 윤회설은 이 뿌리에서 성장한다. 즉 죽은 자들 가운데 강한 자의 정신이 살아 있는 것 안으로 들어간다는 믿음은 샤머니즘에서 흔히 발견된다. … 이런 생각을 고착시키고 더욱 진척시키는 데는 작은 동기만 있어도 되는데, 정작 이 동기가 가져오는 결과는 매우 큰 것이다. 혼의 윤회설은 이 동기로부터 나왔다. … 샤머니즘적 무아경(schamanistische Ekstase)이라는 근본 경험은 '혼'이 '육체'로부터 독립하는 것이다."[15] 이렇게 볼 때 피타고라스는, 비록 우리에게는 역사적으로 더 잘 알려져 있는 것 같지만, 본질적인 점들에서 오르페우스와 닮아 있으며, 특히 그가 오르페우스와 마찬가지로 아폴론과 밀접한 관계를 맺고 있다는 점에서 그러하다.[16] 피타고라스는 그를 추종하는 제자들 사이에서 "히페르보레아스의 아폴론"으로 여겨졌다.[17] 이 명칭이 무슨 뜻인지는 아직 완전히 밝혀지지 않았다. 어쨌거나 신화가 보고하는 바에 따르면 아폴론은 델피에 머무르지 않을 때에는 히페르보레오스라는 비밀에 붙여진 종족과 함께 지내고, 델피에서는 매년 봄이면 아폴론이 다시 온 것을 기리는 축제가 벌어

---

14) W. Burkert, *Weisheit und Wissenschaft*, 112쪽 이하. 122쪽 이하도 아울러 참조하기 바람.
15) 같은 책, 133쪽.
16) 오비디우스는 피타고라스를 가리켜 'vates Apollineus'(아폴론의 제사장)라고 부른다.
17) Kerényi, *Humanistische Seelenforschung*, 46쪽.

졌다고 한다. "'히페르보레아스의 아폴론'은 비밀에 가득 찬 피안의 세계로 사라졌다가 다시 돌아오는 신이다. 피타고라스가 '히페르보레아스의 아폴론'으로 불린다는 것은 그가 신적인 샤먼으로 간주되었다는 것이다."[18] 이 점에서 우리는 다음과 같은 내용의 아리스토텔레스 토막글을 이해할 수 있게 된다. "이성을 지닌 존재에는 세 종류가 있다. 신, 인간 그리고 피타고라스와 같은 부류가 그것이다."[19] 플라톤의 『심포시온』에서 에로스는 바로 이런 식의 중간 존재로 묘사되는데, 이 중간 존재는 동시에 참된 철학자이기도 하다.

우리는 피타고라스학파와 연관되는 것으로 보이는 파르메니데스를 통해서 플라톤에게 한 걸음 더 가까이 가게 된다.[20] 서양철학이 앞으로 발전하는 데 이정표를 세우고 표준이 된 이 사상가의 교훈시는 서곡으로 시작하는데, 이 서곡 역시 샤머니즘을 연상시킨다. 여기에서 묘사되는 것은 '지혜를 추구하는 사람'이 '인간의 길 저편'에 있는 곳으로 여행하는 것인데, 거기에서 한 여신이 이 사람을 맞아들이고는 단순하고도 근본적이며 최종적인 진리를 전한다 그 진리란 "존재는 있고, 비존재는 있지 않다"[21]는 것이다. 사람들은 아마도 파르메니데스가 이 서곡으로 헤시오도스의 『신통기』의 서곡을 능가하고자 했다고 지적해왔고, 이런 지적은 철학사적으로 보았을 때 의심의 여지없이 의미심장한 것이다. 여기에서 우리의 관심을 끄는 점은 서곡의 또 다른 측면이다. 즉 이미 수없이 나온 질문인데, 파르메니데스 교훈시의 매우 생동적인 이 서곡과 존재에 대한 여신의 말이 담긴 저 아주

---

18) W. Burkert, *Weisheit und Wissenschaft*, 134쪽.

19) 아리스토텔레스, 토막글 192(Rose).

20) J. E. Raven, *Pythagoreans and Eleatics*, Cambridge 1948; K. Reich, "Parmenides und die Pythagoreer", in: Hermes 82(1954), 287-294쪽.

21) 토막글 B 6, 1 이하.

무미건조하게 보이는 중심 부분 사이의 현저한 차이가 어떻게 해서 생기게 되었을까 하는 것이다. 또한 딜스는 "저 발상에서 참으로 굉장한 천국 여행을 창안해낸 것이 정말로 땅에 발을 딛고서 가능했는지"를 의심한다.[22] 딜스는 파르메니데스 철학에 선행하는 역사를 고찰함으로써, 어쩌면 최초로, 서곡이 철학자가 초지상적인 신들의 영역으로 상승한다는 묘사를 통해서 샤머니즘적 본에 연결된다는 결론에 도달한다. "따라서 우리는 그 형식에 관해 말할진대 일인칭 서술을 마주하고 있는 셈이다. 이 일인칭 서술은 연옥혼(Nekydaimon, Nekyen)들에서 그러한 것처럼 생각을 강요함으로써 주어지고 파르메니데스의 천국 여행에 다시 등장한다. 더 나아가 그 내용에 따르면 우리는 헤시오도스 서곡의 소박한 동기들에 연결되지만 시대에 상응해서 샤머니즘적인 황홀경을 훨씬 강하게 드러내는 묵시록을 보고 있는 셈이다. 샤머니즘의 기본 사상은 … 저승 세계에서 불려 나온 조상들의 혼백이 주술사에 의해 거처를 얻게 되고, 이를 통해서 주술사는 세계와 멀어져서는 혼백을 천국이나 지옥으로 보내는 능력을 갖게 된다. 주술사는 천국이나 지옥의 혼백들로부터 사물의 계시를 얻는데, 바로 이 계시가 사람들이 주술사로부터 알게 되기를 바라는 것이다."[23] 샤먼들이 혼백들에서 그렇게 하듯, 서곡의 철학자는 여신에게서 진리의 계시를 받아 사람들에게 전해준다. 바로 이러한 일이 교훈시에서는 일반적이지 않은 일인칭 서술의 형태로 일어난다는 것은 의미심장하다. 왜냐하면 스스로 경험한 것을 보고하는데, 이 스스로 경험한 것이란 다른 사람들은 접근할 수 없는 것이기 때문이다. 딜스와 비슷하게 평가하는 다른 연구자도 있다. 비록 파르메니데스 철학의 이런 측면이 오늘날 다

22) H. Diels, *Parmenides' Lehrgedicht*, Berlin 1897, 9쪽.
23) 같은 책, 같은 곳.

른 연구자들에게 다시금 전적으로 주목되고 있지는 않지만, 모일리(K. Meuli)는 분명하게 딜스의 뒤를 따른다. 그는 직접적 연설도 일인칭 서술과 함께 특징적이라고 본다. 파르메니데스 교훈시의 중심 부분은 진리를 계시하는 여신의 연설을 담고 있다. 물론 모일리는 파르메니데스를 시인으로 파악한다. "이 시인은 그가 보고하고자 하는 장소로 여행하고 거기에서 앎을 받아들인다. 태양의 딸들은 파르메니데스가 탄 마차의 말들을 진리를 계시하는 천상의 자리에 이르는 길로 안내한다. 몇 년 전에 이미 딜스는 거장다운 연구에서 파르메니데스가 이 장면을 새로 지어낸 것이 아니라 오래되고 풍부하지만 우리가 부분적으로밖에는 알 수 없는 전통에서 끌어왔음을 밝힌 바 있다. 딜스 자신은 이 전통이 샤먼들의 것이라고 본다. 얼마나 딜스가 옳았는지를 우리는 이제야 알게 되었다."[24] 이와 비슷하게 컨포드(F. M. Cornford)는 이 철학자를 "예언 능력을 가진 시인의 후계자"로 보았고, 파르메니데스가 자신의 시를 명백히 신에 의한 계시로 묘사했으며 이는 어쨌든 샤머니즘에서의 천국 여행을 상기시킨다는 점에 특별한 관심을 나타낸다.[25] 또한 파르메니데스가 산문으로 쓰지 않고 시라는 형식을 택한 것도 그가 "시는 예언적 계시의 언어"[26]라는 전통에 따랐다는 것을 말해준다. 파르메니데스가 보고하는 마차 여행이 샤머니즘을 연상시키는 다른 묘사들에서도 발견된다는 사실을 모리슨(J. Morrison)도 강조한 바 있다.[27] 파르메니데스에게 피타고라스가 영향

---

24) K. Meuli, "Scythica", in: Hermes 70(1935), 121–176쪽, 인용은 171쪽 이하.

25) F. M. Cornford, *Principium sapientiae, The Origins of Greek Philosophical Thought*, Cambridge 1952, 118쪽.

26) 같은 책, 120쪽.

27) J. Morrison, "Parmenides and Er", in: Journal of Hellenic Studies 75(1955), 59–68쪽, 지금 논의와 관련해서는 특히 59쪽.

을 끼쳤다고 성급하게 전제하는 것을 경고하는 부르커트도 서곡과 관련해서는 두 사람이 서로 영향을 주고받았을 가능성이 높다고 본다. "파르메니데스가 마차를 타고 밤의 집으로, 태양의 문들로, 신과의 만남과 진리의 계시로 나아가는 여행을 생생한 현재로 묘사하고 있는 서곡은 … 피안의 세계로 들어가는 샤먼들의 여행과 일치한다. … 오래된 피타고라스 전설들도 바로 이 샤머니즘적 연관성을 향해 있다. 그렇다면 최소한 파르메니데스 서곡은 피타고라스주의와 동일한 맥락에 속한다."[28)]

이런 전개의 다음 단계는 플라톤 철학이다. 우리는 이 장의 앞머리에서 몇몇 대목을 검토했다. 이 대목들의 정신사적 배경이 얼마간 보다 분명해질 수 있겠다. 오르페우스, 피타고라스, 파르메니데스 그리고 플라톤에서 아르카이아 세계의 샤머니즘뿐만 아니라 고전 시기의 아폴론 종교도 우리 앞에 등장한다. 이러한 연관성은 이미 '아폴론' 장에서 파악된 바 있다. 이 점에 대해서는 더 이상 다루지 않으려 한다. 한 가지만 더 언급한다면 다음과 같다. 즉 플라톤이 『심포시온』에서 아름다움의 이데아로의 상승을 소크라테스에게 자신의 고유한 이론으로 말하게 하지 않고 예언녀인 디오티마의 말을 전하는 것일 뿐이라고 설정한 것은 우리에게 플라톤 철학이 아폴론 종교와 얼마나 밀접하게 연관되어 있는지를 상기시켜준다.

그렇지만 우리는 플라톤의 아나바시스(ἀνάβασις)에서 다른 어떤 모습이 중요하다는 사실을 분명히 해야 한다. 이 모습이 의미하는 것은 무엇인가? '상승'이란 정말이지 공간적인 아래로부터 공간적인 위로 올라가는 것이 아니다. 『파이드로스』의 한 대목이 암시해준다. 그 대목에 따르면 철학자는 "기억을 통해"(μνήμη) 참된 존재자 곁에 머문

28) W. Burkert, *Weisheit und Wissenschaft*, 263쪽.

다. 다시 말해서 철학자는 자기 자신에게로, 자기의 의식을 향하고, 이 의식에서 잊었던 것을 끄집어낸다. 『국가』에서는 철학적 인식으로의 결정적인 발걸음을 '전환'(περιαγωγή, Umwendung)이라고 부른다. 핑크는 동굴의 비유를 해석하면서 이 전환 혹은 전회(Umkehrung)를 두고 중요한 것을 언급했다. "우리는 감각적인 것을 떠나서 정신적인 것을 향해 가는 것이 아니다. 다시 말해서 우리가 철학에서 놀라운 여행을 하는 것이 아니다. 우리는 우리가 거기에 이미 항상 있는 것에 도달할 따름이다. 그런데 우리는 대개 이것을 알지 못한다. 동굴의 비유는 묶여 있는 죄수의 자리로부터 동굴 바깥의 낮에 이르기까지 펼쳐져 있는 길을 이야기한다. 그러나 이 길의 본래적인 성질은 바로 비유의 서두에서 이미 분명하게 말해졌다. 즉 이 죄수가 속박에서 풀리자마자 고개를 돌린다(sich umdrehen)는 것이다. 이 길은 전체적으로 하나의 '전회'(Umkehrung)이다. 이 사람이 자기 자리를 떠나서 다른 곳에 도달하는 것이 아니라 전체 과정은 바로 이 사람 안에서 일어난다. 곧 자기의 지금까지의 본성을 완전히 뒤집는 일이 그것이다."[29]

가장 깊은 인식은 내적인 전환을 통해서 생겨난다는 생각은 아주 오래된 생각이다. 이런 생각이 델피의 아폴론 신전에 새겨져 있다는 자기 인식을 나타내는 말을 모든 시대의 사상가들에게 그토록 강한 영향을 끼치게 했다. 이 점은 우선 "나는 나 자신을 물었다"(토막글 B 101)고 말한 헤라클레이토스에게서 뚜렷이 볼 수 있다. 기독교 철학의 영역에서 보자면 아우구스티누스의 저 유명한 "밖으로 나가지 마라, 네 안으로 들어가라, 진리는 네 안에 있다"(Noli foras ire, in te ipsum redi, in interiore homine habitat veritas)는 말 이외에 유명한 오스티아(Ostia, 로마의 외항:

---

29) E. Fink, *Metaphysik der Erziehung im Weltverständnis von Platon und Aristoteles*, Frankfurt 1970, 61쪽 이하.

옮긴이) 체험이 있다. 오스티아 체험은 인식 과정을 기도 형식으로 기술하는데, 이 인식 과정은 '단계적으로'(gradatim) 나아가 최종적이고 궁극적인 통찰로 상승한다. 이 상승은 우선 사상적으로 물질세계를 지양하는 일로 일어난다. 그 다음으로 안으로의 전회가 등장한다. "우리는 당신의 성업을 속으로 생각하고 말하고 찬탄하면서 솟구쳐 올라(ascendebamus) 우리 정신에 이르고 또 이를 넘어서서는(transcendimus) 당신께서 진리를 양식으로 삼아 영원히 이스라엘을 먹이시는 저 다함없이 충만한 곳으로 이르렀습니다"(『고백록』 IX 10, 24). 플라톤에서와 마찬가지로 여기에서도 최고의 인식은 양식(糧食, Nahrung)으로 표현된다. 이 양식을 아우구스티누스는 '베리타스'(veritas)라고 부른다. 우리는 이 말을 흔히 그러하듯 '진리'라고 번역한다. 그렇지만 이렇게 번역하면 의미 내용의 한 계기만 표현될 뿐이다. 플라톤에게 '알레테이아'(ἀλήθεια)가 그렇듯이 이 경우에도 항상 실재성(Wirklichkeit) 개념을 함께 생각해야 한다(그래서 우리는 앞에 소개된 대목들에서 '알레테스'(ἀληθής)를 간혹 '실제로'[wirklich]라고도 옮겼다). 그러나 실재성(Wirklichkeit)이라는 단어도 오해의 여지가 많다. 왜냐하면 여기에서 문제가 되고 있는 것이 우리가 일반적으로 말하는 구체적 실재가 아니기 때문이다. 지금 문제가 되는 것은 존재한다고 하는 것(Seiendheit), 존재이다. 따라서 아우구스티누스에서도 최고의 인식을 통해서 동시에 존재이자 진리인 것을 양식으로 삼는 일이 발생한다. 그런데 양식이 된다는 것은 존재 보존(Seinserhaltung)을 뜻한다. 아우구스티누스는 인식의 상승과 인식의 목표를 플라톤과 다르게 생각하지 않았다.

에로스 5

파우사니아스(Pausanias)는 아카데미아의 입구 앞에 에로스 신의 제
단이 서 있다고 보고한다(I, 31, 9). 아테네에는 에로스 신을 위한 축제
도 있었다. 그렇지만 일반적으로 사랑의 신은 그리스의 몇몇 곳에서
만 제의적으로 숭상된 신들에 속한다. 플라톤의 『심포시온』 서두에
사랑의 신을 찬미하는 연설을 하자는 제안이 다음과 같은 이유로 제
기된다. "다른 신들에 대해서는 시인들이 찬가도 짓고 사은가도 지으
면서 저토록 위대하고 대단한 신 에로스에 대해서는 그 많은 시인들
가운데 한 사람도 찬가를 짓지 않았다"(177a–b). 플라톤의 『심포시온』
에 재현된 연설들은 바로 이런 정황을 바로잡으려는 것이고, 첫 번째
연설자는 헤시오도스, 아쿠실라오스(Akousilaos) 그리고 파르메니데스
에게 에로스가 가장 오래된 신들 가운데 하나로, 혹은 가장 오래된 신
으로 묘사되었음을 상기시킨다(178b). 그러므로 철학자들은 시인들에
비해 에로스 신에게 훨씬 호의적으로 보인다. 그런데 이 같은 사실은
특히 플라톤에게 해당된다. 왜냐하면 그는 에로스 신을 철학의 화신
(化身, Verkörperung)으로 이해하고, 거꾸로 그의 철학은 『심포시온』에

서 정신적인 에로스 숭배로 파악될 수 있기 때문이다. 플라톤 철학은 다름 아닌 철학적 종교의 모습으로 나타난다.

이런 점은 크뤼거(G. Krüger)의 『심포시온』 해석에서도 주목되었다. "플라톤은 낡고 퇴락한 종교의 형태로 새로운 종교의 세계 인식 및 자기 인식을 천명한다."[1] 여기에 대해 셰플러(R. Schaeffler)는 다음과 같이 언급한다. "이렇게 이해했을 때 에로스에 대해 플라톤이 말하는 것의 의미는 '퇴락한 낡은 종교' 대신에 '새로운 종교'를 세우는 일이다. 이러한 종교 창설은 플라톤적인 철학 이해의 맥락에 잘 맞아 들어간다."[2] 그렇다면 에로스에 대한 플라톤의 이해는 그의 철학 개념을 우리가 더 잘 이해할 수 있게 해줄 것이다.

형용사 필로소포스(φιλόσοφος)는 헤라클레이토스에서 처음으로 등장하는 것 같다. 알렉산드리아의 클레멘스(Clemens)에게서 전승된 토막글 35는 다음과 같이 말한다. "헤라클레이토스에 따르면 철학하는 사람들은 많은 것을 잘 알고 있어야 한다"(χρὴ εὖ μάλα γὰρ πολλῶν ἵστορας φιλοσόφους ἄνδρας εἶναι). 그러나 이 토막글이 실제로 헤라클레이토스에게 귀착되는지는 매우 의심스럽다. 그것은 헤라클레이토스의 다른 토막글에서 많이 안다고 하는 것이 분명하게 거부되고 있기 때문이다(B 40). 이 두 텍스트 사이의 모순을 제거하기 위해 많은 학자들은 헤라클레이토스가 필로소포스(φιλόσοφος)라는 단어를 반어적으로 사용하고 있다고 가정해왔다. 어쨌든 간에 헤라클레이토스가 이 단어를 최초로 사용했다는 사실만큼은 부인할 수 없다. 어쩌면 이 단어가 일반적인 어법에서의 의미로 사용되었을지도 모른다.

---

1) G. Krüger, *Einsicht und Leidenschaft, Das Wesen des platonischen Denkens*, Frankfurt 1939, 60쪽.
2) 크뤼거의 책 *Eros und Mythos bei Plato*, Frankfurt 1978에 대한 셰플러의 후기, 95쪽.

이 점은 헤로도토스에서 아주 명백하다. 『역사』의 첫째 권에서 보고되기를 리디아의 왕 크로이소스(Kroisos)가 자기에게 온 솔론(Solon)을 지칭하면서 그가 지혜(σοφίη)와 광범위한 여행으로 유명한 사람이라고 한다. 즉 솔론은 단순히 보기 위해(θεωρίης εἴνηκεν) 철학하면서(φιλοσοφέων) 여러 나라를 두루 여행했다는 것이다(I, 30). 아마도 소피에(σοφίη)를 지혜(Weisheit)로 옮긴다는 것이 이미 너무 강하다고 할 것이다. 어쩌면 앎(Wissen)이라거나 정통하다는 것(Sachkundigkeit) 정도를 뜻할 것이다. 형용사 소포스(σοφός)는 모든 종류의 정통함을 가리키는 말이다. 구두 수선공도 자기의 영역에서 소포스(σοφός)할 수 있다. 여기에서는 테오리에(θεωρίη)라는 단어의 문제에 대해서는 거론하지 않으려고 한다. 지금은 다른 것을 문제 삼고 있으니 말이다.[3] 그런데 위에 인용된 헤로도토스 구절과 관련해서 솔론이 여행하는 동안 오늘날의 의미로 철학했다고 말할 수는 없을 것이다. 즉 인용된 구절에서 필로소페온(φιλοσοφέων)은 '알고싶어 한다'거나 '보고싶어 한다'는 것 이상을 뜻하는 것 같지 않다. 또한 훗날 어휘 해설을 지배하는 소피아(σοφία)와 필로소피아(φιλοσοφία) 사이의 대립도 여기에서는 찾아볼 수 없다. 솔론에게 부여된 소피에(σοφίη)라는 단어는 필로소페온(φιλοσοφέων)과 아주 잘 맞아떨어진다. 이 두 단어는 서로 대립 관계에 있지 않다.

그런데 필로소피아(φιλοσοφία)의 전문적인 용법에 대한 여러 설명들에서는 이 대립이 강조된다. 이렇게 하는 데에는 통상 피타고라스가 원조로 지목된다. 키케로의 보고에 따르면 플라톤의 직접적인 제자인 폰토스의 헤라클레이데스(Herakleides)는 다음과 같은 이야기

---

3) 그렇기는 해도 다음을 참조하라. H. Koller, "Theoros und Theoria", in: Glotta 36 (1958), 273-286쪽.

를 전한다. 즉 피타고라스가 플레이우스(Phleius)의 참주인 레온(Leon)과 나눈 대화에서 자신을 처음으로 철학자라고 칭하고 필로소피아(φιλοσοφία)를 소피아(σοφία)에 대립시켰다는 것이다. 키케로는 자기가 갖고 있는 헤라클레이데스의 텍스트를 번역해서 보여준다. 키케로는 레온이 피타고라스에게 어떤 기술을 가장 신뢰하는지 묻게 한다. 그 다음에 이어지는 키케로의 보고는 다음과 같다. "피타고라스가 대답하기를 자기는 어떤 특별한 기술도 알지 못하며 철학자라는 것이다. 이 새로운 명칭에 놀란 레온이 계속해서 도대체 철학자가 무엇이며 철학자와 그렇지 않은 사람들은 어떤 차이가 있느냐고 묻는다. 그러자 피타고라스는 자신이 보기에 사람들의 삶은 시합들이 화려하게 펼쳐지고 그리스 전역에서 참가하는 축제 마당과 비슷하다고 대답했다. 즉 어떤 이들은 단련된 육체로 승리의 월계관이 가져다주는 명성과 영예를 얻고자 하며, 어떤 이들은 장사를 해서 이득을 볼 요량으로 모여든다. 여기에다 또 특별한 한 부류가 있는데, 이들은 가장 빼어난 자들로서 박수를 받거나 이득을 얻기 위해서가 아니라 구경하기(Zuschauen) 위해 온 것으로 '무엇이 어떻게' 일어나는지 바라보는 일에 몰두한다. 우리의 삶도 많은 사람이 붐비는 이런 식의 축제와 비슷해서 어떤 이들은 명예를 얻고자 하고 또 어떤 이들은 돈을 얻고자 한다. 그런데 여기에서도 다른 모든 것에는 관심이 없고 사물의 본질을 바라보는 데에 몰두하는(qui … rerum naturam studiose intuerentur) 소수의 사람들이 있다. 이 사람들이 진리를 사랑하는 자(sapientiae studiosos), 곧 철학자라고 불린다. 무엇인가를 얻고자 하지 않고 바라보는 것이 가장 자유스러운 것처럼 삶에서도 사물들을 바라보고 인식하는 일이 다른 어떤 일보다 우월하다"(*Tusc.* V 8).

이상이 키케로의 보고이다. 우리의 물음에 비추어 볼 때 이 보고는 물론 불만족스럽다. '철학자'라는 새로운 명칭이 정말로 어떻게 생겨

130

났으며 왜 필로소포스(φιλόσοφος)와 소포스(σοφός)가 구별되는지는 전혀 설명하고 있지 않다.[4] 어쨌든 확실한 것은 고대의 다른 사상가들이 지녔던 결정적인 생각, 곧 완전한 인식은 오로지 신들에서만 가능하며 인간에게는 이 완전한 인식에 대한 사랑, 완전한 인식의 추구만 가능할 뿐이라는 생각이 여기에서는 빠져 있다는 점이다. 그런데 방금 이야기한 생각은 플라톤에게서 가장 처음 발견할 수 있다. 부르크트는 플라톤 이전의 그리스어 어법에서는 '필로'(φιλο)가 앞에 붙어서 된 단어들이 전혀 다른 의미라는 것을 인상 깊게 입증해 보였다. 그는 이런 식으로 만들어진 일련의 합성어들을 열거하고 다음과 같이 설명한다. "만일 우리가 이 합성어들을 필로소피아(φιλοσοφία) 식으로 이해하려 한다면 이런저런 모순에 빠진다. 이를테면 전사들은 전투가 벌어지지 않는데 전투가 벌어지기를 바라는 이들이 된다. 지금 분노하는 아킬레우스는 필로프톨레모스(φιλοπτόλεμος, 전쟁을 추구하는: 옮긴이)가 아니다. 파이아케스(Phaiakes, 신화상의 해양 민족: 옮긴이)는 노를 잡자마자 '노에 대한 사랑'을 그만두는 셈이 된다. … 필로크세니아(φιλοξενία, 손님에게 친절한 것: 옮긴이)는 자리를 함께한 손님이 있으면 부정되고, 필립포스(φίλιππος)(말[馬]을 사랑하는: 옮긴이)한 자는 전적으로 말을 소유하기를 바라는 자이다."[5] 부르크트는 이밖에도 다른 예들을 얼마든지 더 제시할 수 있다고 하면서 그 가운데 특히 두 가지를 강조한다. "필로프시케인(φιλοψυχεῖν)은 … 사람이 잃지 않으려 하는 저 생명을 사랑하는 일이고, 필로코레인(φιλοχωρεῖν)은 어떤 먼 곳에 대한 그리움이 아니라 결코 떠나고 싶지 않은 지금의 거주지에

---

4) W. Burkert, "Platon oder Pythagoras? Zum Ursprung des Wortes 'Philosophie'", in: Hermes 88(1969), 159~177쪽, 지금 논의와 관련해서는 161쪽.
5) 같은 책, 172쪽.

대한 사랑을 의미한다."[6] 또 다른 증거들을 제시하고 나서 부르커트는 결국 다음과 같은 결론에 도달한다. 즉 "필레인(φιλεῖν)은 '없는 어떤 것에 대한 동경'이나 '도달되지 않은 것에 대한 추구'가 아니라 '현재의 것과의 친숙함', '사람들이 긍정하는 일상적인 교섭'을 의미한다. 이런 점에서 필레인(φιλεῖν)은 습관적인 행위를 가리킨다."[7] 그렇다면 필로소포스(φιλόσοφος)는 앎을 갖고 있다는 것, 앎을 획득하는 것, 앎과 관계를 맺는 것을 기뻐하는 사람일 것이다. "필로소포스(φιλόσοφος)라는 단어를 만들어낸 사람이 소포스(σοφός)와의 대립을, 소포스의 포기를 뜻했던 것은 아닐 것이다. 우리는 상응하는 합성어들, 다시금 계속해서 새로 생겨나는 합성어들의 범위에서 이 단어를 다름 아닌 '좋은 관계', '친숙한 교섭', '소피아(σοφία)라 불리는 것에 습관적으로 종사하는 것'으로 이해할 수 있었다. 가장 오래되고 확실한 증거들이 바로 이런 방향을 보이고 있고 플라톤 이외의 모든 경우에 이 단어를 이런 점에서 파악할 수 있는 것이라면 이 테제는 확실하다고 할 것이다."[8]

부르커트는 플라톤에서 등장하는 '철학' 개념을 이미 피타고라스에서 찾을 수 있다는 주장은 그 개연성이 아주 희박하다고 본다. "헤라클레이데스가 피타고라스가 말했다고 전하는 내용은 실제로는 창작에 가까운 재해석이고, 이런 해석은 플라톤 철학 전체에서 생겨난 것이다."[9] 다른 방향의 여러 시도들이 있기는 하지만 우리에게는 부르커트가 『지혜와 학문』(*Weisheit und Wissenschaft*)에서 피타고라스를 두고 여기저기를 돌아다니는 설교사이자 제사장으로서 그에게는

---

6) 같은 책, 172쪽 이하.
7) 같은 책, 같은 곳.
8) 같은 책, 173쪽.
9) 같은 책, 176쪽.

좁은 의미의 '철학적 관심'이란 전혀 없었다고 기술한 것이 설득력 있게 다가온다.[10] 또 주목해야 하는 점은 피타고라스학파 사람들의 철학적 문헌들을 기원전 5세기 말경에야 비로소 찾게 된다는 것이다.[11]

그렇다면 우리는 더 이상 철학을 앎과의 친숙한 관계, 전문 지식과의 좋은 관계라는 그때까지의 통상적이고 일반적인 의미로 말하지 않고 앎에 대한 추구로서의 필로소피아(φιλοσοφία)가 앎의 소유로서의 소피아(σοφία)에 대립된다는 말을 플라톤에게서 처음으로 발견하는 셈이다. 이런 점에서 특징적인 대목을 『파이드로스』에서 찾아볼 수 있다. 이 대화편에서 그 당시에는 전적으로 어법에 맞는 지칭인 소포스(σοφός)를 어떤 한 사람에게 적용해서는 안 된다는 것이 명백하게 주장된다. 방금 말한 대화편에서 소크라테스와 파이드로스는 호메로스, 솔론, 리시아스와 같은 사람들에게 어떤 명칭을 부여해야 하는지를 놓고 대화를 벌인다. 소크라테스는 이에 대해 다음과 같이 말한다. "어떤 사람을 '지혜롭다'(σοφός)고 부르는 것은 … 내가 보기에는 엄청난 일이고 오로지 신에게만 그렇게 할 수 있을 것 같다. '지혜를 사랑한다'(φιλόσοφος) 혹은 이와 비슷하게 부르는 것이 이 사람에게 더 잘 맞고 더 적절할 것이다"(『파이드로스』 278d). 『심포시온』에도 이와 비슷한 구절이 있다. "어떤 신도 지혜를 사랑하거나 지혜롭게 되려고 애쓰지 않는다. 신들은 이미 지혜로우니까. 누구라도 자신이 지혜로우면 지혜를 추구하지 않는다. 또 무지한 사람은 지혜를 추구하지도 않고 지혜롭게 되려고 하지도 않는다"(『심포시온』 204a). 지혜를 사랑

---

10) W. Burkert, *Weisheit und Wissenschaft, Studien zu Pythagoras, Philolaos und Platon*, Nürnberg 1962, 86-202쪽.

11) 같은 책, 256쪽 이하.

하는 자는 어떤 사람이냐는 물음에 대해 다음과 같은 대답이 주어진다. "그건 어린이에게도 분명한 일인데 지혜를 사랑하는 사람들은 지혜로운 자들과 무지한 자들의 중간에 있는 사람들이고, 에로스도 그들 가운데 하나이다"(『심포시온』 204b). 이어지는 문장에서 에로스는 지혜를 사랑하는 자로 규정된다. 그런데 에로스처럼 이미 알고 있는 자도 아니고 신들처럼 스스로 만족해서 알고자 하지 않는 자도 아닌 사람들 역시 지혜를 사랑하는 사람으로 간주되어야 한다고 한다. 이런 견해를 확인시켜주는 구절이 『리시스』에서도 발견된다(『리시스』 218a).

그러나 이러한 플라톤의 '철학' 개념은 일견 그렇게 보이는 대로 이해해서는 안 된다. 이 개념에 대한 해석들은 대부분 이 단어 구성의 첫째 부분에만 주목한다. 이런 식의 해석들에서는 항상 철학에서 무엇인가를 추구한다는 성격이 지나치게 강조되는데, 이는 플라톤 사상과 맞지 않다. 예컨대 로츠(J. B. Lotz)는 브루거(W. Brugger)가 편집한 철학 사전에서 다음과 같이 쓰고 있다. "철학이란 … 단어적인 의미로 지혜에 대한 사랑을 뜻한다. 이것이 암시하는 것은 인간은 지혜라고 생각되는 모든 것에 대한 궁극적 이해를 결코 완벽하게 지닐 수 없고 항상 동경하는 마음으로 가득 차서 이런 것들과 씨름한다는 것이다."[12] 피퍼(J. Pieper)는 이 점을 훨씬 더 광범위하게 전개시킨다. "철학은 그 근원에서 볼 때 결코 특별히 우월한 앎의 형태로 이해되는 것이 아니라 분명히 지적인 자기 만족의 한 형태로 이해된다. '철학'과 '철학자'라는 단어는 전해지는 바에 따르면 피타고라스가 만들어낸 것으로서 소피아(sophia)와 소포스(sophos)에 날카롭게 대립된다. 즉 어떤 인간도 지혜롭지 못하고 지자(智者)가 아니며 신만이 지혜롭고 지자이

---

12) W. Brugger(Hrsg.), *Philosophisches Wörterbuch*, 13. Aufl., Freiburg 1967, 279쪽.

다. 그래서 인간은 기껏해야 지혜를 사랑하면서 추구하는 자, 필로소포스(philosophos)로 불릴 수 있을 뿐이다. … 이런 이야기들은 잘 알려져 있다. 그런데 우리는 이 이야기들을 그저 일화나 상투적으로 해 보는 소리 정도로 간주하려는 경향이 농후하다. 그렇지만 내 생각에는 이 이야기를 아주 정확하게 보고 '철학'과 '철학자'라는 말의 유래를 그 표현하고자 하는 의미에 입각해서 진지하고 엄밀하게 받아들일 충분한 이유가 있는 것 같다."[13] 그런데 피퍼는 이 표현하고자 하는 의미를 일차적으로 다음과 같은 점에서 찾는다. 즉 "우리는 철학적 물음이 목표로 하는 앎, 지혜를 '갖고 있는'(haben) 것은 아니고, 그것도 이 지혜를 지금 당장은 갖고 있지 않다거나 우연히 갖고 있지 않다는 것이 아니라 원칙적으로 '가질 수'(können haben) 없다. 여기에서 문제가 되고 있는 것은 영원한 '불가능성, 아직 아니다'(Noch-nicht)이다."[14] 또한 가톨릭 철학자들만 이렇게 생각하는 것이 아니다. 예를 하나만 더 든다면 프로테스탄트 실존철학자 야스퍼스(K. Jaspers)도 철학을 비슷한 의미로 파악한다. "철학자라는 그리스 단어 필로소포스(philosophos)는 소포스(sophos)와 대립 쌍을 이루는 것으로 생겨났다. 철학자는 인식(앎)을 사랑하는 자를 뜻하는 것으로서 인식을 갖고 있어서 지혜로운 자라 불리는 사람과 대조된다. 철학자란 단어의 이런 의미는 오늘날까지 유지된다. 즉 철학의 본질은 진리의 탐구이지 진리의 소유가 아니다. … 철학이란 무엇인가를 향해 가는 도상에 있는 것(auf dem Weg sein)이다. 철학의 물음들은 그 대답들보다 한결 본질적이고 모든 대답은 새로운 물음이 된다."[15]

---

13) J. Pieper, *Was heißt Philosophieren?*, München 1948, 78쪽 이하.
14) 같은 책, 80쪽.
15) K. Jaspers, *Einführung in die Philosophie*, München 1953, 14쪽.

우리는 플라톤도 이렇게 생각했다고는 믿지 않는다. 우리가 보기에 지금 소개된 해석들은 근대에 들어와 점점 더 확산되는 사유 방식의 강한 영향을 받은 것 같다. 이런 사유 방식은 레싱(Lessing)에게서 특히 강력하게 등장한다. 레싱은 1778년 『항변』(*Duplik*)에서 자신의 신학적 반대자인 레쓰(Reß)에 대항해서 다음과 같이 쓴다. "인간을 가치 있게 만드는 것은 그것을 소유함으로써 어떤 인간이 되거나 혹은 어떤 인간이 된다고 생각하는 그런 진리가 아니라 진리의 뒷면에 도달하기 위해 쏟는 정직한 노력이다. 왜냐하면 진리를 소유함으로써가 아니라 진리를 추적함으로써 한 인간의 역량이 확장되고 이 진리를 추적하는 데에서만 점점 커지는 완전성이 있기 때문이다. 소유는 인간을 냉정하고, 활기 없고, 의기양양하게 만든다. 만일 신이 오른손에는 모든 진리를, 왼손에는 나를 영원히 헷갈리게 할지도 모를, 진리를 향해 항상 출렁이는 충동을 들고 나에게 선택하라고 말한다면, 나는 겸허하게 왼손을 택하고는 말할 것이다. '아버지 왼손의 것을 주세요! 순수 진리는 당신에게만 어울립니다!'"[16] 그저 어딘가로 가는 도상에 있다는 데에서 느끼는 즐거움(Lust am bloßen Unterwegssein), 가 없음에서 느끼는 즐거움(Lust am Uferlosen)은 근대 특유의 것이다. 이런 것이 플라톤에게 벌써 있었다고 보아도 좋을 것인가?

이제 플라톤의 '철학' 개념에 대한 통상적인 해석들에서 결별해야 하는 지점에 이르렀다. 우리는 플라톤이 철학을 달리 이해했다는 것을 보여줄 수 있다고 믿는다. 앞에서 짤막하게 언급한 『심포시온』의 구절에서 플라톤은 에로스를 통해 우리에게 중요한 암시를 하고 있다. 거기에서 에로스는 중간자, 토 메탁시(τὸ μεταξύ)의 존재이다. 에로스에 대한 플라톤의 설명은 우리에게 에로스의 중간자적 존재를 어

---

16) *Lessings Werke*, hrsg. von E. Witkowski, Bd. VII, 102쪽.

떤 정지된 것, 앎과 무지라는 두 영역 가운데 영원히 고정된 것으로 생각해서는 안 된다는 것을 알게 한다. 에로스의 혈통에 대한 신화로 플라톤은 이 점을 구체적으로 보여주고자 한다. 여기에 해당하는 『심포시온』의 대목을 다른 기회에 상세하게 다루고 여기에서는 짧게 요약하는 데에 그치려고 한다.[17)]

플라톤이 만들어낸 신화에 따르면 에로스의 부모는 포로스(Poros)와 페니아(Penia)이다. 이 두 이름은 그야말로 적절한 이름이다. 그러나 유감스럽게도 이 두 이름은 항상 올바르게 이해되지는 못했다. 이 둘은 자주 '풍요'와 '가난'으로 번역되고 그에 상응해서 해석되었다. 그러나 이러한 번역과 해석은 플라톤 사상을 적잖이 훼손한다. 이 두 이름이 무엇을 의미하느냐 하는 것은 우리가 텍스트를 편견 없이 읽을 준비만 되어 있다면 분명히 드러난다. "포로스와 페니아의 아들로서 에로스는 다음과 같은 것을 타고났다. 우선 에로스는 항상 힘겨운 처지(πένης)에 있다. 많은 사람들이 생각하듯 부드럽고 아름답기는커녕 도리어 딱딱하고 거칠며 신발도 없고 집도 없이 늘 문간이나 길가에서 흙먼지 속에 이불도 없이 누워 자는데 이건 어머니의 본성을 닮아 항상 궁핍하기 때문이다. 그렇지만 아버지를 닮아서 아름다운 것과 좋은 것을 좇으며 대담하고 저돌적이며 역동적이고 힘센 사냥꾼이며 늘 꾀를 내고, 통찰력을 갈망하며 또 성취하기도(πόριμος) 하면서, 온 생애를 통해 지혜를 사랑한 놀라운 마술사이고 의사이며 지혜로운 자이다"(203c–d).

플라톤은 『심포시온』에서 철학이 다수 사람들의 무지와 신들의 완전한 앎 사이의 중간 위치를 차지한다는 것을 강조한다. 철학의 본질을 상징하는 에로스는 우선 어머니 페니아와 연관해서 무지하다는 성

17) K. Albert, *Die ontologische Erfahrung*, Ratingen 1974, 46쪽 이하.

격으로 특징지어진다. 에로스는 페니아의 아들로서 끊임없이 궁핍한 상태에 있다. 이것은 야스퍼스의 필로소포스(φιλόσοφος)란 단어에 대한 설명과 전적으로 일치한다. "철학자란 인식(앎)을 사랑하는 자를 뜻하는 것으로서 인식을 갖고 있어서 지혜로운 자라 불리는 사람과 대조된다." 페니아의 아들로서 에로스는 신들이 갖고 있는 앎을 지니고 있지 못한다. 그런데 아버지에게는 무엇을 물려받았는가? 에로스의 아버지를 두고는 불만족스러운 번역들이 그렇게 하듯 '부유하다'고도 하지 않고 모든 것을 '충분히' 갖고 있다고도 말하지 않는다. 오히려 위대한 사냥꾼을 나타내는 온갖 성질을 지닌 '힘센 사냥꾼'이라고 말한다. 그런데 한 가지 성질만큼은 거론되지 않았는데, 그것은 이 성질이 '힘센 사냥꾼'이라는 명칭에서 본래적으로 도출되기 때문이다. 즉 사냥꾼, 최소한 훌륭한 사냥꾼이라고 불리려면 짐승을 뒤쫓을 뿐만 아니라 노획물이 있어야 하며, 자기가 추적하는 짐승을 실제로 잡아야 한다. 그렇다면 철학자로서의 에로스가 앎의 성취에서 궁극적으로 배제되는 것은 아니며 앎에 한 번도 도달하는 적이 없이 그저 뒤쫓기만 하는 것은 아닐 것이다. 이런 의미에서 우리의 텍스트에서 그리고 포로스에 대한 비유에서 에로스가 '포리모스(πόριμος)하다', 그러니까 '난관을 뚫고 나와 성공한다'(durchkommend)고도 일컬어지는 것이다. 또한 이것이 포로스라는 이름의 원래 의미이다. 왜냐하면 포로스(πόρος)는 '통과하다'라는 뜻의 페란(περᾶν)과 연관되고, '통로' 및 '강을 걸어서 건널 수 있는 얕은 곳'(Furt, 이 독일어 단어는 'poros'라는 그리스어와 'per'라는 라틴어와 연관되어 있다)을 의미하기 때문이다. 그러므로 포로스의 아들 에로스는 목표에 도달하기까지의 길, 통로를 찾는다. 그래서 철학이 에로스로 비유될 때 철학은 끝이 없고 무한한 추구가 아니라 목표에 도달함으로써 충족되는 추구인 것이다. 플라톤도 포로스에 대하여 "성취한 것(τὸ ποριζόμενον)은 늘 다시금 사라져버린다"(203e)고 말한다. 따라서 철학하는 이는 앎과 무지 사이의 중간 영역에 고정되어 있으며 떠날 수 없는 자리를 차지하고 있는 것이 아니라 무지로부터 앎에 이르는 길을 끝까지 달려 이 앎을 성취하고는 다시 버린다. 왜냐하면 철학자는 이 앎을 영원히 꼭 쥐고 있을 수 없고 다시금 임시적으로 무지의 상태로 돌아가기 때문이다. 이것은 마치 사랑에도 매번 목표를 성취하고, 이 사랑의 성취가 퇴색하고, 다시 사랑을 성취하기 위해 애쓰는 것과 같다. 철학자의 궁극적인 앎의 상태는 철학자에 의해 고착될 수 없기 때문에 플라톤은 이 철학자의 앎의 상태를 궁극적으로 아는 신들과 무지한 인간들 사이에 자리하게 하는 것이다. 만일 철학이 사랑과 실제로는 아무런 공통점도 갖지 못하는 것이라면, 또 만일 철학을 추구하는 일이 그저 본성상 결코 채워지지 않는 추구에 지나지 않는 것이라면 플라톤의 신화적 설명이 얼마나 고약하게 해석된 것이겠는가.

『심포시온』에는 비슷한 비유를 하고 있는 또 다른 구절도 있다. 에로스가 '위대한 다이몬'으로 등장하는 대목과 관련해서 다이몬적인 것의 과제를 다음과 같이 설명한다. "(다이몬이 하는 일이란: 옮긴이 보충) 인간들이 하는 말을 신들에게, 신들이 하는 말을 인간들에게 통역하고 전달하는 일이다. 즉 인간들로부터는 기도와 희생 제물을, 신들로부터는 명령과 보답을 전달하는 일이다"(202e). 그러므로 에로스는 신들과 인간들 사이의 간극을 채워주는데, 그것도 가운데에 붙박이로 서서 하는 것이 아니라 인간과 신의 영역을 이리저리 움직이며 그렇게 한다. 어떤 때에는 인간들 곁에 있고 또 어떤 때에는 신들 곁에 있다. 철학도 마찬가지이다. 철학적 사유는 인간의 사유와 신의 사유 사이에 있는 중간의 것이 아니라 이 두 영역 사이를 왔다갔다 한다. 만일 에로스가 결코 신들에게 다가설 수 없다면 신통치 않은 중개자일 것이다. 다시 말해서 에로스는 자기의 중개 기능을 전혀 발휘할 수 없

을 것이다. 그렇기 때문에 우리는 철학에 대해서도 에로스의 운동이
보여주는 상징대로 어떤 때에는 인간적인 출발점에 머무르는가 하면
또 어떤 때에는 인간을 넘어서는 목표에 머무른다고 생각해야 한다.

에로스를 통해서 신들과 인간들 사이의 간극이 메워져서 "만물이 그
자신과 하나로 묶여진다"(202e: ὥστε τὸ πᾶν αὐτὸ αὑτῷ συνδεδέσθαι).
이 결속을 통해 "이제 에로스는 우리의 '종교' 개념에 근접한다. 이것
은 ─ 기본적으로 자신의 근원으로부터 내적으로 소외된 유한자의 저
흐려진 의식에서만 그렇게 보일 뿐인 ─ 분열된 유대(紐帶, Band)의
'재결합'을 의미한다."[18] 에로스가 종교적 성격을 갖는다면, 이 점에
대해서 우리는 나토르프의 견해에 전적으로 동의하는데, 철학 역시
플라톤의 의미에서 본다면 종교적 성격, 보다 정확하게 말해서 제의
적 성격을 갖는다.

우리는 지금까지 거의 합성어 필로소피아(φιλοσοφία)의 첫째 구성
요소에 대해서만 말해왔다. 그런데 플라톤은 이 첫째 구성 요소에 대
해서만이 아니라 둘째 구성 요소에 대해서도 특별하고도 자신의 사유
에 있어 특징적인 의미로 이해했다. 그는 소피아(σοφία)라는 말을 그
리스 사람들의 일상적인 어법에서처럼 모든 앎이나 모든 전문 지식으
로 이해하지 않고 신들의 지혜, 다시 말해서 오로지 궁극적이고 완전
한 앎만을 가리키는 것으로 본다. 피퍼가 플라톤의 견해를 다음과 같
은 의미로 본 것은 올바른 해석이다. "철학은 인간이 어떤 특정한 앎
을 사랑하면서 추구하는 것이 아니라 신이 갖고 있는 것과 같은 진리
와 관계한다."[19] 이러한 점을 피퍼는 세 가지 방향으로 전개시킨다.
"우선 (철학은 그 대상을 궁극적으로 포괄할 수 없다는) 첫 번째 명제가 보

18) P. Natorp, *Platos Ideenlehre*, 2.Aufl., Leipzig 1922, 508쪽.
19) J. Pieper, *Was heißt Philosophieren?*, 83쪽.

다 강화된다. 다시 말해서 여기에서 주어진 경계는 인간과 신 사이의 경계로 더 자세히 규정된다. 즉 인간은 인간이기를 그칠 수 없는 것과 마찬가지로 저 본래적인 지혜를 소유하기는 불가능할 것이다."[20] 우리는 피퍼의 이런 견해를 이미 알고 있다. 그러나 우리는 이런 견해에 동의할 수 없다. 우리가 보기에는 철학적 인식 방식과 신의 인식 방식 사이의 경계는 적어도 일시적으로는 없앨 수 있다는 것이 바로 플라톤 철학의 특성 가운데 하나인 것 같다. 물론 인간의 하루하루의 인식과 신적인 인식 사이의 대립은 크다. 그러나 철학 안에서 인간은 인간적인 너무나 인간적인 인식 방식을 넘어선다. 그래서 『파이드로스』에서는 철학자의 혼을 두고 다음과 같이 말한다. "철학자는 그 능력에 따라 언제나 신적인 사물을 기억하여 이를 신뢰한다. 그리하여 이 상기를 올바로 하는 사람은 언제나 완전한 비의(秘儀)를 받아서 완전한 인간이 된다. 그러나 인간적인 것을 추구하는 일을 멀리하고 신적인 일에 종사하기 때문에 많은 사람들로부터 미치광이라는 핀잔을 받게 마련이다. 그래서 그는 신이 들렸지만 많은 사람들은 그런 줄을 모른다"(249c-d). 그런데 신에게 신성을 부여하고 철학자의 혼이 거기로 육박해 들어가는 바의 것이란 무엇인가? 플라톤은 이것을 '색깔도 없고 형태도 없으며 만져지지 않지만(곧 비물질적이지만) 참으로 존재하는 실재', '우시아 온토스 우사'(οὐσία ὄντως οὖσα)라고 부른다(247c). 이것이 의미하는 것은 신들의 신성은 존재에 터를 잡고 있다는 점이다. 인간의 앎을 능가하는 신들의 지혜는 다름 아닌 존재 자체에 대한 인식이다. 플라톤에 따르면 철학자는 이 존재 인식에 일시적으로 도달할 수 있다.

피퍼는 플라톤의 소피아(σοφία) 개념의 또 다른 측면을 강조한다.

---

20) 같은 책, 같은 곳.

그에 따르면 "이 개념은 신학으로의 편입을 포함하는 철학 개념들 가운데 하나이다. 여기 철학의 근원적인 개념에서 신학에 대한 개방성이 천명된다. 따라서 여기에서 천명되는 것은 근대에 광범위하게 유포된 철학 개념에 정면으로 배치된다. 왜냐하면 이 새로운 철학 개념은 철학은 신학, 믿음, 전승으로부터 결별한다고 말하기 때문이다."[21] 우리는 플라톤이 철학을 인간을 넘어서는 신적인 앎에 대한 추구로 규정함으로써 종교와의 밀접한 연관을 갖게 되고 최소한 종교 언어를 사용하고 있다는 점에 비추어 피퍼의 견해에 동의할 수 있다. 그렇지만 신에 대한 믿음이나 전승된 신화라는 의미에서 신학과의 연관성이 성립한다는 주장은 도가 지나친 것으로 보인다. 우리는 지금까지 제시된 내용들을 통해 플라톤이 실제로 자주 전승된 신 이야기에 대해 명백하게 반대하든지 아니면 자신의 고유한 사상의 의미로 재해석한다는 것을 잘 알고 있다. 피퍼는 아마도 플라톤을 지나치게 토마스 아퀴나스 가까이로 몰고 갔다고 말해도 좋을 듯하다. 그러나 토마스 아퀴나스가 가진 기독교 신앙과 기독교 신학에 대한 관계를 당장 플라톤에서도 마찬가지라고 추측해서는 안 될 것이다. 플라톤 철학은 '신학에 대한 개방성'(Offenheit zur Theologie hin)을 갖고 있지 않다. 플라톤 철학은 오히려 그 자체가 신학과 같은 것이거나 아니면 더 정확히 말해서 신학의 자리에 들어서야 할 것이다. 즉 플라톤 철학은 신의 인식 대신에 존재의 인식을 표방한다.

소피아 개념에 대한 피퍼 해석의 세 번째이자 마지막 점에 대해서도 우리는 찬동할 수 없다. 피퍼는 다음과 같이 쓰고 있다 "또 철학에 대한 고대의 자기 규정에서 세 번째 것이 지적된다. 즉 철학을 거부함으로써 스스로 구속 이론(救贖理論, Heilslehre)을 보존한다는 점이 그

---

21) 같은 책, 83쪽 이하.

것이다."[22] 만일 철학하는 이가 인식에서 궁극적이고 더 이상 넘을 수 없는 통찰에까지 오를 수 있다면, 신들에게만 접근 가능하고 바로 신들에게 신성을 부여하는 바의 인식에까지 오를 수 있다면, 피퍼가 추측하는 거부란 플라톤에게 있지 않다. 이 점은 몇몇 텍스트가 증명해주듯 결코 부인할 수 없어 보인다. 예컨대 '신적인 아름다움'의 인식에 대해 『심포시온』에는 다음과 같이 되어 있다. "그것을 바라보고 그 아름다움을 관조하며 그것과 함께 사는 사람의 생활이 시시하다고 그대는 생각하는가? 그 아름다움은 오직 심안으로만 볼 수 있는데, 그것을 보는 심안을 가진 사람이 그 아름다움을 관조하며 그것과 함께 있을 때에만 덕의 그림자가 아니라 참 덕을 산출할 수 있다고는 생각하지 않는가? 그는 결코 그림자 따위를 포착하는 사람이 아니라 진실을 포착하는 사람이다. 그리고 그가 진정한 덕을 산출하고 그것을 길러내게 되면, 신의 사랑을 받는 자가 되고, 또 인간에게 불사라는 것이 있을 수 있다면 이 사람이야말로 불사하게 되지 않겠나?"(211e–212a). 말하자면 여기에서는 철학만이 피퍼가 종교에서 기대하는 것을 인간에게 가져다줄 수 있다고 한다. 즉 불멸하다는 데에서 성립하는 구속이 다름 아닌 신적인 종류의 저 영원한 존재에 있다는 것이다. 물론 얼마간 조심스럽게 하고는 있지만 플라톤은 이 점을 밝히고 있다. 내가 보기에 플라톤의 언급 안에는 '스스로 구속 이론을 보존하기 위한 철학의 거부'는 들어 있지 않은 것 같다. 다른 측면에서 보더라도 플라톤이 철학에 궁극적인 구속력(救贖力, Erlösungskraft)을 부여했다고는 도무지 생각할 수 없다. 『파이돈』에서는 마치 그런 것처럼 보이기도 한다. 플라톤은 다른 대목들에서 철학자를 영원하고 신적인 존재의 영역으로 이끄는 인식이 인간에게서 몇 번이고 되풀이해서 멀

---

22) 같은 책, 84쪽.

어져가는 인식임을 아주 분명히 한다. 바로 이것이 우리가 문제 삼는 합성어 필로소피아의 첫째 구성 요소가 말하려는 것이다. 즉 인간을 넘어서는 존재와의 만남이라는 점에서 볼 때 철학적 인식에서 일어나는 일은 제의에서 일어나는 일과 꼭 같다. 다시 말하면 일시적으로 신과의 결합이 이루어진다. 이 결합은 일시적으로만 성립하며, 또한 이 결합은 철학에서는 직접적으로 경험되는 결합으로서 제의를 통해 간접적으로 경험되는 결합보다 더 생생하고 더 심층적이다. 이렇게 볼 때 플라톤 철학을 우리의 종교 개념 가까이로 끌고 가는 이들이 옳은 것 같다. 그렇지만 자신의 플라톤 저술의 '메타 비판적 부록'에서 마찬가지로 이런 견해에 도달하는 나토르프는 우리는 플라톤의 종교철학을 말해서는 안 된다고 강조한다. "왜냐하면 이런 의미로 이해된 종교가 그의 철학 전체를 관통하고 있을 뿐만 아니라 사실 그의 철학 전체와 완전히 하나가 되고 있기 때문이다."[23] 비록 이마저도 본래 허용되지 않기는 하지만, 차라리 우리는 플라톤에서 논리학, 윤리학, 미학 혹은 심리학을 말할 수 있을 것이다. 그러나 종교에 대해서만큼은 결코 가능하지 않은데 그 이유는 종교에 의해서 플라톤의 "전체 철학이 관통되어 있고 덥혀져 있기(durchwärmt)" 때문이다.[24]

종교적 계기(religiöses Moment)가 플라톤 철학의 시작이자 끝이다. 종교적 계기가 그의 사상을 통일성으로 묶어준다. 이때 사유 방식에 비하면 사유 내용은 덜 중요하다. 그런 까닭에 플라톤은 『제7서한』에서도 철학적 인식은 다른 학과와 달리 말로 표현할 수 없고 "불꽃이 튀듯 갑자기 혼에 생겨난다"고 말할 수 있었던 것이다(『제7서한』 341c). 이미 나토르프가 암시했던 대로 우리가 플라톤에게서는 (아리

---

23) P. Natorp, *Platos Ideenlehre*, 509쪽.
24) 같은 책, 같은 곳.

스토텔레스에게서는 전적으로 가능한 일인데) '철학적 분과들'을 구별할 수 없는 가장 큰 이유가 바로 여기에 있다. 분과들은 그 내용과 각각의 분과에 접근하는 상이한 방식을 통해서 쉽게 구별된다. 그러나 플라톤에게는 하나이며, 영원하고, 신적이며, 참된 실재와의 결합을 이루려는 인간의 인식으로서의 철학만 있을 뿐이다. 우리가 이 인식을 전달하기 위해 사용하고 이 인식을 떠올리기 위해 사용한 말들은 철학 자체가 아니라 다른 사람들에게 전달하고 경험한 것을 보존하기 위한 수단일 뿐이다. 이런 종교적인 철학함(religiöses Philosophieren) 혹은 종교에 가까운 철학함(religionsnahes Philosophieren)이 약화될 때에야 비로소 철학의 다양한 문제 영역으로 분화하게 된다. 그러므로 예전 쾨니히스베르크의 고전학자 하르더(R. Harder)가 다음과 같이 말한 것은 더 말할 나위 없이 옳다. 플라톤에 이르기까지의 그리스 철학은 "일정한 특색들을 통해 그 이후의 모든 철학으로부터 구별되고, 이 특색들이 이 철학의 위대한 점이자 고유한 점이다. 여기에서는 논리학, 윤리학, 미학 등과 같은 철학의 부분이나 특수 분야가 없다. 우리는 최초의 분할을 플라톤의 제자인 크세노크라테스(Xenokrates)에게서 찾아볼 수 있다. 그 이전의 고대 철학은 어떤 철학자에서든 항상 전체를 향해 있다. 이론철학과 실천철학 역시 기본적으로 하나였다."[25] 바로 이 이론철학과 실천철학의 통일이야말로 플라톤 사상의 종교적 성격으로부터 가장 쉽게 설명된다. 즉 플라톤에게 이론과 실천은 전승된 종교에서 신화와 제의의 관계처럼 결합되어 있다.

---

25) R. Harder, *Eigenart der Griechen, Einführung in die griechische Kultur*, hrsg. von W. Marg, Freiburg 1962, 177쪽.

타우마제인 6

철학자는 에로스에 인도되어 철학적 인식으로의 상승이라는 목표에 도달해서 "그 본성이 놀라운 아름다움"(『심포시온』 210e: τι θαυμαστὸν τὴν φύσιν καλόν)을 바라보게 된다. 이렇게 철학의 목표에는 놀라움의 경험이 서 있다. 그런데 이 놀라움은 철학의 끝을 이룰 뿐만 아니라 철학의 시작이기도 하다. 플라톤은 『테아이테토스』의 자주 인용되는 구절에서 이 점을 말한다. 그 구절은 다음과 같다. "철학자의 파토스(pathos)는 놀라움(τὸ θαυμάζειν)이다. 이것 말고 다른 철학의 근원은 없다. 이리스(Iris)가 타우마(Thauma)의 딸이라고 한 사람은 제대로 말한 것 같다"(『테아이테토스』 155d).

우리가 플라톤이 철학을 무엇으로 보았는지에 대한 더 많은 정보를 기대하게 하는 이 구절에 대해 몇 가지 언급하려 한다.

우선 플라톤은 놀라움을 '철학자의 파토스'라고 부르고 있다. 나는 그리스어 파토스(πάθος)를 번역하지 않은 채로 두었다. 이 단어를 독일어로 옮기기는 쉽지 않다. 『철학 개념사 사전』(*Historisches Wörterbuch der Philosophie*)에서 란츠(J. Lanz)는 다음과 같이 쓰고 있다. "이 단어는 철학 외적으로는 사람에게 닥치는 것, 특히 괴로움과 고통을 뜻한다. 이 개념은 철학적인 의미 전개를 거쳐 우선 외적인 영향을 받는 상태를 가리키고, … 그 다음으로는 아주 일반적으로 '상태'나 '속성'을 나타내며, 결국 '겪음' 혹은 '혼의 상태', 곧 '감정'을 뜻한다."[1] 우리는 여기에다 플라톤에게서도 찾아볼 수 있는 두 가지 주된 의미를 덧붙일 수 있겠다. 즉 파토스는 '격정'을 의미할 수 있고(『파이드로스』 265b: ἐρωτικὸν πάθος) 더 나아가 '경험'(리델[Liddell]과 스코트[Scott]가 편집한 그리스어-영어 사전에서는 특히 『파이돈』 96a가 제시되어 있다)을 뜻하기도 한다. 이러한 가능성들 가운데 어느 하나를 택하기란 위에 인용된 짤막한 구절이 준거점을 주고 있지 않기 때문에 대단히 어렵다. '상태', '속성', '격정', '경험'과 같은 여러 단어들이 해당될 것이다. 어쨌든 의식상의 동요하는 상태나 인간의 감수성을 가리킨다. 나는 이 표현의 의미가 풍부하다는 점을 염두에 두어 번역하지 않은 채로 두려 한다.

　이 놀라움이라는 파토스가 철학의 출발점, 아르케 필로소피아스(ἀρχὴ φιλοσοφίας)라고 한다. 그런데 여기에서 '출발점'이란 무엇을 말하는가? 두루 살펴보건대 철학하는 일이 언젠가 놀라움으로 시작되었다는 것만을 가리키지는 않는다. 오히려 놀라움은 철학자의 정말이지 끊임없는 파토스, 단적으로 철학적 파토스이다. 아리스토텔레스는 나중에 이 점을 아주 분명하게 표현했는데, 그것도 우리가 문제 삼고 있는 구절과 관련해서 그렇게 했다. "사람은 지금이나 처음이나 놀라움을 기반으로 해서 철학하기 시작했다"(『형이상학』 I 982b 11 이하). 처음에도 있었고 지금도 여전히 있는 이 놀라움은 해소될 수 없고 제

---

1) *Historisches Wörterbuch der Philosophie*, hrsg. von J. Ritter, Bd.I, Basel 1971, Sp. 8.

거되지도 않는다. 또한 플라톤과 아리스토텔레스에서 그랬던 것과 꼭 마찬가지로 오늘날의 철학하는 사람들에게도 놀라움은 여전히 철학한 다는 것을 근본적으로 규정하는 경험이다. 예를 들어 피퍼(J. Pieper)에 게 놀라움은 "출발(initium), 시작, 첫 단계, 전 단계라는 의미의 철학 의 시초에 지나지 않는 것이 아니다. 오히려 놀라움은 철학의 원리 (principium), 지속적이고 안에 깃들어 있는 철학의 근원이다. … 철학 하는 일의 내면 모습은 바로 놀라움의 내면 모습과 동일하다."[2]

그런데 철학적 놀라움은 단적인 놀라움, 말하자면 총괄적 놀라움, 존재 전체에 대한 놀라움이다. 철학의 시작에 대한 위에 인용한 구절 에 이어서 아리스토텔레스는 인간의 사유에서 놀라움의 발전사를 짧 막하게 피력한다. "인간은 처음에는 눈앞에 펼쳐져 있는 설명할 수 없 는 것에 대해 놀라워했다. 그 다음에는 점점 더 나아가서 보다 큰 대 상들에 대해, 예를 들어 달, 태양, 별들의 현상들이나 우주의 생성과 같은 것에 대해 당혹감에 빠져들었다"(『형이상학』 I 982b 12-17). 두 가 지 가운데 첫 번째로 든 예는 철학 이전의 물음과 사유에서도 생겨난 다. 그러나 우주의 생성에 대한 물음은 비록 종교적이고 시적인 신화 들이 이미 이에 대한 대답을 마련해 놓고 있었기는 하지만 벌써 철학 의 영역을 건드린다. 이른바 '오르페우스적 우주발생론'이나 헤시오 도스의 『신통기』 같은 것을 생각해보면 알 수 있을 것이다. 그런 까닭 에 아리스토텔레스가 신화를 사랑하는 자(φιλόμυθος)는 어느 의미에 서 철학자이고 "그 까닭은 신화는 놀라움을 불러일으키는 것에 향하 기 때문"(『형이상학』 I 982b 18 이하)이라고 말할 때 그 역시 신화를 철 학 가까이로 옮겨 놓는 것이다. 그런데 철학하는 이는 존재 전체의 생 성에 대한 물음에 대답하려 하지 않고 존재 전체를 그 수수께끼와 같

---

2) J. Pieper, *Was heißt philosophieren?*, München 1948, 71쪽 이하.

은 성질에서 성찰하려 한다. 이런 의미로 피퍼는 다음과 같이 말한다 "놀라움이 향하는 내면의 방향은 비밀의 의미에서 채워진다. 놀라움의 내면의 방향은 … 존재 자체가 하나의 비밀이라는 것, 곧 단순히 길이 없다는 것이 아니며 불합리도 아니고 어둠은 더군다나 아니며, 본래적인 의미에서 비밀이라는 인식을 일깨우는 것을 목표로 삼는다. 다시 말해서 비밀이 말하는 것은 오히려 실재란 그 빛이 비워질 수 없고 바닥날 수 없으며 끝이 없기 때문에 파악되지 않는다는 것이다."[3]

이런 대상을 앞에 두고 철학적 놀라움은 우선 어떤 부정적인 것으로 나타난다. 위에서 언급한 플라톤 텍스트의 연관성이 벌써 이 점을 보여준다. 소크라테스는 거기에서 대화 상대자인 테아이테토스에게 한편으로는 어떤 사물의 존재(Sein)에 대한 언명과 다른 한편으로 사물의 생성(Werden)에 대한 언명 사이의 모순에 주목하게 한다. 이에 대해 테아이테토스가 다음과 같이 대답한다 "신에게 맹세코 참으로 그렇습니다, 소크라테스님. 저는 몹시 놀랍습니다. 어떻게 그런지를 자세히 들여다보면 자주 현기증이 납니다"(『테아이테토스』 155c). 여기에서 놀라움은 부정적인 성격을 띠고 나타난다. 놀라움은 놀라워하는 자가 이른바 생존의 기반과 방향 감각을 상실하게 되는 일종의 무지로 나타난다. 놀라워하는 자는 그가 포착하고싶어 하는 것을 고정시킬 수 없다. 그의 시선은 고정된 준거점을 찾지 못한다. 어지럽다는 느낌이 그를 덮친다.

놀란다는 것의 부정적 측면을 아리스토텔레스 역시 염두에 두고 있다. 놀라움은 그에게는 무엇보다도 무지(Nichtwissen)를 의미한다. "당혹스러워하고 놀라워하는 이는 어떤 앎도 갖고 있지 않은 것으로 보인다"(『형이상학』 I 982b 17 이하). 무지로서의 놀라움은 그 놀라움의 대

---

3) 같은 책, 71쪽.

상이 정돈되고 그 놀라워하는 행위가 조절되는 것을 허용하지 않는다. 놀라워하는 자는 주춤하고, 멈칫거리며, 어쩔 줄 모른다. 그래서 아리스토텔레스도 철학을 놀라움을 종식시키고 "무지에서 벗어나려는"(『형이상학』 982b 20) 시도로 이해한다. 그런데 놀라움에 놓여 있는 무지는 단적인 무지가 아니라 우리의 일상적 오성(Alltagsverstand)의 무지일 뿐이다. 또 이러한 무지는 선행하는 개념 외적인 앎(außer-begriffliches Wissen)이라는 관점에서 발생한다.

이 점을 다음과 같이 이해할 수 있다. 놀라워하는 이는 어떤 것을 지각하는데, 그것도 그가 직접적으로 파악할 수 없는 어떤 것을 지각한다. 그는 이와 동시에 이것을 파악할 수 없다는 사실도 지각한다. 이렇게 지각된 것은 놀라워하는 이에게는 매우 강력하고 말할 수 없이 거창한 것으로 나타난다. 즉 굉장한 것(das Wunderbare)이라는 성격을 갖고 있다. 여기에 어느 정도 놀라움의 긍정적인 측면이 있다. 메테(H. J. Mette)가 그리스어에서의 '바라봄'(Schauen)과 '놀라움'(Staunen)에 대해 연구한 것에서도 이 점이 드러난다.[4] 이 연구에 따르면 옛 그리스 시작(詩作)에서 테아스타이(Θεᾶσθαι)와 타우마제인(Θαυμάζειν)은 밀접하게 연관되어 있다. 테아스타이(Θεᾶσθαι)는 '놀라워하면서 보는 것'을 뜻하고, 타우마제인(Θαυμάζειν)은 '보면서 놀라워하는 것'을 가리킨다. 호메로스에게 "놀라움, 경탄을 불러일으키는 것은 시각적 지각이다."[5] 반면에 헤시오도스는 타우마(Θαῦμα)란 단어를 "놀랄 만한 청각 현상을 나타내는" 데에도 사용한다.[6] 시각적인 것은 다시 핀다로스에게, 그리고 덜 현저하기는 하지만 고대 비극

---

4) H. J. Mette, "'Schauen' und 'Staunen'", in: Glotta 39(1961), 49-71쪽.
5) 같은 책, 53쪽.
6) 같은 책, 54쪽.

에서도 우월성을 갖는다. 테아스타이(θεᾶσθαι)와 연관된 단어들이 다시금 중요한 역할을 하고 있는 헤로도토스에 대해 메테는 수많은 증거를 대면서 다음과 같이 말한다. "'바라봄'과 '놀라움'은 고대 서사시에서 그런 것처럼 흔히 동일한 과정의 서로 다른 두 측면이다."[7] 테오리아(θεωρία) 개념 역시 원래의 제의적 의미를 상당히 잃어버리고서[8] 테아스타이(θεᾶσθαι)와 결합된 다음에는 이런 맥락에 속한다. 여기에 대해 메테는 다음과 같이 말한다. "모든 새로운 것, 알려져 있지 않은 것, 놀라운 것에 놀랍고도 열린 마음으로 대하면서 자연의 사물들과 인간의 일들을 바라보는 것도 테오레인(θεωρεῖν)이라고 부를 수 있다. 솔론과 아나카르시스(Anacharsis)의 '여행들'에 대한 유명한 언급들에서는 이에 대한 추상어로 테오리에(θεωρίη)란 말이 쓰이고 있다. … (사유의 막다른 골목[아포리아]에 접해서 놀란다는 것이 아니라) 사물들을 놀라워하는 마음으로 받아들일 태세가 되어 있다는 것이 '분별 있는 앎'을 획득하기 위한 전제 조건이다."[9] 이제 우리는 플라톤에서 놀라움의 이중적 의미를 보게 된다. 그 한 가지는 우선 서두에서 인용한 『테아이테토스』 구절에서와 같은 사유에 있어서 아포리아의 관점에서의 놀라움인데 여기에서도 놀라움은 바라봄과 연관되어 있다. "이것은 아포리아에 빠진 정신적 상황을 '바라보는 일'에 마주서 있는 '철학적으로' 유익한 '놀라움'이다."[10] 여기에서 놀라움은 철학이 시작되는 동기를 가리킨다. 그런데 놀라움은 메테가 『심포시온』 210e에 주목해서 말하듯(우리도 이 장의 앞머리에 인용했는데) 철학적 인

---

7) 같은 책, 65쪽.
8) 여기에 대해서는 다음 논문을 참조. H. Koller, "Theoros und Theoria", in: Glotta 36(1958), 273-286쪽.
9) H. J. Mette, "'Schauen' und 'Staunen'", in Glotta 39(1961), 66쪽.
10) 같은 책, 70쪽.

식의 종착점이기도 하다. "참된 사유가 처음에 아포리아 상태에 빠져 있음을 '놀라워하며 바라보는 일'이 심안(心眼)의 최고 대상, 곧 '이데 아'를 '놀라운 마음으로 바라보게' 되기에 이른다."[11] 이 놀람에서 아 포리아적 요소는 물러나고 없다. 무지는 이제 앎, 개념을 넘어서는 (überbegrifflich) 앎에 의해 덧씌워진다. 이 개념을 넘어서는 앎의 본질 은 정신적 바라봄(geistiges Schauen)이다.

아렌트(H. Arendt) 역시 플라톤 철학에 대해 아주 유사한 견해를 갖 고 있다. 그녀는 관조(바라봄)가 철학적 인식의 최고 형태라는 것을 특 징적으로 강조하고 이런 생각을 철학의 원천으로서의 타우마제인 (Θαυμάζειν)이라는 단어와 결합시킨다. 그런데 그녀는 "존재의 경이 라는 관점에서의 놀라움은 그 자체로 근본적으로 말이 없는 것이고 그 내용은 언표 및 말로 전달할 수 있는 것과 짜맞출 수 없다"고 본다. 이 점에 대해 그녀는 다음과 같이 설명한다. "왜 플라톤과 아리스토텔레 스가 다른 모든 심각한 차이들이 있음에도 최소한 형식상으로는 한 목 소리로 놀라움을 철학의 원천이라고 했는가 하는 것은 모든 철학 행위 의 끝과 목표가 다시금 말없는 상태, 말로는 전달되지 않는 관조의 상 태에 있다는 것과도 맞아떨어진다."[12] 물론 아리스토텔레스는 이에 대 해 '놀라움'이라는 개념을 쓰지 않고 '관조', '테오리아'(Θεωρία)라는 개념을 사용한다. 아렌트가 놀라움과 관조가 같은 것에 속한다고 지 적한 것은 옳다. "이 철학에서 테오리아(Θεωρία)는 원래 타우마제인 (Θαυμάζειν)에 대한 다른 단어, 보다 겸손하고 임시적인 단어일 뿐이 다. 철학이 결국 도달하게 되는 관조란 개념적이고 철학적으로 밝혀진 놀라움이고, 철학은 이 놀라움으로 시작되었다."[13]

---

11) 같은 책, 71쪽.

12) H. Arendt, *Vita activa oder Vom tätigen Leben*, Stuttgart 1960, 295쪽.

플라톤 철학은 이 최종적이고 최고의 목표에서도 여전히 학문으로 나타나지 않는다. 플라톤 철학의 궁극적인 목표는 존재 자체를 놀라워하면서 바라보는 일이다. 이 점에서 플라톤 철학은 종교와 닮았다. 다른 맥락에서이기는 하지만 오토(R. Otto)는 놀람과 경탄의 종교적 성격을 강조한다. 그는 종교 체험을 기술하는 데 흔히 '의아하게 생각한다는 것'(Sich wundern)이 문제가 된다고 말하고는 이 점에 대해 다음과 같이 설명한다. "우리가 거의 잊고 있는데, '의아하게 생각한다는 것'은, 기적에서 오는 것이고 무엇보다도 정서적으로 어떤 기적, 놀라운 것, 불가사의한 것(mirum)과 맞닥뜨려 있음을 의미한다. 따라서 참된 의미에서 '의아하게 생각한다는 것'은 매혹적인 느낌의 영역에 순수하게 놓여 있는 정서 상태이고 빛이 바라고 일반화된 형태로만 일반적으로 말하는 놀라움이 된다."[14] 어떤 기적에 마주 서 있는 사람은 오토가 '신비'(mysterium)라고 부르는 것과 만나는 것인데, 오토는 종교적으로 '의아하게 생각하는 것'과 종교적이지 않은 그것을 날카롭게 구별한다. "일반적으로 신비는 우선 낯선 것, 이해되지 않는 것, 설명되지 않는 것이라는 의미에서의 비밀을 가리킬 뿐이며 그런 한에 있어서 우리가 뜻하는 '신비'는 자연적인 것의 영역에서 유래한 유비(類比, Analogie) 개념일 따름이다. 그런데 이런 유비 개념은 사태를 상세하게 논의하지 않고 어떤 유비를 목적으로 해서 무엇인가를 지칭하기 위해 주어진다. 이 유비 자체, 즉 '종교적' 신비, 진정한 불가사의는 아마도 가장 적합하게 표현하자면 '아주 다른 것' … 늘 그러하고, 이해되며, 친숙한 것의 영역, 그러니까 내밀한 영역에서 떨

---

13) 같은 책, 같은 곳.
14) R. Otto, *Das Heilige*, 31.–35.Aufl., München 1963, 29쪽. 인용하면서 오토의 표기법과 구두점을 조금 고쳤다.

어져 나온 것이고 정서를 강렬한 놀라움으로 채우는 것이다."[15] 오토
가 해보이는 세속적 놀라움과 종교적 놀라움 사이의 이러한 구별은
철학의 출발점으로서의 놀라움과 철학적 인식 추구의 종착점에서 최
고이자 최종적인 실재를 볼 때의 놀라움 사이의 구별과 같은 것으로
보인다. 즉 플라톤의 타우마스톤 칼론(Θαυμαστὸν καλόν, 놀라운 아름
다움)은 테이온 칼론(Θεῖον καλόν, 신적인 아름다움)이기도 하다. 이것
은 철학의 목표로서의 놀라움이 종교적 경험이라는 성격을 지닌다는
뜻이다.

　물론 철학하는 이의 놀라움은 비록 우리가 거기에 종교적 성격을
부여한다고 할지라도 근본적으로 보면 좁은 의미의 종교 경험과는 구
별되는 것이 사실이다. 다시 말해서 놀라움의 대상이 무엇인지를 놓
고 볼 때 그러하다. 플라톤은 이 점을 분명하게 말하지 않는다. 그렇
지만 우리는 '놀라운 아름다움'(Θαυμαστὸν καλόν)을 철학적으로 인
식하는 일이 최고의 이데아, 곧 좋음의 이데아를 인식하는 것이고 이
인식은 ('일자'[一者]를 다루는 장에서 밝힐 터인데) 일자의 인식이기도 하
다고 추론할 수 있다. 그런데 일자의 인식이란 어떤 한 존재의 인식이
다. 왜냐하면 모든 존재자를 하나이게 하는 일자는 다름 아닌 하나의
존재로 이해될 수 있기 때문이다. 오로지 존재에서만, 또 오로지 존재
를 통해서만 모든 존재자가 하나가 되고 또 하나이다. 그래서 철학적
놀라움이 (거대 종교들에서와 같이 인격적으로 사유된 신이 아니라) 어떤
하나의 존재를 그 대상으로 갖는다는 것이 기대될 수 있다. 철학이 놀
라움에서 시작한다는 플라톤 사상을 따르는 19세기와 20세기 사상가
들 역시 일반적으로 철학적 놀라움을 존재에 대한 놀라움으로 해석한
다. 물론 이 사상가들은 대부분 유감스럽게도 처음의 놀라움과 최종

---

15) 같은 책, 30쪽 이하.

적인 놀라움이라는 두 형태의 놀라움을 구별하지는 않는다.

내가 보기에 이러한 그리스적 사유에 가장 근접한 사람은 영국의 낭만주의자 콜리지(S. T. Coleridge)인 것 같다. 그는 수필에서 이렇게 쓰고 있다. "그대는 그대의 정신으로 하여금 존재한다는 것이 무엇인지, 존재한다는 것 자체, 곧 존재한다는 것의 순수한 작용이 무엇인지를 한 번이라도 성찰하도록 만든 적이 있는가? 그대는 그대 자신에게 한 번이라도 완전히 의식하는 가운데 '있다'라고 말한 적이 있는가? 그대는 그대 앞에 있는 존재하는 것이 인간이든 꽃이든 그것도 아니라면 모래알이든 상관없이, 말하자면 존재한다는 것의 이런저런 형태와 상관없이 '있다'라고 말한 것인가? 만일 그대가 실제로 이 정도에 도달했다면 그대는 확실히 그대의 정신을 두려움과 놀라움(awe and wonder)으로 채울 것이 분명한 비밀의 현재를 간파한 셈이다. '있지 않다'거나 '있지 않았던 때가 있었다'라는 말만으로도 벌써 그 자체로 모순을 드러낸다. 우리의 내면에는 이런 주장을 마치 환한 빛처럼 빛을 발하며 지체 없이 반박하는 어떤 생생한 것, 무시간적인 영원성이라는 근거만으로도 벌써 이의를 제기하는 어떤 생생한 것이 있다."[16] 어쩌면 플라톤과 아리스토텔레스를 염두에 두고, 그렇지만 아마도 "존재는 있고 비존재는 없다"는 파르메니데스의 명제 역시 염두에 두고 콜리지는 계속해서 말한다. "따라서 존재하지 않는다는 것은 불가능하며 존재한다는 것은 개념적으로 포착되지 않는다. 만일 그대가 절대적으로 존재한다는 것을 직접적으로 경험하는 데에 성공한다면, 그대는 또한 과거 훌륭한 정신의 소유자들, 다수의 사람들 가운데 선별된 사람들을 일종의 성스러운 두려움(a sort of sacred horror)으로 채

---

16) 쉬라이(H. Schrey)의 판본을 인용하기로 한다. "Versuche über die Methode", in: *Texte zur Philosophie*, Bd.2, St. Augustin, 1980, 94쪽.

웠던 것이 다름 아닌 바로 이것이었음을 알게 될 것이다. 그들에게 처음으로 그들 자신의 개별적 존재보다 측량할 수 없으리만치 위대한 어떤 것을 스스로 안에서 발견하게 한 것은 바로 이 경험이었다."[17] 그러므로 여기에서 놀라움의 종교적 계기 역시 주목되고 있다. 좀 더 뒤에 가면 콜리지는 철학과 신앙, 사유와 느낌 사이의 대립의 극복을 이야기한다. 그 대목은 다음과 같다. "그렇지만 머리와 가슴, 진리와 지혜의 통일은 내면의 눈이 저 존재한다는 것의 굉장한 모습을 향해 열리는 전제 조건이다. 이 존재한다는 것 스스로는 어떤 물음도 허용하지 않고 어떤 말도 하지 않는다. '나는 존재함으로써 존재한다.' Θαυμάζοντες φιλοσοφοῦμεν, φιλοσοφήσαντες θαμβοῦμεν (놀라워하면서 철학하고, 철학하면서 놀라워한다). 아리스토텔레스는 철학은 놀라워하는 것으로(τῷ θαυμάζειν) 시작하고, 플라톤은 모든 참된 철학은 놀라워하는 것으로(τῷ θαμβεῖν) 끝난다고 말한다. 우리 본성의 가장 작은 부분일지라도 그 모든 능력은 저 존재한다는 것의 전체 실재와 그 파악(ganze Realität und Begreifbarkeit einer Existenz)에 힘입은 것이다. 그런데 저 존재한다는 것은 개념으로 파악되지 않으며 그 근거가 없다."[18] 삽입된 그리스어 표현은 아마 콜리지 자신이 만들어낸 것 같다. 인용된 구절은 결국 파르메니데스, 플라톤, 아리스토텔레스를 통일적으로 요약하고 있으며, 이 영국 저술가는 철저하게 지금까지 우리의 논의를 통해 나오는 철학관의 의미에서 철학의 목표는 종교라는 견해를 표방하고 있는 셈이다.[19]

19세기와 20세기의 다른 사상가들도 플라톤적 단초를 마찬가지로

17) 같은 책, 같은 곳.
18) 같은 책, 99쪽.
19) 같은 책, 41쪽.

받아들이지만 이 경우에는 유대교적-기독교적 창조 사상에 근접해 있다. 그리스적 사유에서 지속적인 현존으로서의 존재는 필연적으로 항상 있으며 따라서 영원하다. 그러나 성서의 창조 개념은 존재를 언제든지 가능한 무의 극복으로 이해한다. 그렇게 해서 철학적 놀라움은 도대체 존재자가 있고 무는 없다는 데에 대한 놀라움이라는 성격을 얻는다. 이런 의미에서 쇼펜하우어(A. Schopenhauer)에 따르면 철학은 "세계와 우리 자신에 대한 경이"[20]로부터 생겨난다. 그 까닭은 다음과 같다. "생각할 줄 모르는 짐승들에게만 세계와 존재가 저절로 이해되는 것 같다. 이와는 달리 인간에게는 세계는 하나의 문제, 즉 가장 거칠고 가장 제약된 자에게라도 각각의 보다 환한 순간들에서 생생하게 이해되는 문제이다. 그런데 이 문제가 밝으면 밝을수록, 특별하면 특별할수록, 인간이 교육을 통해서 더 많은 소재들을 사유로 확보하면 할수록 이 문제는 그만큼 더 분명하고 지속적으로 의식에 등장한다. 이 의식이 모든 것을 결국 철학하기에 적합한 두뇌들에서 플라톤의 '매우 철학적인 느낌으로서의 놀라움'(θαυμάζειν μάλα φιλοσοφικὸν πάθος)으로, 다시 말해서 모든 시대 모든 나라의 보다 고귀한 인간들을 부단히 종사하게 하고 그들에게 쉬는 일이 없도록 하는 문제를 그 전모에서 파악했다는 놀라움으로 상승시킨다. 실제로 결코 멎는 일이 없는 형이상학의 시계를 움직이게 하는 이 동요는 이 세계의 비존재는 그 존재 못지않게 가능하다는 의식이다."[21] 이 말이 의미하는 것은 첫째로 인간은, 그것도 모든 인간은 존재한다는 사실을 자명한 것으로 받아들이지 않고 세계 존재에 대해 놀라워할 줄 안다는 것이다. 쇼펜하

---

20) A. Schopenhauer, WW II 188. 쇼펜하우어 인용은 오늘날의 정서법에 맞추어 손을 보았다.
21) A. Schopenhauer, WW II 189.

우어는 둘째로 서로 다른 인간들에게 놀라움과 결합된 존재 발견의 상이한 정도가 있다는 점을 전제한다. 여기에 대해 쇼펜하우어는 다른 곳에서 다음과 같이 설명한다. "한 인간이 지적인 점에서 볼 때 저급하면 저급할수록 존재한다는 것 자체는 덜 수수께끼이다. 그런 사람에게는 오히려 존재한다는 사실과 어떻게 존재하는가와 같은 모든 것이 저절로 이해되는 것으로 보인다. 이 점은 그의 지성이 동기의 매체로서의 의지에 봉사하는 본래적인 규정에 여전히 매우 충실하게 머물러 있고, 그 때문에 세계 및 자연과 밀접하게 결합되어 있어서 그 결과로 사물들 전체로부터 떨어져서 이 전체에 접근한다든가 그러는 사이에 그 자체로 존재하는 것으로서 세계를 순수 객관적으로 파악하는 일로부터 아주 멀어진다는 사실에서 기인한다."[22] 셋째로 쇼펜하우어는 철학적 놀라움이 언제든지 또 어디에서나 일어나고 아주 상이한 시대들에 아주 상이한 문화들에서 일어난다는 것을 상기시킴으로써 이 철학적 놀라움의 초역사성을 강조한다.

셸러(M. Scheler)와 하이데거 역시 철학적 놀라움의 대상을 쇼펜하우어와 크게 다르지 않게 특징짓는다. 셸러는 다음과 같이 말한다. "첫 번째이자 직접적인 명증성은 … 판단의 형식으로 도대체 어떤 것이 존재한다고, 더 날카롭게 표현해서 '무는 존재하지 않는다'고 말하는 명증적인 통찰이다. … 무는 존재하지 않는다는 사실은 동시에 첫 번째이자 직접적인 통찰의 대상으로 가장 심층적이고 최종적인 철학적 경이(Verwunderung)의 대상이다."[23] 다른 대목에서는 이렇게 말한다. "형이상학에 종사하는 모든 것을 먹여 기르는 원천은 도대체 어떤 것이 존재하며 무는 존재하지 않는다는 경이이다."[24]

---

22) A. Schopenhauer, WW II 176.
23) M. Scheler, *Gesammelte Werke*, Bd.5, 93쪽.

하이데거에서도 마찬가지로 형이상학의 근본 물음은 왜 도대체 어떤 것이 존재하고 무는 존재하지 않는가[25] 하는 것이다. 최소한 초기 저술들에서는 존재를 드러내는 경험으로서의 불안이 놀라움보다 중요하다. 그러나 후기 저술들에서는 가끔 다음과 같이 말한다. "모든 존재자들 가운데 인간만이 유일하게 존재자가 존재한다는 모든 놀라움 가운데 놀라움을 경험한다."[26] 존재 경험은 여기에서 일종의 경이 따라서 놀라움으로 나타난다. 물론 이 생각은 플라톤 철학에 결코 가까운 관계를 얻지 못한 하이데거에서 특별한 역할을 하지는 않는다.

이 점은 후설의 제자이자 하이데거의 제자인 핑크에서는 다르다. 플라톤과 아리스토텔레스의 잘 알려진 구절들과 관련해서 핑크는 "철학적 문제들의 근원은 경이이다"[27]라는 생각에서 출발한다. 다른 사람들과 마찬가지로 핑크 역시 놀라움과 경이에서 지금까지 자명했던 것이 확실치 않게 되고, 지금까지 확고했던 것이 흔들리며, 의문의 여지가 없던 것이 의문스럽게 된다는 점을 강조한다. 핑크는 이 생각을 더욱 진전시켜 철학이 "전도된 세계"(verkehrte Welt)[28]라는 헤겔의 표현에까지 이르게 된다. "우리가 잘 알고 있으며 사물들, 인간들 그리고 신에 대해 우리의 확고하며 생명의 안전을 가능하게 해주는 의견들을 갖고 있는 저 정돈되고 고향 같은 세계의 배후에 있는 경이에서 존재자에 대한 앎의 보다 본래적인 방식에 대한 요동치는 생각이

---

24) 같은 책, 134쪽.

25) M. Heidegger, *Was ist Metaphysik?*, 5.Aufl., Frankfurt 1949, 38쪽.

26) 같은 책, 42쪽.

27) E. Fink, *Studien zur Phänomenologie*, Den Haag 1966, 182쪽.

28) G. W. F. Hegel, *Phänomenologie des Geistes*, hrsg. von J. Hoffmeister, 6.Aufl., Hamburg 1952, 121쪽. 여기에 대해서는 다음 논문을 참조하기 바란다. H.-G. Gadamer, *Die verkehrte Welt*, in: Hegel-Studien, Beiheft 3, Bonn 1966, 135-154쪽.

갑자기 떠오름으로써 특유의 '전도'(顚倒, Verkehrung)가 일어난다. 즉 지금까지 존재자로 여겨져온 것이 한갓된 가상(Schein)으로 추락한다. 놀라움에서 철학의 '전도된 세계'가 생겨난다."[29] 핑크는 놀라움의 부정적 측면을 매우 강조한다. "경이는 인간을 일상적이며, 공개적으로 미리 주어져 있고, 전통적이며, 낡은 저 존재자와의 친숙성에 사로잡혀 있는 상태로부터 내던져지고, 인간을 세계에 대해 항상 말해져 왔고 여전히 말해지는 의미 해석으로부터 존재자가 무엇인지 아직 모른다는 창조를 위한 빈곤으로 내몬다. 놀라움은 인간을 사로잡혀 있는 상태, 친숙성, 확실성으로부터 끌어내는 한 본질적으로 떼어 놓는 것(疏隔, ent-setzend. 통상적인 'entsetzen'을 쓰지 않고 굳이 하이픈을 중간에 넣은 의도를 헤아려야 할 것이다. 'entsetzen'의 통상적인 의미 '놀라게 하다'와 글자 그대로의 의미 '떼어 놓는다'를 동시에 담고 있지만 후자 쪽에 무게중심을 두고 싶었을 것으로 짐작된다: 옮긴이)이다."[30] 떼어 놓음으로서의 놀라움이 경악, 불안, 전율에 근접되었고, 동시에 니체의 차라투스트라의 '위대한 동경'(große Sehnsucht)의 체험으로도 근접되었다.[31] 그러나 놀라움을 느낌의 상태로만 이해해서는 안 된다. 핑크에 따르면 놀라움은 동시에 '순수사유의 근본 정조'이고 '근원적인 이론'이기도 하다. '근원적 이론'이라는 개념은 우선 대비를 통해서 설명된다. "만일 존재자 자체가 무엇이고 진리의 본성이 무엇인지가 이미 결정되어 있는 경우라면 모든 이론, 존재자에 대한 인간의 모든 관계는 비근원적이다. … 그것이 이 오래 전 과거에 속하는 인간 정신의 긴장에서

---

29) E. Fink, *Studien zur Phänomenologie*, 182쪽.

30) 같은 책, 183쪽.

31) 같은 책, 같은 곳. 다음도 참조. F. Nietzsche, *Werke in drei Bänden*, hrsg. von F. Schlechta, Bd.II, 467쪽 이하, 518쪽. 더 나아가 다음 책도 참조. E. Fink, *Nietzsches Philosophie*, Stuttgart 1960, 103쪽 이하.

일어나든지 아니면 '자연적 세계관'의 눈에 띄지 않는 자명성에서 일어나든지 간에 말이다."[32] 그러나 놀라움의 '근원적 이론'에서는 전승된 모든 앎과 모든 선이해(Vorkenntnis)가 의문시되고, 존재자와의 새로운 대결이 불가피하다. "놀라워하면서 존재자로 방향을 틀 때 인간은 세계를 향해 다시 맨 처음의 모습으로 열리게 된다. … 존재자 전체가 새로 부상한다."[33] 그런데 놀라움에서 얻게 된 존재 전체로의 접근은 처음의 철학적 놀라움의 성과로만 이해되어야 하고 철학의 목표로서의 놀라움이라는 의미로 이해해서는 안 된다. 핑크는 이 형태의 놀라움만 다루고 있다. 그래서 다음과 같이 말한다. "놀라움에서 존재자는 정지해 있는 존재 해석의 정적을 깨뜨리고 '존재자 사냥'을 시작하는 새롭고 근원적인 방식으로 드러난다."[34] 플라톤이 처음으로 말한 이 "존재자 사냥"[35]이 최종적이고 그 어느 것에 의해서도 능가되지 않음에도 불구하고 말로 표현되지 않는 존재 인식으로 끝나고, 이런 존재 인식은 다시금 놀라움의 한 형태임을 핑크는 알아채지 못하고 있다. 그는 여기에서 더 이상 플라톤의 의미로 사유하고 있지 않는 것이다.

이에 반해 몇몇 현대 시인들과 저술가들 사이에서는 놀라움을 일상적 사유에서 소외된 시작(Anfang)으로만 이해하지 않고 목표(Ziel)로도 이해하려는 강한 경향이 있다. 철학의 여러 분과들의 관심이 형식 논리학, 언어 분석, 이데올로기 비판, 사회학과 정치학의 문제들에 쏠려

32) E. Fink, *Studien zur Phänomenologie*, 183쪽.
33) 같은 책, 같은 곳.
34) 같은 책, 184쪽.
35) 『파이돈』 66c: ἡ τοῦ ὄντος θήρα. 철학에서의 사냥 은유에 대해서는 다음 논문을 참조. W. Beierwaltes, "ACTAEON, Zu einem mythologischen Symbol Giordano Brunos", in: Zeitschrift für philosophische Forschung 32(1978), 345–354쪽.

있는 철학사적 상황에서 철학함의 목표로서의 놀라움은 시선에서 심각할 정도로 벗어나 있다. 시인 생존 페르스(Saint-John Perse)는 1960년 노벨 문학상을 받는 자리에서 철학의 새로운 상황에 대해 다음과 같이 언급했다. "만일 철학자들 자신이 형이상학의 문지방을 떠난다면 시인이 형이상학자를 대체하게 될 것이고 그렇게 된다면 저 옛날 철학자들의 표현을 써서 '놀라움의 진정한 딸'로 드러나는 것은 과거 이를 자처했던 철학이 아니라 시이다."[36] 페르스는 여기에서 『국가』의 마지막 권에서 시와 비판적으로 대결했던 플라톤과 우리가 서두에서 인용한 『테아이테토스』의 구절을 두고 말하고 있음이 분명하다. 실제로 오늘날의 시는 상당한 정도로 형이상학적 주제들을 다루고 있다.[37] 철학적 놀라움이라는 주제 역시 현대문학에서 여러 가지 모습으로 다시 출현하고 있다.

그래서 그리스의 정치가이자 소설가 카잔차키스(N. Kazantzakis)는 소설 『알렉시스 조르바스』(Alexis Sorbas, 우리나라에서는 『희랍인 조르바』로 번역되었다: 옮긴이)에서 노동자 조르바스를 놀라움의 경험으로 가득 찬 인간으로 묘사한다. "우리에게 익숙하고 우리가 무심코 지나치는 것들이 그의 주의 깊고 놀라워하는 시선 앞에서는 끔찍한 수수께끼로 나타난다. … 이와 똑같은 질문을 해대는 경탄으로 그는 모든 사람, 꽃을 피워내는 나무, 시원한 물 한 잔을 들여다보곤 했다."[38] 다른 대목에서는 이 사람에 대해 다음과 같이 말한다. "그에게는 모든 것이 놀라움으로 나타나고 아침마다 눈을 뜨고 나무들, 바다, 바위들이나 새를 볼 때면 입을 벌리고 서 있었다."[39] 첫 번째 대목은 철학함

---

36) Saint-John Perse, *Preislieder*, München 1964, 148쪽.
37) 나의 두 책을 참조. K. Albert, *Philosophie der modernen Kunst*, Meisenheim 1968; *Die ontologische Erfahrung*, Ratingen 1974.
38) N. Kazantzakis, *Alexis Sorbas*, Reinbek 1955, 47쪽.

이 시작되는 처음의 놀라움과 관계되는 것 같다. 이것은 '질문을 해대는 경탄'이다. 이에 반해 두 번째 대목은 철학적 인식의 목표에 도달했을 때 등장하는 놀라움을 뜻하는 것 같다. 이것은 놀라운 것, 경탄할 만한 것으로서의 존재자와 맞닥뜨리는 놀라움이다.

현대 작가들 가운데서는 프랑스 극작가 이오네스코(E. Ionesco)가 철학적 놀라움이라는 주제를 아마도 가장 심도 있게 다루고 있다고 보아도 좋을 것이다. 그것도 희곡 작품들보다는 일기 및 자신의 작품들에 대한 스스로의 해설들에서 더욱 그러하다. 이오네스코는 놀라움의 초시간성을 특히 강조한다. "모든 이는—20세기 혹은 15세기 혹은 어떤 다른 세기이건—그가 성서의 농부이건 현대 소시민이건 간에 그런 찬란하고 매력적인 놀라움에 휩싸일 수 있다. 누구나 우주가 아주 기이하다는 비역사적이고 근본적으로 비사회적인(asozial) 느낌을 가질 수 있다. 나는 대답을 주지 않고 거의 그 깊이를 알 수 없는 이 놀라움이 내 가장 깊은 의식의 반응이 아닌가 하고 스스로에게 묻는다. 솔직히 말하자면 나는 묻지 않는다. 이 놀라움이 나의 진정한 의식임을 나는 안다."[40] 그러므로 이오네스코에게 놀라움은 다른 느낌들 가운데 어떤 하나의 특정한 느낌으로서가 아니라 인간 의식의 근본 느낌으로서, 의식 자체의 최종 근거로서 나타난다. 언제나 의식의 양지로 나오지는 않는 인간의 근본 경험으로서의 놀라움이 지니는 초역사성도 이를 통해서 설명된다. "전적으로 시간 외적이요 역사 외적인 정신의 상태들, 직접적인 인식들이 있다. 내가 어느 은혜로운 아침에 간밤의 잠에서 깨어날 뿐만 아니라 정신적인 습관의 잠에서 깨어나 갑자기 내가 존재한다는 사실, 존재 전체의 현존을 의식하게 될

---

39) 같은 책, 127쪽.
40) E. Ionesco, *Tagebuch*, Neuwied 1968, 67쪽 이하.

때, 모든 것이 나에게 동시에 낯설면서 친숙하게 나타날 때, 내가 존재한다는 사실에 대한 놀라움이 나를 엄습할 때, 이 직접적인 인식은 모든 사람 모든 시간에 속한다. 이 정신 상태를 시인들, 신비가들 그리고 철학자들은 거의 동일한 말로 보고한다. 그들은 내가 느끼는 것과 똑같이, 정말이지 정신적으로 사망하지 않았거나 정치적 일에 눈멀지 않았다면 모든 사람들이 느끼는 것과 똑같이 느낀다. 똑같은 정신 상태가 중세에도, 고대에도, 어떤 '역사상의' 세기에도 분명하게 표현되어 재발견된다. 이 영원한 순간(ewiger Augenblick)에서 구두 수선공과 철학자, '노예'와 '주인', 성직자와 평신도가 서로 만나고 똑같아진다."[41] 여기에서는 아직 철학의 시작을 나타내는 놀라움을 말하는 것 같다. 그런데 이오네스코에게는 아주 뚜렷하게 철학적 인식의 마지막 단계를 특징짓는 대목들도 있다. 그 대목들 가운데 한 곳을 인용할 터인데, 많은 점에서 방금 인용한 구절과 비슷하다. "내가 모든 것이 이 순간 갓 태어난 것 같은 빛나는 아침 분위기에서 눈을 뜰 때 나는 본래적인 것 혹은 존재를 아주 가깝게 느낀다. 마치 눈을 뜨는 일이 처음 일어나기라도 한 듯 나는 놀라움으로 가득 차서 스스로에게 묻는다. '이것은 무엇이란 말인가? 내가 어디에 있지?' 그러고는 계속해서 이렇게 묻는다. '그것은 왜 그렇고, 나는 누구이며, 내가 여기서 무엇을 하고 있지?' 물론 이 물음들에 대한 대답은 없으며 나역시 대답을 기대하지 않는다. 이런 물음들이 떠오른 이 순간 나는 끝이 없고 '부당한' 즐거움을 느끼며, 이 즐거움, 이 뿌듯함이 그 자체로 방금 떠오른 물음들에 대한 답으로 보인다. 내가 본래적인 신비의 한가운데에 있지 않을 때, 또 내가 나 자신을 묻지 않을 때, 아니 오히

---

41) E. Ionesco, *Argumente und Argumente*, Neuwied 1964, 25쪽 이하. 조금 고친 번역임을 밝힌다.

려 물음이 저절로 떠오르지 않고 가장 깊은 곳에서 솟아오르지 않을 때, 나는 슬프고, 비참하며, 공허하다고 느낀다. 이 물음을 만들어내는 것은 빛이요 풀릴 수 없는 물음도 하나의 대답을 포함하는데, 그 대답이란 이 빛 자체이다. '내가 어디에 있는지 나는 누구인지'를 묻는 것은 사물들을 해체하고 동시에 나에게 다시 가장 깊은 나 자신과 하나가 되게 한다. 이것은 틀림없이 확실하다는 기쁨일 것이다. 이 기쁨은 이 물음이 대답될 수 없다는 사실과 관계없는 기쁨이다. 모든 대답들이 물음 밖에, 물음 곁에 있기 때문에, 정말이지 물음 자체가 대답이기 때문에 마치 내 메아리가 대답하는 듯하다."[42] 이오네스코 역시 처음의 놀라움의 단계를 플라톤이 『테아이테토스』에서 하고 있는 것과 아주 유사하게 '일종의 현기증'(une sorte de vertige)이라고 부른다.[43] 그는 최종 단계를 행복한 상태, 자유의 경험으로 규정한다.[44] 이오네스코는 자신의 희곡 작품들을 이 두 의식 상태로 귀착시킨다. 우리가 보기에 그는 철학적 놀라움의 작가이다.

우리는 생존 페르스도 염두에 두었던 『테아이테토스』의 구절로 다시 한 번 되돌아간다. 거기에서 이리스(Iris)를 가리켜 타우마(Thauma)의 딸이라고 한 사람은 형편없는 계보가가 아니라고 한다. 이 구절은 헤시오도스를 두고 하는 말인데, 그 까닭은 『신통기』(V. 265 이하)에서 타우마의 딸들 가운데 하나로 이리스를 거명하고 있기 때문이다. 이 것이 철학자의 정념으로서의 놀라움과 어떤 연관이 있다는 말인가? 이리스는 신들의 전령이다. 그녀는 신들과 인간들 사이를 중개한다. 대지의 여신 가이아(Gaia)와 바다의 신 폰토스(Pontos) 사이의 아들인

---

42) E. Ionesco, *Heute und gestern, gestern und heute*, Neuwied 1969, 195쪽 이하.

43) E. Ionesco, *Argumente und Argumente*, 157쪽.

44) 같은 책, 157쪽 이하. 다음도 아울러 참조. *Heute und Gestern*, 182쪽.

타우마의 이름을 플라톤은 놀라움에 해당하는 그리스어 단어 타우마제인(Θαυμάζειν)과 연결시킨다. 이것은 놀라움으로부터 신들의 전령이리스가 행하는 것이 생겨난다는 뜻이다. 즉 이리스는 신들과 인간들 사이에서 이리저리 움직이면서 인간들에게 신들의 소식을 전달하고 신들에게 인간들의 기원과 감사를 전해준다. 그러므로 플라톤이신들의 전령의 기능을 지적하는 것에서 종교적 차원이 암시된다. 신들과 인간들이 분리되었기 때문에 서로 직접 교섭할 수는 없다. 그렇기 때문에 신들과 인간들은 다른 방식으로 서로간의 결합을 받아들여야만 한다. 즉 제의를 통해서거나 아니면 이리스나 헤르메스나 에로스와 같은 중개자를 통해서 결합되어야 한다. 이 신화에 등장하는 인물들과 제의가 수행하는 것과 똑같은 일을 놀라움에서 비롯되는 철학이 수행한다.

아타나시아 7

놀라움이 철학의 원천이라는 것을 근대에 들어서 누구보다도 특히 쇼펜하우어가 플라톤과 아리스토텔레스를 예로 들어 확인했다. 여기에 대해서는 앞 장에서 간단하게 언급한 바 있다.[1] 쇼펜하우어에 따르면 인간의 '형이상학적 요구'는 세계 및 놀라워하는 자 자신의 존재에 대한 놀라움에서 생겨난다. 우리는 이 존재에 대한 놀라움을 근거로 해서 인간을 '형이상학적 동물'(animal metaphysicum)로 이해할 수 있을 것이다. 그런데 인간의 형이상학적 놀라움은 "여기에서 처음으로 죽음의 의식과 마주하고 있을 때 한층 심각해진다."[2] 또한 바로 이 죽음이 철학하게 하는 강력한 동기로 보인다. 쇼펜하우어는 심지어 다음과 같이 주장한다. "죽음은 본래적으로 영감을 주는 천재이거나 철학의 무사게테스(mousagetes, 무사 여신들을 이끄는 자라는 뜻으로 아폴론을 가리킨다: 옮긴이)이다. 이것이 소크라테스가 철학을 타나투

---

1) 위 「타우마제인」 장 참조.
2) A. Schopenhauer, WW I 176(Deussen).

멜레테(θανάτου μελέτη, 죽음의 연습)라고 정의한 한 까닭이다. 죽음이 없다면 철학하기 어려워질 것이다."[3]

쇼펜하우어는 여기에서 실제로 철학을 멜레테 타나투(μελέτη θανάτου)로, 다시 말해서 죽음을 생각한다는 것(Auf-den-Tod-bedacht-Sein)으로 규정하는 『파이돈』의 한 구절(81a)을 염두에 두고 있는 것이 분명하다. 그런데 이 구절은 죽음을 추구한다는 것으로 파악될 수 있을 뿐만 아니라 동시에 불사를 추구한다는 것으로도 이해될 수 있다. 플라톤은 다른 대화편들에서도 죽음이라는 주제, 혼의 불멸(Unsterblichkeit der Seele)의 문제를 다룬다. 특히 『고르기아스』, 『메논』, 『파이드로스』, 『국가』 그리고 『심포시온』에서 그러하다. 라인하르트(K. Reinhardt)가 지적하듯 심지어 죽음이라는 주제가 어떤 방식으로든 암시되지 않는 대화편은 없다고 할 수 있다.[4] 또 플라톤에게 죽음의 문제가 철학의 본질에 대한 물음과 결합되어 있다는 점 역시 특징적이다. 이 두 가지 물음의 관점에서 우리는 아래에서 몇 가지 생각을 정리할 것이다.

그런데 우선 플라톤에서는 죽음의 문제가 항상 혼의 불멸성이라는 주제와 연관되어 있다는 점을 강조해야 할 것이다.[5] 플라톤에게 철학은 불멸에 이르는 길이다. 그것은 불멸의 존재를 경험하는 일에 임시로 들어서는 것으로서든 아니면 죽음 이후에 불멸하는 존재에 도달하는 길로서든 그러하다. 그렇기 때문에 불멸이라는 주제를 살펴보면 플라톤이 얼마나 강렬하게 철학을 인식 과정의 횡단(Durchschreiten

---

3) A. Schopenhauer, WW I 528쪽 이하.
4) K. Reinhardt, *Platons Mythen*, Bonn 1927, 52쪽. 다음 책도 참조. J. Pieper, *Über die platonischen Mythen*, München 1965.
5) 여기에 대해서는 다음을 참조. G. Scherer, *Das Problem des Todes in der Philosophie*, Darmstadt 1979, 92쪽 이하.

eines Erkenntnisweges)으로 이해하는지가 아주 분명해진다. 다시 말해서 문제가 되는 것은 어떤 하나의 이론을 만들어내는 일이 아니라 사유가 수행하는 운동인 것이다.

이런 관점에서 『심포시온』을 한번 살펴보자. 우리는 종종 『심포시온』과 『파이돈』을 전자는 삶 속의 철학자를, 후자는 죽음의 관점에서 본 철학자를 묘사하는 대화편으로 대비시켜왔다. 그러나 이 대비는 정말로 피상적이다. 두 대화편들에서 문제 삼고 있는 것은 동일하다. 『심포시온』에서도 혼의 불멸성에 대해 되풀이해서 이야기한다. 첫 번째 연설에서 이미 이 주제가 감지된다. 즉 파이드로스는 에로스가 가장 오래된 신일 뿐만 아니라 사랑하는 이들에게 자신들이 사랑하는 사람을 위해 죽음을 받아들이도록 하는 신이기도 하다고 찬양한다. 그런데 그와 같은 행위야말로 신들에 의해 가장 고귀한 것으로 칭송되고 그에 따라 친구 파트로클로스에 대한 사랑으로 죽음을 감수한 아킬레우스는 축복받은 자들의 섬에 갈 수 있었다(179e). 더 자세한 고찰을 소크라테스의 연설에서 다시 볼 수 있다.[6] 소크라테스는 앞서 연설한 아가톤을 반박하고 나서 예언녀 디오티마와 나눈 대화를 소개한다. 이 예언녀는 우선 소크라테스에게 에로스의 본질을 신들과 인간들 사이의 중간자로 묘사한다. 그런 다음 그녀는 에로스가 하는 일을 설명하기 시작한다. 이미 앞서 사랑의 목표는 "좋음 자체를 영원히 갖고자 하는 것"(206a, 206e-207a 참조)이라고 말해졌다. 이제 에로스가 하는 일을 설명하면서 이 '영원히'라는 말이 더 자세하게 해석된다. 즉 사랑이 추구하는 것은 "육체적으로나 정신적으로 아름다운 것 속에서 출산하는 일"(206b)이다. 그런데 이 출산이라는 목표는 불사의

---

6) J. Wippern, "Eros und Unsterblichkeit in der Diotima-Rede des Symposions", in: *Synousia*, Festschrift für W. Schadewaldt, Pfullingen 1965, 123-159쪽.

것으로 신적인 것이다. 왜냐하면 불사의 것(das Unsterbliche)은 신적인 것(das Göttliche)이기 때문이다. 인간은 브로토스(βροτός, 라틴어로 mortuus)라는 표현이 이미 보여주듯 본질적으로 죽어야 하는 존재이다. 따라서 임신과 출산은 "신적인 일이요 가사적 존재 속에 있는 불사의 어떤 것"(206c)이다. 에로스의 최종 목표는 아름다움이 아니라 아름다운 것 속에서 출산하는 것인데, 그 까닭은 "바로 이 출산이 영원한 것이고 가사적 존재 안에서 불사의 어떤 것이기 때문이다"(206e).

이것은 우선 어느 정도 생물학적으로 이해될 수 있을 것이다. 죽음을 겪는 생명체들은 개별적인 불멸성에 도달할 수는 없지만 출산을 통해 소멸을 면할 수는 있다. "이렇게 해서 모든 가사적인 것이 보존된다. 그런데 신적인 것처럼 언제나 자기 동일성을 유지함으로써가 아니라 사라져가는 것과 늙어가는 것이 자기와 동일한 어떤 새로운 것을 남김으로써 그렇게 한다. … 그러므로 모든 가사적 생명체들이 본성적으로 자신의 소생을 소중히 여기는 것은 놀랄 일이 아니다. 모든 것에 따르는 이 노력과 추구는 불사를 향해 이루어지는 것이니까"(208a–b).

그런데 인간에게는 죽지 않는 또 한 가지 방식이 있다. 사후 세계에서 그 행위를 통해 얻게 되는 명예가 바로 그것이다. 그렇기 때문에 개별 인간의 공명심을 쉽사리 무시할 수 없다. "만일 그대가 인간의 공명심을 잠깐 생각해보고, 또 사람들이 유명해지기 위해, 또 영원히 지속될 불후의 명성을 얻기 위해 얼마나 저돌적으로 애쓰는지 생각해보면, 그 무모함에 놀랄 것이다. 모든 사람은 이 명성을 위해 자신의 자녀를 위해 그렇게 하기보다도 더 큰 위험을 무릅쓰고 얼마든지 돈을 쓰고 모든 노력을 아끼지 않으며 심지어 죽을 각오도 되어 있는 것이다"(208c–d). 불후의 명성을 위해 "모든 사람은 무슨 일이든 하는 것이고 우수한 사람일수록 더욱 그러한데 그 까닭은 그들이 사랑하는 것이 불사의 것이기 때문이다"(208d). 사람은 그 자식을 통해서 자신의 삶에 대한 기억을 확보할 수 있는데, 이것은 육체적으로 영원히 사는 것이다(208e). 그런데 혼의 관점에서 영원히 사는 일도 있다. 혼이 영원히 산다는 것에 이끌리는 사람은 정신적 성과를 추구한다. 어떤 이들은 "통찰력과 온갖 덕을 찾아나서는데 이런 것들을 만들어내는 이는 모든 시인들과 창조적이라는 평을 듣는 모든 예술가들이다"(209a). 디오티마에 의하면 또 어떤 이들은 무엇보다도 인간을 이끄는 데에서의 업적을 생각한다. "그러나 가장 위대하고 훨씬 아름다운 통찰력은 국가와 가정의 질서를 바로 세우는 일(διακόσμησις)에서 드러나는 통찰력이다"(209a). 플라톤은 이렇게 정신적 방식으로 불멸성을 추구하는 것을 그저 물질적인 경우보다 단호히 높게 평가한다. "누구나 육신의 자식들보다 이런 자식들을 갖기를 원할 것이다. 즉 호메로스나 헤시오도스, 그 밖의 다른 위대한 시인들을 바라보고는 그들이 남긴 소생을 부러워할 것이다. 그들이 남긴 소생은 이 시인들에게 불후의 명성과 불멸의 기억을 안겨주었으며, 이를 통해 이 시인들 자신도 불멸하게 되었다. 아니면 ⋯ 리쿠르고스(Lykourgos)가 라케다이몬에 어떤 소생을 남겼는지를 보라. ⋯ 그대들에게는 솔론도 칭송을 받는데 그건 그가 법률을 낳았기 때문이다. 또 다른 곳에서도 그리스 사람이나 이방인으로서 훌륭한 업적을 많이 이룩하고 온갖 덕을 낳은 사람들이 많다. 이 사람들의 이름으로 많은 전당들이 세워졌는데 그것은 이와 같은 소생 때문이다. 그러나 육신의 자식들로 존경을 받는 일은 어느 누구에게도 없다"(209c-e).

그렇지만 불멸성을 획득하는 인간의 두 가지 방식은 신들의 불멸성과는 결코 비교될 수 없다. 종이 생물학적으로 계속 유지되는 경우에 개별적 인간은 가사적 존재인 채로 있으며, 불후의 명성으로 계속 사는 경우에도 개별적으로 불멸하기는 하지만 이름이 불멸하는 것으로서 개별자 자체에 부여되는 불멸성은 아니다. 이 두 가지 방식의 불멸성만 존재한다면 에로스가 인간에게 주는 선물은 불완전한 것이 될 것이다. 그러나 세 번째 종류의 가능성이 있으며, 물론 이 가능성은 아주 소수의 사람들만이 도달할 수 있다. 이 가능성을 디오티마는 자신의 가르침의 끝 부분에서 다루고 있다. 즉 우리는 최고의 이데아를 보기까지의 단계적 인식 과정을 담고 있는 이론을 불멸성이라는 주제에 대한 플라톤의 고찰과 연관시켜보아야만 한다. 이 연관성은 플라톤에 의해서 특별히 분명하게 표현되지 않았고, 그 때문에 대부분의 경우에 간과되고 있다. 그렇지만 우리는 이 연관성을 받아들여도 된다고 생각한다.

첫째로, 문제가 되고 있는 디오티마의 설명은 에로스가 하는 일을 다루고 이 에로스의 기능을 아름다운 것 속의 출산으로 묘사하는 부분에 속해 있다(206b 참조). 더 나아가 끝에 가서 '아름다움 자체'의 인식을 두고 말하기를 이 인식에서 진정한 탁월함(덕)이 '산출'된다고 한다. 그 다음에 이미 여러 차례 인용된 구절이 나온다. "진정한 훌륭함을 산출하고 길러내는 이는 신들로부터 사랑받게 되고, 인간에게 불사라는 것이 있다면 바로 이런 사람이야말로 불사이다"(212a). 그렇지만 인간에게 가능한 이 세 번째의 불사에 이르는 통로에서도 철학자는 신들이 불사인 방식으로, 곧 항상 불사인 것은 아니다. 철학자는 최소한 임시로 불멸성의 영역 안으로, 따라서 신들이 늘 거주하는 곳으로 들어선다. 그 이상은 가사적 존재인 인간에게 허용되어 있지 않다. 그러나 죽어야 하는 존재인 인간이 순간적으로나마 신적인 존재 영역, 신적인 존재 상태로 육박해 들어갈 수 있다면 이것만으로도 인간에게는 엄청난 일이다. 핑크가 『형이상학과 죽음』에서 다음과 같이 쓸 때 그도 같은 생각이었던 듯하다. "아타나티제인(athanatizein, 불사의 존재가 된다는 것: 옮긴이)은 트네토이(thnetoi, 죽어야 하는 이들, 죽음을 겪기 마련인 이들: 옮긴이), 곧 가사적 존재인 인간들이 때때로 불사의 신들과 같아지고, 존재자를 그 진정한 구조와 타당한 상태로 보며, 신들이 항상 그리고 지속적으로 그러한 상태에 있는 바로 그 상태에 때때로 그리고 임시적으로 있을 가능성이다. 철학한다는 것은 죽어야 하는 인간들이 유한하게, 일시적으로, 짧은 시간 동안만 신들의 시선으로 바라보는 것이고, 단기간 '신적인 상태에 있는 것'이며, 깨지기 쉬운 항아리에 담긴 신주(神酒, nektar)를 마시는 일이다."[7]

한편으로는 죽음과 불멸성이라는 주제를 다른 한편으로는 철학의 본질에 대한 물음을 동시에 해명하는 또 다른 대화편은 『파이돈』이다. 플라톤은 이 대화편에서 사형을 선고받은 소크라테스에게 독배를 마시는 날에 제자들과 마지막 대화를 나누게 한다. 소크라테스는 철학하는 것은 죽음의 훈련이기 때문에 죽음에 대한 아무런 두려움도 없다고 밝히고서는 혼이 불멸하다는 것을 증명해 보일 몇 가지 생각을 말해준다. 우리는 여기에서 이 사유 과정을 자세하게 다룰 수는 없고 철학과 혼의 불멸성의 문제 사이의 연관성만을 드러내고자 한다. 여기에서 문제가 되는 것은 그야말로 널리 알려진 구절들이다. 다음과 같이 요약할 수 있겠다.

플라톤에 따르면 철학한다는 것(Philosophieren)은 죽는 것(Sterben) 이다. 그런데 죽음은 혼이 육체로부터 분리되는 것이다. "철학자들의 훈련이란 것도 바로 이런 것, 즉 육체로부터 혼의 해방과 분리이다" (67d: καὶ τὸ μελέτημα αὐτο τοῦτό ἐστιν τῶν φιλοσόφων, λύσις καὶ χωρισμὸς ψυχῆς ἀπὸ σώματος). 육체로부터 해방된 혼은 플라톤이 여러 증명 과정과 이의 제기에 대한 논박들을 통해 보여주듯 불멸의 것이다. 그에 따르면 철학적 사유라는 운동의 목표는 어떤 이론, 학

---

7) E. Fink, *Metaphysik und Tod*, Stuttgart 1969, 90쪽.

설, 체계를 전개하는 데 있는 것이 아니라 혼이 특정한 상태에 이르도록 하는 데 있다. 이 상태는 결국 죽음을 통해서야 비로소 도달되며, 죽음에서 육체와 혼은 실제로 분리되지만 삶에서도 이미 추구되는 혼의 상태에 근접할 수 있는 가능성이 열려 있다. 올바르게 철학한다는 것은 혼을 육체가 원하는 것에 되도록 덜 따르게 하고 혼이 항상 그 자체로만 모여 있도록(80e: συνηθροισμένη αὐτὴ εἰς ἑαυτήν) 애쓰는 것이다. 이에 따르면 철학은 모임의 상태, 우리보고 말하라고 한다면 내면의 모임의 상태에 대한 추구이다.

　이것이 뜻하는 것은 철학이 일종의 금욕(Askese)이라는 것이다. 육체로부터 해방된 혼의 상태에 가능한 한 근접하기 위해서 "참된 철학자들은 육체로부터 생겨나는 모든 욕망을 멀리하고 꿋꿋이 이런 것에 빠지지 않도록 조심한다. 그들이 이렇게 삼가는 것은 많은 사람들이나 돈을 밝히는 자들처럼 재산을 탕진하거나 가난을 두려워하기 때문이 아니며, 권력이나 명예를 밝히는 자들처럼 올바르지 못한 행위로 겪게 될 불명예나 악평을 두려워해서도 아니다"(82c). 철학하는 이들에게 금욕적인 생활을 하게 동기를 제공하는 것은 어떤 것에 대한 두려움이 아니라 혼이 육체로부터 해방되는 데에 대한 요구이고, 이 요구는 그 핵심에서 불멸성에 대한 요구이다.

　그러나 이 불멸성에 대한 요구를 생명 연장에 대한 개인의 한갓된 이기주의적 추구로 보는 것은 잘못이다. 플라톤에게 불멸성은 단순히 혼이 지금까지의 삶을 계속하는 것이 아니다. 인간은 본성상 죽지 않을 수 없기 때문에 인간의 혼이 불멸하다는 것은 혼이 초인간적인 존재 방식으로, 신적인 것의 생활 방식으로 들어선다는 것을 뜻한다. 즉 육체로부터 해방된 혼은 신적인 것에 아주 가까이 서 있다. 플라톤이 그리는 소크라테스는 "신적이며 불멸하고 지적이며 한 가지 보임새이고 분해될 수 없으며, 스스로에 대해 언제나 꼭 같은 방식으로 한결

180

같은 상태로 있는 것과 가장 닮은 것이 혼이다"(80b)라고 가르친다. 그런 까닭에 철학자는 혼이 사후에도 그 혼과 닮은 신적인 것에 도달하기를, 이 사후의 시간을 플라톤이 비교(秘敎) 언어로 표현하는 것처럼 '신들과 함께 지내기를'(81a: μετὰ θεῶν διάγουσα) 기대한다. 또 이렇게도 말한다. "신들의 세계에 들어가는 것은 철학하지 않고 완전히 순수한 상태로 떠나지 않은 사람에게는 결코 허용되지 않는다"(82b-c).

이렇게 볼 때 불멸성에 대한 철학적 추구는 신적인 것 혹은 신들과 함께 있기(Zusammensein mit dem Göttlichen oder den Göttern)를 추구하는 것으로서 전적으로 종교적인 추구이다. 이것은 제의 행위를 통해 신들과의 결합을 복구하고자 하고 비록 눈에 보이지는 않지만 신의 현존, 신의 임재(臨在)를 불러일으키고자 하는 인간의 노력에 비교된다. 『파이돈』의 피안의 신화에서 축복받은 땅의 거주자들에게 약속되기를 거기에 "정말 신들이 사는 신전들과 성소들이 있어서 그곳 사람들은 신들의 음성을 들으며 또 그들이 신들에게 묻고 기원한 것에 대한 응답을 들으면서 신들과 교제한다"(111b)고 한다. 그렇다면 거기에서는 인간들이 신들과 '함께 있는'(συνουσία) '황금 시대'의 상태가 다시 시작되는 셈이다. 플라톤은 『심포시온』에서는 이 세상의 삶 속에서 비록 임시적이기는 하지만 신들과 함께 있을 수 있다고 보는 반면, 『파이돈』에서는 철학을 통해서 최소한 이 상태가 준비될 수 있다고 가르친다. 『파이돈』에는 우리가 바그너(H. Wagner)의 표현대로 '학으로서의 형이상학의 출발'로 파악할 수 있는 대목들이 있지만[8] 이 대화편의 본래적인 경향은 종교적인 것으로 보인다.

---

8) H. Wagner, "Platos Phaedo und der Beginn der Metaphysik als Wissenschaft (Phaedo 99d-107b)", in: *Kritik und Metaphysik*, Heinz Heimsoeth zum 80. Geburtstag, Berlin 1966, 363-382쪽.

『파이드로스』에서도 혼의 불멸성의 문제가 최소한 부차적으로라도 논의된다. 플라톤은 이 주제를 우선 운동의 근원에 대한 고찰 형식으로 다룬다. "그러므로 오로지 스스로 운동하는 것만 움직이기를 결코 그치지 않을 것이다. 그 까닭은 이것이 결코 스스로를 떠나지 않기 때문이다. 그런데 이것이 또한 그 밖에 움직여지는 모든 것에서도 운동의 근원이자 시작이다. 시작은 생겨나지 않는다. … 시작은 생겨나지 않기 때문에 필연적으로 사라지지 않는 것임에 틀림없다"(『파이드로스』 246c-d). 이 스스로 움직이는 것이 이제 플라톤에 의해 혼과 동일시되고 그 결과 혼은 생겨나지도 않고 사라지지도 않는다고 한다(246e). 조금 뒤에 비록 다소 다른 형태이기는 하지만 이 주제가 다시 등장한다. 즉 플라톤이 혼의 본성을 쉽게 이해될 수 있는 방식으로 기술하기 위해 제시한 신화에서 혼의 윤회(Seelenwanderung) 이론이 소개된다. 이에 따르면 모든 혼은 날개 달린 두 필의 말이 끄는 전차로 비유되는데, 이 전차를 조종하는 이는 참된 존재자의 '하늘 저편의 영역'으로 몰고 가려고 애쓴다. 신들의 혼들에서는 두 필의 말이 모두 조종하는 이에게 기꺼이 순종하기 때문에 쉽사리 성공한다. 그러나 신적이지 않은 혼들은 덜 훌륭한 조종자를 가진데다 두 말들 가운데 하나가 조종하는 이의 뜻에 순종하지 않고 전차를 아래로 끌고 가려 한다(246a-b, 247b). 그래서 이 혼들은 대부분 참된 존재자를 봄으로써 강해지는 경우에 이르지 못한다(248a-b). 이렇게 해서 이제 다음과 같은 일이 일어난다. 참된 존재자의 일부라도 본 혼은 아무런 해도 입지 않고 원래의 모습대로 있는 반면에 참된 존재자를 볼 수 없었거나 보았더라도 흘낏 본 데 지나지 않은 혼은 인간의 육체와 결합된다(248c-e). 인간의 육체를 지닌 이 첫 번째 삶을 마친 다음에 철학자들의 혼을 제외한 여타의 혼들은 법정에 세워져 그 이전의 행태에 따라서 벌을 받거나 상을 받는다(249a). 이 시기가 천 년이 걸린다. 그런

182

다음 혼들은 새로운 모습을 선택한다. "어떤 인간의 혼은 짐승 안으로 들어갈 수도 있고, 전에 인간이었던 짐승이 다시 인간이 될 수도 있다"(249b). 그런데 철학하는 것으로 그 삶을 보낸 인간들의 혼들은 세 번에 걸친 삶이 지난 뒤에, 즉 3천 년 뒤에 다시 어떤 육체로 들어가 야만 하는 강제로부터 해방된다(249a). 그러므로 플라톤의 이론에 따르면 죽음은 육체에만 해당된다. 혼은 불멸하며, 인간의 혼 역시 그러하다. 즉 혼은 육체 속에 들어가는 순환의 사슬을 철학을 통해 끊어내지 못하는 경우에만 되풀이해서 육체와 결합하게 된다. 플라톤이 이미 고대 인도인들과 그리스의 피타고라스학파 사람들에게서 발견되는 이 혼의 윤회 이론을『파이드로스』에서 비유적으로 말하는 데 그치는 것인지 아니면 그 자신이 추종하는 것인지는 판가름하기 어렵다. 어쨌든 분명한 것은 이 혼의 윤회 이론이 여러 대화편들에 등장한다는 사실이다.

예를 들어서『국가』제10권도 그런 경우이다. 여기에서도 마찬가지로 혼의 불멸성이 기술되고, 선한 행위와 악한 행위에 대해 되갚는다(Vergeltung)는 사상이 다시금 혼이 윤회한다는 사상과 결합된다. 플라톤은 이것을 전투에서 사망했다가 열 이틀째 날에 다시 살아나 지하 세계에서 겪었던 일들을 보고하는 팜필리아(Pamphylia) 사람 에르(Er)의 신화를 통해 설명한다(『국가』614b-621b). 여기에서 다시금 전생의 행위들에 대한 보상과 징벌 그리고 새로운 삶을 선택하는 방식에 대해 자세하게 언급된다. 반면에『고르기아스』에서는 지하 세계에서 선한 행위에 대해서는 상을 받고 악한 행위에 대해서는 벌을 받는다고만 말하고 혼의 윤회에 대해서는 아직 언급되지 않는다(522e-527c).

그런데『국가』에서 혼의 불멸성이라는 문제와 연관된 또 하나의 계기가 나타나는데, 이것은 다른 대화편들에서도 등장한다. 즉 만일 인간의 혼이 불멸할 수 있다면, 이 혼은 죽어야만 하는 인간 자체에게는 부여되지 않는 특성을 획득한다는 것이다. 다시 말하면 이렇게 해서 인간의 혼은 신적이게 된다. 혼의 이런 특성으로 신적인 것과의 동화가 일어난다. 그래서 플라톤은 소크라테스에게 대화 상대인 아데이만토스에게 다음과 같이 말하게 한다. "자신의 생각을 참으로 실재하는 것에 향하도록 하는 이에게는 아마도 인간들이 하는 일을 내려다볼 여가도, 그들과 다투느라 시기와 적대감으로 가득 찰 여가도 없을 것이다. 오히려 그는 잘 정돈되고 언제나 똑같은 방식으로 있는 것들을 바라보면서 … 그런 것들을 본받으며(μιμεῖσθαι) 최대한 그것들을 닮느라(ἀφομοιοῦσθαι) 여념이 없을 것이다. … 철학자는 신적이며 정돈된 것과 어울림으로써 정돈되고 신적이게 된다"(500b-d). 또 613a-b에서는 올바름을 위해 애쓰는 사람들을 두고 그들은 인간으로서 할 수 있는 한 최대로 신을 닮게(ὁμοιοῦσθαι θεῷ) 된다고 말한다. 플라톤은 '신과의 동화'(『테아이테토스』 176b: ὁμοίωσις θεῷ, Verähnlichung mit Gott)라는 사상으로 그리스 종교에서 그때까지 영웅들만 도달할 수 있다고 생각했던 목표를 철학에 부여하고 있는 것이다.[9] 또 이로써 플라톤 철학은 종교, 곧 하나의 새로운 종교로 근접하는 셈인데, 이 새로운 종교는 지금까지의 종교의 목표에 철학적 방식으로 도달할 수 있다고 본다.

플라톤의 혼의 불멸설은 철학 이전의 오랜 전통 위에 서 있다. 로데 (E. Rohde)는 이미 플라톤이 "혼의 종류, 유래, 특징을 철학적으로 묘사하는 데에서 이전 시대의 신학자들의 궤적을 뒤따라가고 있다"[10]고

---

9) 다음을 참조. D. Roloff, *Gottähnlichkeit, Vergöttlichung und Erhöhung zu seligem Leben, Untersuchungen zur Herkunft der platonischen Angleichung an Gott*, Berlin 1970.

10) E. Rohde, *Psyche* II, 278쪽.

전제한다. 로데는 그 근거를 다음과 같이 말한다. "개별적인 혼들이 영원하고 소멸되지 않는다는 이론, 혼이 인격적으로 불멸하다는 이론은 플라톤의 고유한 사변, 곧 이데아 이론과 조화를 이루기 어렵다. 그럼에도 불구하고 플라톤이 혼의 불멸설을 이데아 철학과 결합시켜 자신의 사상의 범위 안에 받아들인 이후 이 이론을 변함없이 그리고 그 가장 본래적인 의미로 고수한다는 사실은 의심의 여지가 없다. 그가 혼의 불멸성에 이르게 되는 과정은 『파이돈』에서 그 당시 자신에게 이미 확고하게 서 있던 혼이 불멸하다는 전제를 뒷받침하기 위해 제시된 '증명들'로는 확인되지 않는다. 만일 이 증명들이 증명하고자 했던 바를 실제로는 증명하지 못한 것이라면 이 증명들이 철학자 자신을 혼이 불멸하다는 확신으로 이끌지도 못했을 것이다. 실제로 플라톤은 이 신앙의 원리를 믿음의 이론들로부터 갖게 되었고, 이 믿음의 이론들은 신앙의 원리를 완전 무결하게 제시한다. 플라톤 자신은 이 점을 결코 숨기지 않았다."[11] 로데는 이런 성찰에 뒤이어 플라톤이 오래된 종교적 이론들을 끌어대는 일련의 대목들에 주목한다.[12] 이 대목들에서 오르페우스교의 이론들이 분명히 특별한 역할을 한다. 즉 오르페우스 교도들 그리고 그들과 연관을 맺고 있는 피타고라스 교단 교도들에게는 혼의 윤회설이 있다.[13]

혼이 윤회한다는 것은 아주 오래된 이론으로 그리스뿐만 아니라 특히 인도에도 널리 퍼져 있었다. 그런데 이 윤회설이 철학적으로 매우 중요하게 된 것이다. 그래서 부르커트는 피타고라스에 대한 저서에서 "혼의 윤회설에 어떤 새로운 것이 들어 있는 것 같다"고 쓰고 있다.

---

11) 같은 책, 278쪽 이하.
12) 같은 책, 279쪽 이하. 주 1.
13) W. Jaeger, *Die Theologie der frühen griechischen Denker*, Stuttgart 1953, 99쪽 이하.

"여기에서 이야기되는 것은 신화도 아니요 제의 관습이나 어떤 특별한 상황을 해석하기 위한 비유적이고 분명한 어떤 특정한 이야기도 아니라 인간에게 직접적으로 관계되며 글자 그대로 이해했을 때 진리임을 요구하는 이론이 선포된다는 것이다. … 혼이 앞서 있었으며 불멸하다는 사상에는 그 결과로 이끌어져 나오는 사유에 대한 시도가 들어 있고, 이 사상에서 어떤 영원하며 소멸되지 않는 존재가 포착되며, 이 사상은 파르메니데스 존재론을 이미 형상화하고 있다."[14] 이것이 말하는 것은 혼의 윤회설이 결국 존재론으로 이어진다는 것이다. 그렇다면 그리스 사상가들의 존재 이론을 혼의 윤회설을 더욱 진전시키는 것으로, "혼의 불멸설을 다른 것으로 바꿔놓은 것"으로 이해할 수 있을 것이다.[15]

　예거는 오르페우스 교도들과 피타고라스 교도들의 혼의 윤회설을 플라톤 철학과 밀접하게 연관시킨다. 그의 견해에 따르면 "오르페우스교의 혼 이론은 플라톤 철학과 아리스토텔레스 철학 그리고 이 두 사람의 혼 및 정신이 신적이라는 생각과 일직선으로 이어진다."[16] 그런데 오르페우스교의 혼 이론은 예거가 보기에 아주 비그리스적인 안으로의 전회(Wendung nach innen)를 겪게 되고, 이 전회는 플라톤의 두 세계 이론(Zweiweltenlehre)으로 노출되고 오로지 혼의 세계만 참된 존재의 세계라는 생각에서 절정을 이룬다. "오르페우스교의 혼에 대한 믿음은 플라톤의 혼 이론의 역사적 예비 단계요, 이 오르페우스 혼 이론이 플라톤이 자신의 혼의 형이상학을 감각적이고 시적으로 묘사하는 데에 상징적이고 신화적인 요소의 원천으로 작용한 것은 근거

---

14) W. Burkert, *Weisheit und Wissenschaft*, 112쪽 주 95.
15) 같은 책, 264쪽.
16) W. Jaeger, *Die Theologie der frühen griechischen Denker*, 104쪽.

없는 것이 아니다."[17]

그렇지만 내가 보기에는 이 정도로는 아직 부족한 것 같다. 오르페우스교의 사유 세계는 나중에 아주 다른 근원들로 소급되는 저 플라톤의 혼의 불멸설을 묘사하는 수단에만 그치는 것이 아니다. 오히려 플라톤이 오르페우스교의 철학적 핵심을 들추어내고, 보전하고, 더욱 발전시켰다고 볼 충분한 근거가 있다. 다시 말해서 우리는 이른바 비그리스적인 '안으로의 전회'와 관련해서 무엇이 그리스적이고 또 무엇은 그리스적이지 않은지를 그리스 사람들에게 처방하려고 해서는 안 된다. 안으로의 전회는 불가피하게 인간의 사유와 절대적 존재 사이의 결합을 복구하려는 노력, 다시 말해서 제의와 마찬가지의 성격을 지니는 노력으로부터 나온다. 만일 종교의 신들이 더 이상 이 세계에 나타나지 않는다고 생각된다면 신적인 것과 만나기 위해 관심을 내면성으로 옮겨가야 할 것이다.

어느 특정한 종교적 전통을 물려받았다는 것은 피상적이고 임시적인 설명에 지나지 않을 수 있다. 플라톤이 그러한 전통에 따르게 되는 근거가 되는 사상을 이해하는 것이야말로 중요한 일이다. 그래서 란츠베르크(P.L. Landsberg)는 혼의 불멸설의 '실존적 근본 동기'를 추적하고 '철학적 인간학'이라는 셸러의 구도에 합류해서 인간과 관계를 맺는 철학함의 방식을 요구한다.[18] 란츠베르크에 따르면 20세기 초 철학의 현황은 "철학의 으뜸가는 근원과 철학의 필요성을 참된 인간 실존으로부터 재성찰할 것을 요구한다. 이 참된 인간 실존 안에 가능성들과 물음의 방향들로서의 철학적 근본 문제들이 모두 포함되

---

17) 같은 책, 106쪽.
18) 여기에 대해서는 다음의 내 글을 참조하라. "Die philosophische Anthropologie bei P.L. Landsberg", in: Zeitschrift für philosophische Forschung 27(1973), 582-594쪽.

어 있다."[19] 그 까닭은 다음과 같다. "철학은 인간 존재라는 토양에 뿌리박고 있으며 이 뿌리에 대해 성찰해야만 한다. 바로 이런 성찰에서 왜 철학이 인간학이어야만 하는지가 귀결된다."[20] 그 다음에 계속되는 인간학적 고찰들의 출발점으로 란츠베르크는 인간이 자신이 죽어야만 한다는 것을 안다는 사실을 든다. "인간은 죽어야만 한다는 것을 알고 있거나 혹은 알 수 있는 존재이다." 죽음을 체험하는 데에서 "나 자신이 죽어야 한다는 사실과 죽어야 한다는 점이 인간의 관념에 속한다는 사실이 뗄레야 뗄 수 없다는 것이 발견된다."[21] 그러나 모든 인간이 동일한 방식으로 동일한 정도로 죽어야 한다는 사실을 경험하는 것은 아니다. 오히려 "인간의 개별적인 삶의 느낌이 더 많이 형성되면 될수록 인간은 그만큼 자신의 필연적인 죽음을 더 많이 의식하게 된다."[22] 그러므로 인간이 개별화되고 인간화되면 죽음의 의식이 고조된다. 그렇기 때문에 원시민족들에서는 개별적 인간 존재가 죽음에 떨어진다는 의식이 전혀 없다. 개인은 아직 종족이라는 집단 의식과 일체인 채로 있다. 그러다가 인류 역사에서 점차 죽음에 대한 다른 태도가 전개된다. 문화 발달의 특정한 단계부터 "인간은 고유한 내면 세계의 특수성을 발견함과 동시에 자신의 죽음과 그 죽음의 문제들을 체험한다."[23] 짐승의 의식 역시 원시인들과 거의 마찬가지로 여전히 거의 전적으로 종(種, Gattung)에서 머문다. "동물은 비록 실제의 죽음의 위협에 대한 공포를 넘어서서 개별적으로 죽어야만 한다는 의식을

19) P.L. Landsberg, *Einführung in die philosophische Anthropologie*, Frankfurt 1934, 50쪽.
20) 같은 책, 같은 곳.
21) 같은 책, 70쪽.
22) 같은 책, 54쪽.
23) 같은 책, 59쪽.

갖는다고 할지라도, 마치 원시인이 종족 안에 위치하듯, 종 안에서 문제없이 계속 살면서 스스로를 느낄 것이다. 따라서 죽음 및 불멸성의 문제를 지닌다는 것은 인간화가 진전됨에 따라 이 문제 의식도 커진다는 의미에서 인간의 본질에 속한다."[24] 그러므로 인간화가 상당히 전개된 단계에서야 비로소 철학에 이를 수 있게 된다. "본래적인 인간화의 특정 단계에서 죽음에 대한 앎이 갑자기 솟아나면, 철학이 생겨나는 전제 조건이 갖추어진 셈이다. 이 본질 연관성을 어쩌면 고대 이후 최초로 다시금 그 전체 의미에서 파악한 것은 오랫동안 충분히 인정되지 않은 쇼펜하우어의 업적이다."[25] 우리는 이미 이 장의 서두에서 쇼펜하우어의 몇몇 구절들을 인용했다. 또 플라톤에서의 죽음과 불멸성의 문제에 관한 단초들을 지적한 사람 역시 쇼펜하우어였다.

『파이돈』에서 플라톤은 인간 존재가 죽음의 위협을 받는다는 점에 대한 대답을 개별적 혼이 불멸하다는 취지로 제시한다. 란츠베르크는 "고대 철학 전체에서 참되고 본래적인 존재를 영원하고 죽음에 종속되지 않는 존재로 규정하는 것이 기초를 이루고 있다"[26]고 지적한다. 따라서 죽음의 문제 역시 존재의 문제와 연관해서 보아야 한다. "하나이며 소멸하지 않는 것을 추적하는 파르메니데스의 존재론으로부터 플라톤 이데아 이론의 존재론을 거쳐 아우구스티누스가 기독교 철학의 핵심으로 만들 수 있었던 플라톤주의적 존재론에 이르기까지 고대 존재론은 만일 우리가 이 존재론 안에서 철학의 근본 동기를, 삶의 의미를 위협하는 인간의 죽음에 대한 의식과의 대결을, 소멸한다는 것을 극복하려는 노력을 충분히 찾아내지 못한다면 이해할 수 없다. 죽

---

24) 같은 책, 74쪽.
25) 같은 책, 60쪽.
26) 같은 책, 63쪽.

음에 대한 앎은 본래적이고 지속적인 존재에 대한 물음뿐만 아니라 인간의 삶의 의미에 대한 물음까지도 내놓게 만든다. 이 인간의 삶의 의미는 죽음에 맞서는 것이요 따라서 인간의 삶을 더 이상 자명하다는 듯 영위하지 않는 것이다."27) 이렇게 죽어야 하는 존재로서의 인간의 자기 해명은 "죽음을 넘어서서 계속 산다는 생각, 절대적이고 영원한 존재에 대한 생각, 결국 스스로를 본질화하고 삶의 의미를 충족시키며 절대적이고 영원한 존재와 결합된다는 생각과 불가분적으로 연결되어 있다."28) 인간은 죽어야 한다는 의식의 관점에서 "영원한 존재를 물어야만 하고, 이 영원한 존재에 관여하고 스스로를 이 영원성의 존재 방식으로 구출해낼 가능성을 물어야만 한다."29)

물론 죽음이라는 주제는 그리스 철학에서 플라톤 이전에도 탐구되었다. 헤라클레이토스도 여기에 해당하고,30) 파르메니데스도 마찬가지이지만31) 아마도 최초의 인물로는 아낙시만드로스를 꼽아야 할 것이다. 우리는 많이 논의된 이 토막글을 다음과 같이 번역할 수 있을 것이다. "존재하는 것들의 시초는 비한정자(非限定者)이다. 이것으로부터 존재하는 것들이 생겨나고, 또 존재하는 것들은 이것으로 소멸한다. 즉 그것들은 시간의 질서에 따라서 그 불의로 말미암아 서로서로에게 심판받고 대가를 지불한다."32) 우리는 여기에서 시초(ἀρχή)라

27) 같은 책, 63쪽 이하.
28) 같은 책, 65쪽 이하.
29) 같은 책, 64쪽.
30) 여기에 대해서는 다음 토막글들을 참조하라. B 15, 20, 21, 24-27, 36, 38, 62, 63, 76, 77.
31) 다음 책을 참조하라. U. Hölscher, *Anfängliches Fragen, Studien zur frühen griechischen Philosophie*, Göttingen 1968, 90-129쪽.
32) 토막글 B 1.

는 개념도 비한정자(ἄπειρον)라는 개념도 자세히 살펴볼 의도가 없으며 오로지 사물들이 서로서로 불의에 대해 심판받고 대가를 지불한다는 언급에 대해서만 주목하고자 한다. 사물들은 소멸(φθορά)을 통해서, 다시 말하면 죽음을 통해서 대가를 지불한다. 그런데 사물들은 왜 그 생성에 대해 대가를 지불해야 하는가? 사물들이 어떤 잘못을 저질렀단 말인가? 프랭켈은 다음과 같이 대답한다. "잘못은 명백히 생성된 것이 아페이론으로부터 나와서 현실화될 때 이기적으로 그 자체의 가능성들을 손상시키고 이 생성된 것이 아니었던들 생겨날 수 있었을 다른 모든 사물들에서 이 가능성들을 앗아간다는 데에 있다. 이러한 불의는 존재하는 것이 죽어 다시 아페이론에서 모습을 감추고 그 존재를 잠재적인 사물들 전체에 되돌려주는 방식으로 응징된다."[33] 아낙시만드로스는, 헤라클레이토스와 파르메니데스도 그렇듯이, 죽음이라는 주제를 (아주 상이한 결과를 보여주기는 하지만) 순수하게 철학적으로 다룬다. 플라톤에서는 다르다. 플라톤은 자기 이전 철학자들의 사유보다 더 오래된 사유로 소급해 들어간다. 즉 그는 그리스 종교의 사유로, 특히 그리스 종교 안에 들어 있고 그가 자신의 견해의 본으로 삼는 저 피안을 그리는 신화들(Jenseitsmythen)로, 또 그리스 사람들의 고전적 종교에서 벗어나 인간의 혼이 불멸하다고 가르치는, 다시 말해서 사후에 잃어버렸던 신들과의 결합으로 되돌아간다고 가르치는 비교(秘敎)들로 소급한다. 그런데 죽어서 신들과의 결합을 회복한다는 것은 모든 제의의 목표이다.

---

33) H. Fränkel, *Dichtung und Philosophie des frühen Griechentums*, 3.Aufl., 1969, 305쪽.

미스테리온 8

"그리스 철학과 비교(秘敎, Mysterien) 사이의 내적 연관성은 오랫동안 충분히 해명되지 않은 상태로 있었다."[1] 오래전 란츠베르크의 이 말은 오늘날까지도 타당하다. 오늘날에도 우리는 이 연관성에 대해 그때보다 더 많이 알고 있지 못하다. 그렇지만 플라톤이 비교 언어(Mysteriensprache)로 된 표현들을 쓰고 있는 구절들을 우리가 한 번 더 고찰한다면 플라톤 철학을 이해하는 데에 도움을 주는 몇 가지를 얻어낼 수 있을 것이다. 여기에서 우리는 대부분 이미 보아온 구절들을 다시 문제 삼을 터인데, 이 장에서는 특히 플라톤 철학이 고대 비교들과 유사성을 갖고 있음을 드러내는 계기들을 강조할 것이다.

그렇지만 먼저 비교제의(秘敎祭儀, Mysterienkult)가 지닌 몇 가지 일반적인 특징들을 상기하는 것이 좋겠다. 이 특징들은 두 가지 주요 원천으로부터 이끌려 나오는데, 그 하나는 '입교 의식'(Initiationsrite)이고

1) P. L. Landsberg, *Einführung in die philosophische Anthropologie*, Frankfurt 1934, 63쪽.

다른 하나는 '생식력 숭배'(Fruchtbarkeitskult)이다. 비교제의는 우선 입문 의례(τελετή)를 드러낸다는 점에서 '입교 의식'과 공통된다. 비교로의 입문 의례를 거친 자는 그들이 받은 축성을 통해서 입교하지 않은 자들과 구별된다. 이 절차에서 무슨 일이 벌어지는가에 대해서는 침묵하도록 되어 있었고, 실제로 이 침묵의 규칙이 철저히 지켜졌기 때문에 오늘날 우리는 비교의 제의 행위들이 구체적으로 어떤 것인지 쉽게 말할 수 없는 형편이다. 아마도 미스테리아(mysteria)라는 명칭도 이 침묵의 규칙에서 유래한 것 같다. 왜냐하면 미스테리온(μυστήριον, 대부분 복수 형태인 미스테리아[μυστήρια]로 표현되는데)이라는 단어는 '(입을) 닫다' 정도를 뜻하는 미에인(μύειν)이라는 단어와 연관되기 때문이다.

그리스 민족종교에서는 성스러운 행위들이 일반적으로 공개적이었고 노천에서 행해진 데에 반해서 비교 제의는 대부분 폐쇄된 공간에서 비밀스럽게 행해졌다. 민족종교가 기리는 신들의 제단들은 신전들의 앞에 있고 신도들이 노천에 집결한 데에 반해서 비교의 신도들은 적어도 의식이 절정에 이를 때면 건물 안으로 숨어들어갔다고 한다. 엘레우시스(Eleusis)에서 발굴된 텔레스테리온(telesterion) 건물이 이를 잘 말해준다. 다시 말해서 비교에서는 제한된 소수의 신도들, 곧 입문 의례를 거친 자들, 텔레스타이(τελεσταὶ)에게만 접근이 허용되었다.

입교 의식에서와 마찬가지로 비교의 제의 행위들에서도 여러 가지 형태로 상징적으로 고통과 죽음을 드러내는 일들이 치러지고, 이렇게 해서 축성을 받은 이는 결국 새로운 삶으로 이끌리게 된다. 이렇게 하기 위한 제의 형태가 '세례'(Taufe), 곧 물에 잠겼다가 다시 물에서 꺼내지는 행위였다. 같은 맥락에서 타우로볼리온(taurobolion, 황소를 제물로 바치는 의식으로 미트라스[Mithras]나 키벨레[Kybele] 따위의 제사 때에 거행되었으며, 그 황소의 피로 새 신자가 세례를 받았다: 옮긴이)이 있었

196

다. 제물로 바쳐진 황소의 피가 구덩이에 웅크리고 앉아 있는 사람을 적시고(죽음의 상징), 그 다음에는 이 사람이 화려한 옷으로 갈아입고 새로운 삶으로 끌어올려진다. 이외에도 죽음과 새로운 탄생을 흉내내 거나 사후 세계나 하늘로 떠나는 여행을 상징적으로 드러내는 다른 많은 의식들이 있었다. 비교에서도 축성을 받는 이는 종종 엄격한 시험을 거쳐야만 했다. 이 어려운 시험이 고대소설들에 잘 보고되어 있는데, 예를 들어 폼페이의 '비교의 집'(Mysterienvilla) 프레스코화 같은 데서 잘 볼 수 있다.

'생식력 숭배'에서도 문제가 되는 것은 죽음과 소생이다. 그런데 이 과정은 겨울에는 죽은 것처럼 보이다가 봄이나 여름에는 다시 살아나는 식물의 변화와 연관해서 생각되었다. 비교 제의로 발전된 '생식력 숭배'의 신격(神格)은 대부분 땅의(chthonisch) 신들이었다. 예를 들어서 데메테르(Demeter)와 코레(Kore), 디오니소스, 카비리(Kabiri, 동양에서 유래한 것으로 알려진 농경의 신, 제사 중심지는 Samothrake: 옮긴이)들, 키벨레(Kybele)와 아티스(Attis), 아프로디테(Aphrodite)와 아도니스(Adonis), 이시스(Isis)와 오시리스(Osiris) 등이 그런 신들이다. 이 신들은 어떤 운명을 지니고 있으며, 제의는 이 신들의 운명을 반복하는데, 그 운명이란 고통, 죽음, 사후 세계로 가는 것, 다시 생명을 얻어 복귀하는 것이다. 신도들이 이 신들의 운명을 함께 겪음으로써 드디어 구원(σωτηρία)도 나누어 갖기에 이른다. "이 식물 숭배라는 비교 제의에 아주 일찍 피안의 세계에 대한 희망이 결합된다는 것이 확실하고, 성장의 신들은 대부분 죽음의 신이기도 했다."[2]

비교 제의의 정점을 이루는 것은 어떤 성스러운 대상들을 직관하는

---

2) H. Rahner, "Das christliche Mysterium und die heidnischen Mysterien", in: Eranos-Jahrbuch 11(1944), 347-398쪽, 인용은 367쪽.

일(ἐπόπτεια)이었던 것으로 보인다. 이 직관이 최종적인 축성이었으며 구원되었다는 확신을 주었다. 호메로스의 데메테르 찬가는 다음과 같이 노래한다(V. 480 이하). "이것을 본 이는 땅에 사는 인간들 가운데 복된 자이라. 그러나 성스러움에 발을 들여놓지 못한 자, 성스러움에 참여하지 않은 자는 똑같은 행복한 제비를 뽑지 못한 자이니, 왜냐하면 그런 자는 하데스의 퀴퀴한 어둠으로 추락하니까." 우리는 어떤 대상들이 제의 행위의 정점에서 신도들에게 제시되었는지 알지 못한다.[3] 그렇지만 에폽테이아(epopteia)가 압도적인 경험이었을 것이라는 점은 확실하다. 입교 의식을 치르는 자는 이때 전적으로 바라보기만 한다. 다시 말해서 순전히 수동적이다. 아리스토텔레스가 토막글에서 비교에서 문제가 되는 것은 무엇인가를 배우는 것(μαθεῖν), 다시 말해서 무엇인가를 지성으로 파악하는 것이 아니라 무엇인가를 겪는 것(παθεῖν)이라고 말한 것도 아마 이와 연관되는 것 같다.[4] 그런데 이 경험은 어디에 있다는 말인가? 파피루스로만 전승된 미트라스 전례(典禮)를 고맙게도 편집하고 번역한 디테리히(A. Dieterich)는 이 점에 자세한 주를 달면서 일반적으로 비교 제의에 대해 다음과 같이 말한다. "모든 비교들에서 그 핵심에 해당하는 것은 신도가 어떤 방식으로든 신과 결합되는 것이요 그 정점은 최근에 딜스가 막시모스 티리오스(Maximos Tyrios)의 표현을 인용해 말하는 대로 '신령스러운 것과의 동질화'(συγγενέσθαι τῷ δαιμονίῳ)이다."[5] 그런데 인간은 이

---

3) 여기에 대해서는 다음을 참조. W. F. Otto, "Der Sinn der eleusinischen Mysterien", in: *Die Gestalt und das Sein*, Darmstadt 1955, 313–337쪽; L. Deubner, *Attische Feste*, Berlin 1932(Darmstadt 1962), 69–91쪽.

4) 아리스토텔레스, Fr.15 Rose.

5) A. Dieterich, *Eine Mithrasliturgie*, 3.Aufl., Leipzig und Berlin 1923(Darmstadt 1966), 93쪽 이하.

'신과의 동질화'를 사유하고 말하는 데에서 오직 '인간 질서의 유비에 의해서만' 파악할 수 있고 표현할 수 있을 뿐이다. 다시 말해서 "인간은 낯선 것을 오직 자신에게 친숙한 과정들의 모습으로만 바라볼수 있고, 동경하는 비현실적인 것을 오직 본성 및 사물들 서로서로의지상적(irdisch) 관계라는 형태로만 형상화할 수 있다."[6] 디테리히는미트라스 숭배에 등장하는 전례상의 모습들을 드는데, 이것들은 한때본래적으로 참된 제의적 과정들로 생각되었다. 그것들은 신을 먹는것, 신과 사랑을 나누는 것, 신의 자식을 얻는 것, 인간이 다시 태어나는 것, 인간의 혼이 하늘을 여행하여 신에 이르는 것 등이다.[7] 이 모든 상이한 표현 방식들에서 공통적인 의미는 "혼이 신에게로 고양된다는 것"(Erhebung der Seele zu Gott[8])이다. 모든 비교 제의에서 문제가 되는 것은 이처럼 혼이 신에게로 고양되는 것이다.

그런데 플라톤 중기의 모든 중요한 대화편들에 비교 제의와 연관된것들이 들어 있음을 볼 수 있다. 『파이돈』으로 시작해보자. 이 대화편의 중심에는 철학의 본질에 대한 물음과 함께 혼의 불멸성이라는 주제가 서 있다. 플라톤이 소크라테스에게 다음과 같이 말하게 할 때 그는 정말로 분명하게 비교와 관계를 맺는 셈이다. "비교를 세운 사람들도 결코 엉터리가 아닌 것 같다. 즉 그들은 이미 오래 전부터 우리에게 비의(秘義)를 받지 않고 성스러워지지 않은 채로 저 세계에 간 사람은 진흙탕에 있게 되지만 비의를 받고 정화(淨化)되어 저 세상에 간 사람은 신들 곁에 있게 될 것이라고 암시했으니 말이다. 비교와 연관성을 갖는 사람들은 '솔방울 지팡이(thyrsos 혹은 narthex라고 부르는 것으

---

6) 같은 책, 94쪽.
7) 같은 책, 95-209쪽.
8) 같은 책, 94쪽.

로 디오니소스 종교를 상징한다: 옮긴이)를 들고 다니는 자들은 많아도 참된 박코이(bakchoi, Dionysos의 다른 이름인 Bakchos를 따르는 사람들)는 적다'고 말한다. 나는 이 참된 박코이가 다름 아니라 올바르게 철학하는 사람들이라고 생각한다"(『파이돈』 69c-d).

크뤼거(G. Krüger)는 이 대목에 대해 플라톤 철학에 이 비교가 호메로스 종교보다 훨씬 더 가깝게 서 있지만 그렇다고 이 비교가 플라톤 자신이 생각하는 것과 동일한 것은 결코 아니라고 한다.[9] 또 그는 『국가』 363c-365a의 극히 비판적인 언급을 지적하면서 계속해서 다음과 같이 말한다. "이 종교가 본질적으로 신화에서—그보다 훨씬 더 제의에서—시작한다는 것을 생각하면, 플라톤이 거리를 둘 것을 강조하는 이유를 짐작하기란 어려운 일이 아니다. 비교들 역시 혼의 참된 본성, 이성적 본성을 알지 못하는 것이 분명하다. 비교 신도들은 철학하고 있지 않다."[10]

이 점에서 크뤼거는 의심할 바 없이 옳다. 그럼에도 불구하고 비교 제의와 플라톤 철학을 연결시키는 것이 있다. 위에 인용된 『파이돈』의 정화(淨化, κάθαρσις, Reinigung) 사상이 그것이다. 플라톤은 비교를 믿어서 정화된 이(κεκαθαρμένος)는 신들과 함께 있게 된다고 말했다. 철학에서 정화된 이에 상응하는 이는 누구인가? 철학에도 정화가 있는가? 철학적 카타르시스(κάθαρσις)가 있는가? 인용된 구절 조금 앞에서 이미 플라톤은 소크라테스를 통해서 다음과 같이 주장했다. "올바르게 철학에 종사하는 이들은 오로지 죽음만을 추구하고 있다는 것을 세상 사람들은 눈치채지 못한다"(『파이돈』 64a). 그런데

9) G. Krüger, *Einsicht und Leidenschaft, Das Wesen des platonischen Denkens*, Frankfurt 1939(3.Aufl., 1963), 60쪽.
10) 같은 책, 61쪽.

소크라테스는 죽음을 "혼이 육체로부터 분리되는 것"(64c)으로 규정했고, 죽어 있다는 것을 "육체가 혼에서 분리되어 홀로 있고 혼이 육체에서 분리되어 홀로 있는"(64c) 상태로 규정했다. 철학하는 이는 "혼을 육체와의 결합 상태에서 최대한으로 벗어나게 함으로써"(65a: ἀπολύων ὅτι μάλιστα τὴν ψυχὴν ἀπὸ τῆς τοῦ σώματος κοινωνίας) 이 상태에 도달하고자 한다. 이제 이 혼이 육체로부터 벗어나는 일은 사유를 통해서 발생한다. 즉 존재자의 참된 존재, 존재자의 우시아(οὐσία)를 인식하려는 자에게는 어떤 감각도 도움이 되지 않는다. 우시아의 인식은 "가능한 한 사고에 의해서만 접근하고 사고함에 시각을 사용하지 않고 논구에 그 밖의 다른 어떤 감각도 끌어들이지 않는 자야말로 가장 순수하게 해낼 수 있다"(65e-66a). 감각은 육체에 속하는 것으로 순수하게 사유하는 일을 방해한다. "왜냐하면 육체는 필요 불가결한 영양 섭취 탓에 우리에게 수없는 수고를 끼치기 때문이다. 그뿐만 아니라 우리에게 질병이라도 생기면 이 질병은 우리가 실재하는 것을 추구하는 데에 방해를 한다. 또한 육체는 우리를 욕정과 욕망, 공포와 하고 많은 환상과 수많은 어리석음으로 가득 차게 한다"(66b-c). 온갖 전쟁과 불화 역시 우리가 육체를 돌보느라 급급하기에 생겨난다. "모든 전쟁은 재물을 획득하기 위해 일어나는데, 우리가 재물을 소유하지 않을 수 없는 것은 육체로 말미암은 것이다. 우리는 육체를 돌보느라 종노릇을 하고 있는 셈이다. 이것들 탓에 우리에게는 철학할 여가가 없는 것이다"(66c-d). 이로부터 도출되는 것은 이런 것이다. "만일 우리가 무엇인가를 순수하게 인식하고자 한다면 우리는 자신을 육체로부터 풀려나게 해서 혼으로만 대상들을 보아야 한다"(66e). 그런데 이것이 의미하는 바는 우리는 살아서는 결코 육체로부터 완전히 분리될 수 없기에 죽어서야 비로소 완전히 순수하게 인식한다는 것이다. 따라서 인간은 살아 있을 때 혼이 육체로부터 분리되는 상태에 최대한 가깝게 다가가도록 노력하고 "신이 몸소 우리를 자유롭게 해줄 때까지"(67a) 기다려야 한다. 그런데 이 노력은 "철학하는 이들의 일로서 혼의 육체로부터의 분리(Trennung)와 풀려남(Loslösung)이다"(67d). 플라톤은 이 분리를 '정화', 카타르시스라고 부른다. 이 철학자의 카타르시스는 비교에서 신도가 신들과 함께 있게 되고 불멸성을 획득하게 되는 바로 그 카타르시스에 상응한다. "신들의 세계에 들어가 신들과 함께 있게 되는 것은 철학하지 않고 완전히 순수하게 이 세계에서 떠나지 못한 사람에게는 결코 허용되지 않는다"(82b).

플라톤은 다시 한 번 비교와 연관시킨다. 즉 그는 올바르게 철학하고 죽음을 염두에 두는 혼을 두고 이 혼은 사후에 자신과 닮은 것, 곧 신적이고 불멸하는 것의 세계로 들어가서는 거기에서 행복을 얻고 인간의 온갖 악에서 해방되어 "비교에 입문한 사람들을 가리키는 말대로(κατὰ τῶν μεμυομένων) 나머지 시간을 신들과 함께 보내게 된다"(81a)고 한다. 플라톤 철학은 확실히 비교 제의와 동일한 것이 아니다. 플라톤 철학은 결코 제의가 아니다. 그러나 플라톤 철학은 제의와 같은 것을 약속하는데, 그것은 신적인 영역에 들어선다는 것이다. 물론 『파이돈』에서 플라톤 철학은 사후의 시간에 대해서만 이것을 약속한다. 또 여기에서 문제가 되는 것은 실제로 자신의 죽음을 준비하는 소크라테스의 사상이다. 그러나 이 점은 다른 대화편들에서는 달리 나타난다. 즉 『심포시온』에서는 철학하는 이에게 이 세계의 삶에서도 신적인 것과 동화될 수 있다고 말한다.

플라톤의 모든 대화편들 가운데 아마도 『심포시온』이 비교 제의에 가장 가까이 서 있다고 할 수 있는데, 소크라테스의 연설이 특히 그러하다. 이 연설에서 소크라테스는 만티네이아의 제사녀 디오티마와의 만남을 보고한다. 디오티마는 그 자신 미스타고고스(mystagogos, 비의로 이끄는 자: 옮긴이)로서 소크라테스를 에로스라는 비의(秘義)에 입문하게 하고 그를 여러 중간 단계를 거쳐 급기야 에폽테이아라는 최고 단계로 이끈다. 이 연설에 특별한 비중을 부여하지 않는 연구자들이 있다. 그들은 플라톤이 여기에서 진지하게 말하는 것이 아니라고 본다. 왜냐하면 플라톤이 소크라테스에게 자기 자신의 이론을 말하게 하는 것이 아니라 어떤 다른 사람의 이론에 대해 보고하도록 하기 때문이라는 것이다. 그러나 이런 주장은 소크라테스가 디오티마 연설을 전달함으로써 잔치에 참가한 사람들의 연설 경합에서 승리자가 된다는 점과 배치된다. 또한 크뤼거가 언급하듯이 이 이론이 낯설다는 점을 강조하는 것은 바로 비교를 염두에 둔 것이다. "소크라테스가 경합에서 이긴 것은 자신의 고유한 사상이 우월해서가 아니라 그가 받아들인(empfangen, 세례와 같은 종교적 의미로 쓰였다: 옮긴이) 진리 덕분이다. 또 그는 이때 어떤 낯선 이 ⋯ 곧 그에게 에로스를 가르쳐준 지혜로운 디오티마를 증인으로 끌어들임으로써 바깥에서 그에게 온 낯선 진리를 받아들이는 일을 비교에 입문하는 일로 간주한다."[11] 그런데 이러한 비교와의 연관성은 의심할 바 없이 제의 언어에 속하는 디오티마의 말들에서 더욱 뚜렷해진다. 디오티마는 궁극적이고 최고의 철학적 인식을 설명하기 전에 소크라테스에게 다음과 같이 말한다. "소크라테스여, 여기까지는 아마 당신도 에로스의 비밀(τὰ ἐρωτικά)에 입문할 수 있을 것이다. 그러나 올바르게 따라가야 올라갈 수 있는 궁극적이고 최고의 비의(τὰ τέλεα καὶ ἐποπτικά)에 이를 수 있을지는 나로서는 잘 모르겠다"(209e~210a).

그러고는 디오티마 연설의 끝 부분이 이 궁극적이고 최고의 비의를 보고한다. 최고의 인식은 비교(秘敎)의 에폽테이아와 비교된다. 즉 궁극적인 비의의 정점은 갑자기 빛나는 광명 속에서 드러나는 어떤 것

---

11) 같은 책, 142쪽 이하.

을 보는 데에 있다. 그런데 플라톤에서 완전한 인식 역시 갑작스럽게 생긴다. "여기까지 사랑의 길로 인도되어온 사람은 … 이제 사랑의 완성을 향하여 나아가는데, 갑자기 본성상 놀라운 아름다움을 바라보게 될 것이다"(210e). 그리고 이 아름다움에 신적인 것의 특성이 부여된다. 즉 이 아름다움은 "항구하며 생성되지도 않고 소멸하지도 않으며 증가하지도 감소하지도 않는다"(210e-211a). 또 이 아름다움은 "얼굴이나 손이나 그 밖의 육체가 지니는 어떤 것의 모습으로 나타나지 않으며, 연설이나 지식으로 나타나는 것도 아니요, 개별적인 생명체 속에나 지상에나 혹은 천상에나 그 밖의 다른 어떤 곳에 있는 것도 아니다. 오히려 그것은 한 가지 모양새로 있으며 스스로 어디에서나 영원히 동일하게 있고, 다른 모든 아름다운 것들은 이 아름다움에 관여하는데, 그 관여의 방식이란 다른 것들은 생성되고 소멸하지만 이 아름다움은 늘거나 줄지도 않으며 어떤 일도 일어나는 법이 없다는 것이다"(211a-b). 또 얼마 뒤에 가서는 이 아름다움은 "신적인 아름다움" (211e: τὸ θεῖον καλόν)이라고도 규정된다.

그러나 여기에서 인식만이 문제는 아니다. 인식은 순수하게 학문적으로 이해될 수도 있을 것이다. 여기에서 말하는 인식은 제의적인 성격을 지닌다. 다시 말해서 이 인식은 인식하는 인간과 인식되는 신적인 것 사이의 관계를 만들어낸다. 소크라테스는 이 최고의 인식을 사랑하는 사람들 사이의 관계에 비유한다. "만티네이아의 낯선 이가 말하기를, 오 소크라테스, 인생은 여기에 이르러 그리고 여기에서만 아름다움 자체를 바라봄으로써 살 가치가 있는 것이다. 만일 당신이 이 아름다움을 한 번 보게 된다면, 그것을 화려한 그릇이나 보석, 아름다운 소년이나 청년 따위와 같은 것으로 여기지는 않을 것이다. 이 아름다움을 보면 당신은 금방 황홀해지며 또 당신이나 많은 사람들이 사랑하는 이를 바라보고 그와 함께 있을 수만 있다면 먹으려 들지도 마시려 들지도 않는 것처럼 그저 이 아름다움을 쳐다보고 함께 있으려 고만 할 것이다"(211c-d).

그런데 이 바라봄(Θεᾶσθαι)과 함께 있음(συνεῖναι)을 통해서 인간 은 자신의 최고의 완성, 곧 '탁월함'(ἀρετή)에 도달할 수 있고 "신의 사랑을 받는 자"가 되며, 도대체 그런 것이 인간에게 가능하다면, "불 사의 존재가 된다"(212a). 그런데 죽어야 하는 존재인 인간이 불사를 경험한다는 것이야말로 비교(秘敎)의 목표이다.

빌리(W. Wili)는 『심포시온』의 인식 과정과 오르페우스 비교 사이의 연관성에 주목한다. "에로스의 길과 오르페우스 교도의 길은 똑같다. 그 길은 눈을 감은 미스테스(mystes, 비교 교도)로부터 눈을 뜬 에폽테 스(epoptes, 바라보는 자)가 되는 길이다. 이 길은 비교(mysteria)로부터 장막 벗기기(anakalypteria)로 가는 길이다."[12] 빌리에 따르면 플라톤 은 여기에서 "형이상학적 사유가 자신의 오르페우스 종교적 근원 체 험을 통해서 규정될 뿐만 아니라 마치 촉매제의 힘을 통한 것처럼 촉 발될 수도 있다는 것을 고백하는 것이다. … 이러한 플라톤의 고백의 특성은 우리에게는 위대한 비교로 보인다."[13] 빌리가 주를 달고 있듯 이 플라톤은 줄곧 오르페우스의 이론에 변화를 주었을 뿐이라는 신플 라톤주의자 올림피오도로스(Olympiodoros)의 언급에도 일말의 진리 가 들어 있는 듯하다.[14] 그렇지만 이 이론은 제의와 연관된 이론, 그 것도 비교 제의와 연관된 이론으로 이해되어야 한다.

『국가』에 나온 저 유명한 동굴의 비유 역시 비교 제의와의 연관성 안에서 볼 수 있다. 하이데거의 제자 핑크는 이 비유를 그 구조와 전

---

12) W. Wili, "Die orphischen Mysterien und der griechische Geist", in: Eranos-Jahrbuch 11(1944), 61-105쪽. 인용은 104쪽.
13) 같은 책, 같은 곳.
14) 같은 책, 주 2.

개 과정에서 '비교에의 입문'과 비교한다.[15] "이 비유는 입문 의례의 단계적 과정, 본질적인 비밀에 한 걸음 한 걸음 다가가는 것을 형상화한다."[16] 또 핑크는 다음과 같이 말한다. "통상적인 사람은 그저 일상의 즐거움과 근심 속에서 살아가면서 어쩔 수 없이 삶이 일시적이고 스쳐 지나간다는 사실을 알기에 항상 불안하고 답답한 반면에, 입교 의식을 치르는 자는 그 입교 의식 과정에서 소멸과 소생을 겪는다. 그에게 영원한 것과 파괴될 수 없는 것이 떠오르게 되어 그는 일시적인 현상이라는 눈앞의 영역에서 떨어져 나오는 것을 경험한다. 그는 소멸하는 것의 변화 안에 있는 영원성을 경험하고, 삶과 죽음의 통일성을 경험하며, 페르세포네(Persephone)가 떠나고 되돌아오는 것을 경험한다. ─그는 디오니소스와 하데스가 같다는 것을 경험한다."[17] 따라서 핑크에서는, 이 비유를 해석하는 다른 이들에게서도 찾아볼 수 있는데,[18] 방금 언급된 관점에서 비교 제의와 철학 사이에 근본적인 공통점이 있다. 그러나 핑크는 다른 관점에서 이 둘 사이의 대립도 보고 있다. 이 경우 그는 특히 대부분의 비교가 생식력 숭배(Fruchtbarkeitskult)에서 나왔다는 점을 든다. 생식력 숭배로서의 비교에서는 모성의 신격으로 생각되었던 대지의 여신이 여러 가지로 중요한 역할을 한다. 그래서 핑크는 다음과 같이 단언한다. "비교들은 주로 데메테르 여신의 본성에 대한 숭배, 모든 생명체를 낳고 다시 거두어가는 위대한 어머니 신(Magna Mater)에 대한 숭배, 위대한 자궁에 대한 숭배였다."[19] 이

---

15) E. Fink, *Metaphysik der Erziehung im Weltverständnis von Plato und Aristoteles*, Frankfurt 1970, 54쪽.
16) 같은 책, 55쪽.
17) 같은 책, 같은 곳. 인용은 헤라클레이토스 토막글 B 15.
18) 예컨대 빌리가 그렇다. "Die orphischen Mysterien und der griechische Geist", 97쪽 이하.

것은 핑크에 있어서 이제 이 숭배에서 "땅의 영원히 모성적인 본성"이 경험되었다는 것을 뜻한다. 다시 말하면 "모성적 자연의 바닥나지 않는 삶의 근저에서 개별화된 모든 사물들의 전일성(全一性, HEN KAI PAN, All-Einheit)이 저 제의적인 입교 의식으로 열리게 된다."[20] 죽음의 공포를 극복하는 일이 비교에서는 모든 생명체가 하나라는 사상을 통해서 이해된다. 이렇게 해서 핑크에게는 이제 철학이 '전도된 엘레우시스(Eleusis)'로 나타난다. "모든 것이 하나인 모성적 밤의 지상적이고 어두운 지혜에 대항해서 플라톤은 극단적으로 빛을 향하는 지혜를 세운다."[21] 또 핑크는 "플라톤의 동굴의 비유는 전도된 엘레우시스로서 빛(PHOS)과 진리(ALETHEIA)의 세계 개방성으로 비교를 거부하는 것이요, 이로써 플라톤은 향후 서양 사상사를 지배하는 태양의 신화를 선포한다"[22]고 말한다. 심지어 그는 다음과 같이 말하기도 한다. "플라톤의 동굴의 비유가 상징하는 것은 '땅'의 감추고 닫는 본성에 등을 돌리고 태양(HELIOS)의 들추어내는 본성으로 단호하게 전회하는 것, 혹은 태양 중심적 인간 이해로 지구 중심적 인간 이해를 극복하는 것이다."[23]

물론 여기에서 핑크는 얼마간 너무 멀리 나간 것 같다. 플라톤 철학이 오르페우스 비교나 디오니소스 비교 혹은 엘레우시스 비교와 동일하지 않다는 것은 확실하다. 그렇다고 플라톤 철학이 그저 비교들을 거꾸로 뒤집은 것도 아니다. 비교들이 생식력 숭배에서 이끌어져 나

---

19) E. Fink, *Metaphysik der Erziehung im Weltverständnis von Plato und Aristoteles*, 55쪽.
20) 같은 책, 56쪽.
21) 같은 책, 같은 곳.
22) 같은 책, 59쪽.
23) 같은 책, 57쪽.

온 것은 사실이지만 비교들의 이런 성격은 플라톤이 생존하던 시대에는 이미 눈에 띄게 퇴색했다. 고전 시기의 비교 신도들에게는 벌써 전적으로 개별 혼들의 불멸성이 문제였던 것으로 보인다. 내가 보기에, 제의에서 중요했던 것이 "개인이 영원히 계속 존재한다는 것"이 아니라 "유한한 개체의 끊임없는 교체에서 남아 있는 전일적 삶(das All-Leben)"[24]이었다는 증거는 없다. 물론 우리가 비교 제의에 대해 아는 것이 매우 적은 까닭에 이 문제에 대해 분명한 대답을 내놓기는 어렵다. 우리에게 알려져 있는 모든 것을 감안할 때 비교 제의와 플라톤 철학은 최종적이고 최고의 인식이라는 목표를 통해 규정되고, 이러한 인식은 빛으로 상징된다.

그렇지만 나는 핑크가 플라톤 철학은 "하나의 새로운 형태의 비교"[25]로 나타난다고 말한 것에 동의하고 싶다. 입교 의식에서 신참자가 일련의 시험을 통과해야 한다는 것, 또 가령 엘레우시스 비교 같은 데에서 데메테르의 방황을 따라 하는 것, 이런 것과 비교될 만한 것이 철학에도 있는데 '동굴의 비유'에 나타나 있는 내용이 바로 그것이다. 거기에 묘사된 철학에 대해 핑크는 다음과 같이 언급한다. "철학의 힘에 사로잡힌 자, 철학에 덜미를 잡혀 억세게 끌려가서는 인간이 거주하는 고향 땅 밖으로 내몰린 자는 수많은 당황스러움과 경악을 겪게 되어 지금까지의 삶에 종지부를 찍고 존재의 보다 높은 내면성에서 거듭남을 경험한다."[26] '동굴의 비유'에 『심포시온』의 디오티마 연설에서와 같이 비의로 이끄는 자(mystagogos)가 등장하지는 않지만 최종적 통찰에 이르는 길은 비교들에서도 그렇듯이 신참자를 도울 안내

---

24) 같은 책, 55쪽.
25) 같은 책, 56쪽.
26) 같은 책, 55쪽.

자가 있을 때에만 밟을 수 있다는 점은 분명하다.

우리는 끝으로 『파이드로스』에서도 비교와의 연관성을 찾아볼 수 있는데, 이른바 '혼에 대한 신화'(Seelenmythos, 246a–257a)가 바로 그것이다. 플라톤은 여기에서 인간의 혼을 신화를 통해서 이해시키고자 한다. 혼은 두 필의 말이 끌고 한 사람의 전사가 어떤 방향으로 조종하는 날개 달린 전차에 비유된다. 이 전차가 우주의 가장자리로 내달려 전사는 하늘 바깥을 바라볼 기회를 갖게 된다. 그런데 '하늘 저편의 영역'(hyperouranios topos, überhimmlischer Ort)에는 "색깔도 없으며, 형체도 없고, 만져지지도 않는 참으로 존재하는 것의 실재"(247c: ἡ…ἀχρώματός τε καὶ ἀσχημάτιστος καὶ ἀναφὴς οὐσία ὄντως οὖσα)가 있다. 신적인 혼은 "이 실재를 다시 한 번 바라보는 것을 즐거워하고 참된 것을 바라보는 것으로 자양분을 취하며"(247d) 다시 하늘의 안쪽으로 되돌아간다(247e). 그렇지만 신적이지 않은 혼은 기껏해야 참된 존재의 하늘 너머의 세계를 흘깃 바라볼 수 있을 따름이다(248b). 이제 이 혼들이 한 인간의 육체에 깃들게 된다고 할 때 이 인간이 죽게 되고 또 이 인간이 그럴 만하게 살았을 경우에 이 혼들은 다시 상승하게 된다. 이에 해당하는 삶의 방식은 여러 지각들로부터 하나의 공통된 것을 경험할 수 있는 저 사유를 통해 규정된 삶의 방식이다. 그런데 사유는 "신을 따라가면서 우리가 지금 실재한다고 생각하는 것을 무시해버리고 참으로 실재하는 것으로 솟아올라서는 언젠가 우리 혼이 보았던 것을 상기하는 것이다"(249c). 참으로 실재하는 것을 보는 일은 무엇보다도 철학자의 일이고, 이 참으로 실재하는 것에 대한 인식을 플라톤은 비교의 언어로 표현한다. "철학자의 혼은 상기를 통해서 신이 거기에 있음으로 해서 신이게끔 되는 것들에 가능한 한 가까이 있기 때문에 오로지 철학자의 혼에만 날개가 돋는다. 인간은 이런 상기를 제대로 하고 완전히 세례를 받음으로써만 참으로 완전하게 될 수 있다. 어떤 사람이 이제 인간적인 노력을 그만두고 신적인 것과 교섭함으로써 많은 이들로부터 미쳤다고 욕을 듣는 경우 그는 신으로 채워져 있고 많은 이들을 피한다"(249c-d).

이렇게 철학적 인식은 상기(想起, ἀνάμνησις)로 이해된다. 철학하는 자는 상기를 통해 신들을 신들이 되도록 하는 것을 눈앞에 가져다 놓고, 그럼으로써 신들은 철학하는 이 자신과 그의 시선 곁에 머물 수 있게 된다. 다시 말하면 철학자는 참된 실재 곁에 있게 된다. 철학자는 다른 사람들과는 달리 끊임없이 참된 실재를 상기하고자 하는 것을 통해 특징지어진다. 그런데 이것을 방해하는 것은 우리가 우리의 세계 안에서 만나게 되는 구체적으로 존재하는 것들이다. "한 인간의 혼은 그 본성상 존재하는 것을 보았음에 틀림없다. 그렇지 않다면 혼은 이 복합체(즉 인간의 육체) 안으로 들어오지 못했을 것이다. 그러나 여기에 놓여 있는 것에서 참으로 존재하는 것을 상기하기는 쉽지 않다"(249e-250a). 그런데 참된 실재의 인식을 통해서 인식하는 자는 입문 의례(τελετή)를 거치게 되고 완전하게(τέλεος) 된다. 다른 사람들이 중요하다고 여기는 것을 그만두고 신적인 것과 교제하는(πρὸς τῷ θείῳ γιγνόμενος) 것을 통해서 철학자는 다른 이들과 구별된다. 다른 이들은 이 차이점을 미쳤다고 간주하며 철학자가 신으로 채워져 있음을 알아차리지 못한다. 이처럼 철학한다는 것은 신적인 것과의 교제라는 성격을 갖는다. 이러한 신적인 것과의 교제를 우리는 일반적으로 '제의'라고 부른다. 철학에 대한 플라톤의 생각이 실제로 비슷한 방향으로 움직인다는 것이 그 이하의 텍스트에서 암시된다.

거기에서 혼이 '하늘 저편의 영역'을 본다는 것이 한 번 더 언급된다. 이 바라봄에서 혼은 "비교 제의 가운데 가장 복된 것이라고 불러야 마땅한 의례에 참여한(ἣν ὠργιάζομεν) 것이다. 이때 혼은 흠이 없었고 다음 시기에 우리를 기다리고 있을 악에 물들지 않았으며 온전하고 단순하며 흔들림 없는 행복한 광경들을 직관했으니(ἐποπτεύοντες) … 마치 조개가 껍데기를 뒤집어쓴 것처럼 우리가 두르고 다니는 육체에 갇혀 있지 않았다"(250b-c). 오르기아제인(ὀργιάζειν)이라는 동사는 오르기아(ὄργια, 광란의 비밀 의례: 옮긴이)를 거행하는 것 정도를 뜻하는데 이 오르기아는 비교 제의를 가리키는 말이다. 이 대목의 끝에 혼이 육체 안에 갇힌다고 한 것은 '육체는 혼의 무덤'(σῶμα— σῆμα)이라는 오르페우스교의 생각을 연상시킨다. 따라서 혼이 육체 안에 갇힌다는 언급은 플라톤이 '오르페우스 비교'를 염두에 두고 있음을 암시한다고 하겠다. 그렇지만 이 점을 증명해 보이기는 어렵다. 우리의 맥락에서 또 한 가지 점이 중요한데, 그것은 플라톤이 철학적 인식을 태어나기 이전에 일어난 일을 상기하는 것에 비교한다는 사실이다. 그런데 이 태어나기 이전에 일어난 일은 제의의 성격을 갖는다.

눈에 띄는 점은 지금까지 살펴본 대화편들의 구절들이 철학이 무엇인지에 대해 간접적으로만, 비유로만 말한다는 사실이다. 철학한다는 것(Philosophieren)이 『파이돈』에서는 죽는다는 것(Sterben)으로, 『심포시온』의 디오티마 연설에서는 에로스라는 비교에 입교하는 모습으로, 『국가』에서는 '동굴의 비유'를 통해서, 『파이드로스』에서는 '혼의 신화'를 통해서 각각 묘사되었다. 이 점이 우리가 이 구절들에서의 플라톤의 기술을 철학적으로 진지하게 받아들여서는 안 되고 단순한 허구로 치부해도 좋다는 뜻은 결코 아니다.[27] 그런데 왜 플라톤은 그가 뜻하는 것을 직접적으로 말하지 않는 것일까? 철학적 인식과 종교적 제의 사이의 연관성을 상징이나 비유를 동원하지 않고 말하는 대

---

27) H. W. Meyer, "Das Verhältnis von Enthusiasmus und Philosophie bei Platon im Hinblick auf seinen Phaidros", in: Archiv für Philosophie 6(1956), 262–277쪽.

목은 없는 것인가? 우리는 아마 여기에서 『제7서한』의 한 대목을 들수 있을 것이다.

플라톤은 『제7서한』에서 디오니시오스(Dionysios)나 그 밖의 다른사람들이 써냈음에도 왜 자신은 철학적 이론을 글로 써내지 않는가를설명한다. "내가 진지하게 생각하고 있는 문제를 알고 있다고 주장하거나 이것에 대해 썼거나 앞으로 쓰려는 모든 자들은 … 이 문제에 대해 아무것도 알지 못하는 자들이다. 이런 것들에 대한 나의 저술은 지금도 없으며 앞으로도 없을 것이다. 왜냐하면 이것들은 다른 학과들과 달라서 결코 전달할 수 있는 성질의 것이 아니라 문제 자체에 대한많은 공동 연구와 공동생활을 통해서만, 마치 일어나는 불길에 점화되듯 별안간 빛이 생겨, 일단 혼에 불붙기만 하면 그 이후에는 스스로를 기르게 마련이다"(341c-d).

그렇지만 플라톤의 저술이 우리에게 알려져 있기에 이 대목은 많은문헌학자들의 관심을 불러일으켰다. 심지어 어떤 이들은 바로 이 대목을 근거로 삼아 『제7서한』이 플라톤에 의해 씌인 것이 아니라고 주장하기도 한다.[28] 그러나 『제2서한』에서도 플라톤은 자기는 자신의철학에 대해 아무것도 쓴 적이 없다고 한다. "플라톤의 저술은 있지않으며 앞으로도 없을 것이다. 지금 플라톤의 이름을 달고 있는 것은아름답고 젊은 소크라테스의 사상이다"(『제2서한』 314c). 물론 문헌학자들은 이에 대해서도 회의를 제기하며, 철학사가 가우스(H. Gauss)는플라톤이 저술에 대한 불신을 표명하는 『파이드로스』의 긴 구절(『파이드로스』 274c-277a)을 내적 위기 탓으로 돌린다.[29] 그러나 우리가 자신

---

28) 다음 논문 및 거기에 제시된 문헌들을 참조. G. Müller, "Die Philosophie im pseudoplatonischen 7. Brief", in: Archiv für Philosophie 6(1956), 262-277쪽.

29) H. Gauss, *Handkommentar zu den Dialogen Platos*, 2. Teil, 2. Hälfte, Bern 1958, 260쪽 이하.

의 저술에 대한 플라톤의 이런 입장 표명을 정말로 가볍게 여겨도 좋은 것일까? 오히려 어쩌면 플라톤은, 『파이드로스』에서도 말하고 있듯, 무게중심을 구두의 가르침(mündliche Unterweisung)에 두고 있다고 보아야 하지 않을까?『파이드로스』에서 플라톤은 철학의 연구 성과를 문자화하는 것을 유희라고 부른다. "내 생각에 훨씬 훌륭한 것은 다음과 같은 일을 진지하게 하는 것이다. 즉 변증술의 규정에 따라 그에 알맞은 혼을 택해서 그 혼에 통찰력을 갖고 연설의 씨앗을 뿌리는 일이 그것이다"(『파이드로스』 276e). 이 구절을 주목하면 필연적으로 플라톤의 구두로만 전해지는 이론(mündliche Lehre), 이른바 '비교적(秘敎的) 철학'(esoterische Philosophie)을 다시 더욱 강하게 주목하게 된다. 크래머는 자신의 1959년 박사 학위논문을 시작으로 최근까지 이 점을 끊임없이 지적해왔다. 그는 문제의 학위논문에서 플라톤의 대화편들은 방금 인용한 『파이드로스』 구절을 통해서 그 스스로 지양(止揚)된다고 한다. "무게중심은 비교적인 영역에 있다. … 따라서 대화편들이 진정한 플라톤 철학을 담고 있다는 주장은 플라톤 자신과, 더욱이 바로 이 대화편들을 쓴 플라톤과 직접적으로 모순된다."[30]

그런데 방금 인용한 『제7서한』의 대목은 플라톤이 철학적 인식이 생겨나는 것을 어떻게 생각했는지에 대한 암시를 해준다. 또 이 대목은 동시에 왜 플라톤이 문자를 통한 전달에 대해 회의적인지를 밝혀준다. 즉 플라톤에 따르면 본래적인 철학적 인식은 "다른 학과들과는 달라서 전달할 수 있는 성질의 것이 결코 아니다"(ῥητὸν γὰρ οὐδαμῶς ἐστιν ὡς ἄλλα μαθήματα). 따라서 본래적인 철학적 인식은 비교들에서의 직관과 마찬가지로 '말할 수 없는'(ἄρρητον) 것이다. 더 나아가

---

30) H. J. Krämer, *Arete bei Platon und Aristoteles, Zum Wesen und zur Geschichte der platonischen Ontologie*, Heidelberg 1959, 359쪽 이하.

마치 에폽테이아에서 최종적인 직관이 입교를 기다리는 이에게 갑자기 열리듯이 본래적인 철학적 인식도 '갑자기'(ἐξαίφνης) 생겨난다. 또 본래적인 철학적 인식은 혼에 빛으로서 생겨난다. 그런데 이 빛은 혼 안에 머무른다. 이 빛은 스스로를 기른다(αὐτὸ ἑαυτὸ ἤδη τρέφει). 이것은 이미 거기에서 철학적 인식에서 처음으로 보게 된 것을 붙잡아 두고 유지할 수 있는 무엇인가가 혼 안에 있어야 한다는 것이다. 그런데 이런 것이 실제로 비교들과 어떤 연관성이 있다는 말인가? 비교들과의 연관성은 입증하기가 확실히 쉽지 않다. 그렇지만 강력한 암시가 있다. 아마도 아직 플라톤 철학에 아주 가까이 서 있었을 젊은 시절의 아리스토텔레스는[31] 비교들에 대해 말하기를 여기에서 문제가 되는 것은 마테인(μαθεῖν), 곧 '배움'이 아니라 파테인(μαθεῖν), 곧 '겪음'이라고 한다. 우리는 글자로 씌어 있는 책을 통해서도 배울 수 있다. 그러나 우리는 글자나 개념을 통해서 파악되는 모든 것을 넘어서서도 겪을 수 있다. 비교의 신도는 비교에서 일어나는 일을 문자로 파악할 필요가 없다. 그런데 신도가 입교 의식에 해당하는 것을 겪는다는 것이야말로 입교 의식의 본질이다. 플라톤 역시 그와 같은 것을 생각했던 것일까? 그에게 최종적이고 최고의 인식은 말할 수 없는 것인가? 만일 그렇다면 플라톤의 구두 이론(mündliche Lehre), '비교적 철학'(esoterische Philosophie) 역시 아직 그의 본래적인 철학이 아닌 셈이다.

비교 제의들은 아주 옛날에 원시 문화의 상태들로부터, 다시 말해서 아르카이아 시대 문화의 입교 의식과 생식력 숭배로부터 생겨났다. 고전 시기와 헬레니즘 시기의 비교들에서는 전승된 풍습들이 새

---

31) 토막글 15(Rose). 다음 논문을 참조. P. Wilpert, "Die aristotelische Schrift 'Über die Philosophie'", in: *Autour d'Aristote*, Löwen 1955, 99–116쪽.

롭게 해석되어 유지되었다. 그 세 번째 단계가 플라톤 철학으로 시작
된다. 어쩌면 이미 파르메니데스나 피타고라스학파로부터 시작되었
다고까지 말할 수도 있을 것이다. 엘리아데는 이런 사실을 다음과 같
이 표현한다. "비교의 상징 언어는 결국 철학과 문학의 문헌들에 광범
위하게 침투해 들어갈 수 있었는데 특히 후기 고대에 그러했다. 철학
과 입교 의식 사이의 융합은 피타고라스주의와 플라톤주의가 시작된
이후 주도적 동기(Leitmotiv)가 되었다."[32] 엘리아데 역시 소크라테스
의 산파술을 그 이전의 입교 제의에 소급시킨다. "소크라테스가 새로
운 인간을 낳으려고 애쓰는 산파술은 그 모범을 아르카이아 사회에서
입교 의식의 우두머리가 하는 일에 두고 있다. 입교 의식의 우두머리
역시 새로운 신도들을 낳는다. 다시 말해서 그는 초심자들에게 새로
운 정신적인 삶을 낳도록 돕는다."[33] 만일 엘리아데의 이런 가정이 옳
다면 우리는 『테아이테토스』(149a-151d, 161e, 184b, 210b)에서도 비
교와의 연관성을 적용할 수 있을 것이다. 그렇지만 이렇게 하는 데에
는 조심해야 할 것이다.

　그렇다면 비교 제의들과의 연관성이 플라톤 철학을 이해하는 데 어
떤 의미가 있는가? 우선 이미 크뤼거가 확정적으로 말하는 것을 소개
하면 다음과 같다. "플라톤은 오래되고 퇴락한 종교의 형태로 새로운
종교의 세계 인식과 자기 인식을 천명하고 있다."[34] 결국 플라톤 철학
은 그 자체가 종교이다. 보다 정확하게 말하자면 플라톤 철학은 하나
의 새로운 종교 이론이라는 점에서뿐만 아니라 새로운 종교 제의라는

---

32) M. Eliade, *Das Mysterium. Initiationsriten, ihre kulturelle und historische
　　Bedeutung*, Zürich und Stuttgart 1961, 197쪽.
33) 같은 책, 같은 곳.
34) G. Krüger, *Einsicht und Leidenschaft*, 60쪽.

점에서도 종교의 성격을 갖는다. 이 제의는 인식하는 인간이 초인간적 실재와 결합된다는 방식, 어쩌면 심지어 초인간적 실재와 하나가 된다는 방식으로 이루어지는 인식이다.

디오니소스 9

우리는 앞에서 플라톤에서의 아폴론적인 것을 자세하게 살펴보았다. 이제 우리는 플라톤 철학의 디오니소스적 성격을 알아보는 것으로 이 책을 끝맺는다. 그런데 적어도 그리스 문화의 고전 시기에는 아폴론 종교와 디오니소스에 대한 종교적 숭배 사이에 흔히 생각되고, 특히 니체의 『비극의 탄생』 이래로 많은 사람들이 받아들이는 것과 같은 현저한 대립은 없었다는 점을 미리 말해두어야 하겠다. 그래서 델피의 아폴론을 숭배하는 곳에 디오니소스 극장이 있다는 사실은 전혀 이상할 것이 없으며, 또 유명한 아폴론 신전의 박공 한쪽에는 레토 (Leto), 아르테미스(Artemis) 그리고 무사 여신들과 함께 있는 아폴론이, 다른 한쪽에는 태양신의 몰락을 배경으로 한 디오니소스가 묘사된 것도 마찬가지로 이상할 것이 없다. 기원전 4세기에 세워진 이 신전을 파우사니아스(Pausanias)가 보고 기술해놓았다. 또 이 신전의 아디톤(adyton, 아무나 들어설 수 없는 지성소[至聖所]: 옮긴이)에 디오니소스의 무덤이 있다.

철학이 무사 여신들에 봉사하는 것(Musendienst)이라고 할 때, 철학은 사실 우선적으로 아폴론과 관계를 맺는다. 그러나 디오니소스도 무사 여신들과 전혀 낯설지 않다. 오히려 디오니소스도 드물지 않게 무사 여신들과 연관되었다. 아닌 게 아니라 플라톤은 『법률』(Nomoi)에서 인간의 축제 동료로서 무사 여신들 그리고 아폴론과 나란히 디오니소스도 꼽고 있다(635d). 아폴론과 마찬가지로 디오니소스도 간혹 무사 여신들을 이끄는 자, 무사게테스(μουσαγέτης, Musenführer)로 불린다. 그리고 아폴론에게 리라가 그런 것처럼, 디오니소스에게 피리가 특징적인 악기라고 할 때 무사 여신들이 피리 부는 것을 묘사하는 모든 고대 문헌들은 이 명랑한 여신들과 디오니소스가 결합되어 있음을 보여주는 증거가 된다. 이 결합을 증명하는 것으로서 오토(W. F. Otto)는 극 작품들을 지적하는데, 이는 옳은 것이다. "디오니소스 숭배에서 태어난 비극이 무사 여신들이 관장하는 술(mousike techne, Musenkunst)의 정상에 도달한 이래로 디오니소스와 무사 여신들 사이의 결합은 뗄 수 없는 것이 되었다."[1] 이제 비극에서 디오니소스와 무사 여신들이 결합된 것처럼 그에 상응하여 철학에서도 마찬가지로 보인다. 즉 무사 여신들에 대한 봉사로서의 철학은 아폴론뿐만 아니라 디오니소스와도 관계를 맺는다.

플라톤 철학의 디오니소스적 요소는 『심포시온』에서 특히 강하게 나타난다. 이 대화편이 '심포시온'이라는 제목을 달고 있는 것은 대화가 벌어지는 무대가 '심포시온'이기 때문이다. '심포시온'은 널리 퍼진 독일어 번역인 '가스트말'(Gastmahl)이 결코 아니다. '심포시온'은 글자 그대로 '함께 마시기'(gemeinsames Trinken), '어울려서 마시기'(Miteinandertrinken), '술자리'(Trinkgelage) 정도를 뜻한다(『심포시온』이라는 제목을 보통 독일어로 'Gastmahl'이라고 번역하는데 이는 적절하지 않

---

1) W. F. Otto, *Die Musen und der göttliche Grund des Singens und Sagens*, 55쪽 이하.

고 'Trinkgelage'로 해야 한다는 주장이다. 아닌 게 아니라 독일에서 소수이지만 'Trinkgelage'라고 부르기도 한다. 'Gastmahl'은 '손님과 함께 하는 식사' 혹은 향응[饗應]을 뜻하고 'Trinkgelage'는 '술자리' 혹은 주연[酒宴]이다. '심포시온'이 '함께 마신다'는 뜻이므로 사실 'Trinkgelage'가 더 가깝다. 요컨대 밥보다는 술을 위주로 한 자리이다. 우리말 번역인 향연[饗宴]이나 '잔치'도 'Gastmahl'에 가깝기는 마찬가지이다: 옮긴이). 심포시온에 손님들이 있는 것은 사실이지만, 심포시온이 진행되는 동안 손님들에게 음식이라고는 포도주에 곁들인 안주 정도만 제공될 뿐이다. 일반적으로 심포시온에 앞서 식사를 하지만, 식사는 심포시온의 일부가 아니며 특정한 정화(淨化)의 행위를 통해서 심포시온과 분명히 나누어진다. 식사를 하는 동안에는 포도주를 마시지 않는다. 포도주를 마시는 일은 심포시온에서만 이루어진다. 그런데 포도주를 마시는 일은 명백히 종교적인 성격의 것이고 신성한 행위로서 포도주의 신 디오니소스와의 연관 없이 이루어지지 않는다.

오랫동안 엘레아학파의 창시자로 간주되어온 (실제로는 기껏해야 어떤 자극을 주었을 뿐인데) 크세노파네스는 심포시온에 대한 비가(悲歌, Elegie) 한 편을 남겼으며, 여기에는 심포시온의 성스러운 특징이 잘 나타나 있다. 란트만(G. P. Landmann)이 운율을 살려 번역한 것을 소개하면 다음과 같다.[2]

이제 바닥이 치워지고, 손과 그릇은 모두 깨끗하다.
　누군가 화관을 우리 머리에 둘러준다.
누군가 쟁반에 담긴 향유를 바르라고 우리에게 내밀고

---

2) *Das Gastmahl*, hrsg. von G. P. Landmann, Hamburg 1957, 84쪽 이하. 구두점은 조금 변경되었다. 또 12행의 'Mahl'을 'Fest'로 바꾸었다(Θαλίη: Festfreude).

보라, 술을 섞는 항아리는 기쁨으로 가득 채워지네.
다른 포도주가 준비되어 있으니 걱정하지 마라. 포도주는 떨어지지 않는다.
　질그릇에서 포도주 냄새가 달콤하게 피어오른다.
향불 연기의 성스러운 내음이 우리 사이 공중에 가득하고
　항아리에서 반짝이는 물은 맑고 달콤하며 시원하다.
누르스름한 빵이 손에 쥐어져 있고, 근사한 식탁에는
　치즈와 금빛 나는 꿀이 차려져 있네.
제단 한가운데는 꽃으로 장식되어 있으며
　집안은 노랫소리, 피리 소리, 축제의 기쁨으로 가득하도다.
우선 쾌활한 사내들이 신에게 노래 불러드리는 게 마땅하고
　그들의 말은 경건하고 깨끗하다네.
신에게 술을 따라 바치고 항상 올바름을 행할 수 있는 힘을 청하노니
　이것이야말로 최고의 기도일지라.
비록 노인이 강요하지 않더라도, 부축받지 않고 귀가할 만큼
　술을 마시는 것은 죄가 아니리.
술 마시고도 아름다운 사람을 가장 칭찬하리니
　그런 사람은 망각하지도 않으며 입 다물지도 않고 좋은 것을 생각하네.
티타네스들이나 기간테스들의 싸움 이야기나 켄타우로스를 길들이는 이야기
　이전 시대의 거짓말들일랑 말하지 않네.
미친 듯이 날뛰는 싸움질, 그런 것을 듣는 것이 경건하겠나?
　천상의 것을 늘 새롭게 생각하는 것, 이것이야말로 좋은 일이네.

　첫 번째 시행(詩行)이 심포시온과 그에 앞선 식사 사이의 분리를 보여준다. 바닥의 음식 부스러기들이 치워지는데, 그리스 사람들은 습

관적으로 음식물 조각을 바닥에 던진다. 손을 씻는 것이 벌써 종교적인 일이 벌어지는 것을 암시한다. 머리에 둘러진 화관도 마찬가지이다. "손을 씻는 것은 종교적 정화를 불러일으키고, 화환은 고대 학자들이 생각한 것처럼 두통을 막기 위한 것이 아니다. 여기에서의 화관은 풍요를 기원하는 주술을 뜻하거나 악귀를 물리치기 위한 것도 아니다. 퓌스텔 드 쿨랑제(Fustel de Coulanges)가 지적한 대로 심포시온에는 으레 화관이 있고, 화관은 새로운 공동체의 일원으로 받아들이는 관습, 곧 입문 의례의 하나이다. 그래서 비교(秘敎, Mysterien)에 입교하는 사람, 제사에 참가하는 사람, 신과의 합일에 들어가는 사람도 화관을 썼으며, 신부(新婦)나 죽은 자도 마찬가지였는데, 동아리에서 파문된 자는 화관을 써서는 안 되었다."[3] 여기에 상응해서 플라톤은 다음과 같이 말한다. "이런 말이 있은 후 … 소크라테스는 자리에 기대어 식사를 끝마쳤고 다른 사람들도 마찬가지였네. 그들은 술 한 방울을 땅에 떨어뜨려 신께 드리고, 신을 찬미하는 노래를 부르고 그 밖에 이때 하는 여러 일을 하고는 술을 마시기 시작했네"(『심포시온』 175e-176a). 여기에서도 다시금 식사와 술자리 사이의 분리가 아주 분명하게 드러난다. 플라톤은 여기에 곁들여 심포시온의 시작을 알리는 헌주(獻酒)에 대해 언급하는데, 이것도 크세노파네스의 비가에 나온다(15행). 이 헌주 의식에서 피리 반주에 맞추어 파이안(paian, 찬가, 주로 아폴론에 대한 찬가로 알려져 있다: 옮긴이)이 불려진다. 피리 연주는 디오니소스를 연상시키는 반면 파이안을 부르는 것은 원래 아폴론 종교에 속하는 제의이다. 이 의식을 볼 때 『심포시온』에 설정된 대화의 배경이 이미 종교 제의와 연관성이 있다고 말해도 좋을 것이다.

---

3) P. Von der Mühl, "Das griechische Symposion", in: *Xenophon, Das Gastmahl*, hrsg. von G. P. Landmann, Hamburg 1957, 79-109쪽, 인용 87쪽.

그러한 연관성은 더 나아가 심포시온에 참가한 사람들의 면모에서 분명해진다. 소크라테스 이외의 중심인물로 한쪽에는 희극작가 아리스토파네스(Aristophanes)가 있고, 다른 쪽에는 주인장이자 비극작가인 아가톤(Agathon)이 있다. 『구름』과 『개구리』에서 소크라테스를 소피스테스로 희화화한 것으로 유명한 아리스토파네스는 다음과 같은 말로 연설을 시작한다. 사람들이 에로스의 참된 공적을 알아보았다면 제사에서 에로스를 경시하지 않고 그를 위하여 "가장 훌륭한 신전과 제단을 지었을 것이고 최고의 제물을 바쳤을 것"(『심포시온』189c)이라는 것이다. 그리고 나서 그는, 오래된 신화에 기대, 인간의 예전 본성과 지금의 본성에 대해 스스로 지어낸 이야기를 말한다. 이 이야기에서 그는 에로스의 본성을 "온전한 것에 대한 요구와 추구"로, "사랑하는 이에게 가까이 가고 융합됨으로써 둘이 하나가 되려는 열망"으로 규정한다(『심포시온』192e-193a). 아리스토파네스의 반대쪽에 서는 아가톤이 아리스토파네스와 앞서 말한 사람들이 에로스 신을 찬미한 것이 아니라 에로스 신이 사람들에게 선물한 좋은 것을 두고 사람들의 행복을 칭송한 데에 불과하다고 비판한다. 그러나 이제 에로스 신 자체에 대해서 말해야 한다는 것이다. 아가톤은 에로스가 가장 행복하며, 가장 아름답고, 가장 훌륭한 신이라고 기림으로써(『심포시온』194e-195a) 그렇게 하고자 한다. 박수갈채를 받은(『심포시온』198a) 아가톤의 연설에 이어서 소크라테스가 연설한다.

심포시온에서의 연설자로 희극작가와 비극작가를 선택한 것은 어떤 점에서 종교적인 면을 암시하는 것일까? 무엇보다도 먼저 그리스 사람들에게 희극과 비극은 정말이지 단순하게 예술의 일종이 아니라 일차적으로 그리고 궁극적으로 종교 제의에 속한다는 것을 지적해야 할 것이다. 여기에 덧붙여 또 하나의 관점이 언급될 만하다. 이 대화편의 장면 묘사에 따르면 심포시온의 말미에 아가톤, 아리스토파네스 그리고 소크라테스만이 여전히 깨어 있는 상태에서 "같은 사람이 희극도 지을 수 있고 비극도 지을 수 있으며, 비극 시인의 재주를 가진 사람은 희극 시인이기도 하다"는 소크라테스의 주장을 논의하는 것으로 되어 있다(『심포시온』 223c-d). 이 점에 대해 이미 크뤼거(G. Krüger)가 근본적인 것을 언급한 바 있다. 여기에서는 우리 자신의 고찰에 중요하게 보이는 것만을 덧붙이기로 하자.

참된 극작가에게서는 진지함(Ernst, 그리스어로 spoude: 옮긴이)과 유희(Spiel, 그리스어로 paidia: 옮긴이)가 결합되어야 한다. 그런데 플라톤에 따르면 이런 결합이 제의에서 특히 잘 일어난다. 『법률』에서 아테네 사람이 다음과 같이 주장한다. "우리는 진지한 것을 진지하게 다루어야 하고 진지하지 않은 것을 진지하게 다루어서는 안 된다. 그런데 신은 그 본성상 모든 것에 축복을 가져오는 진지한 것인 반면에 인간은 … 신의 장난감으로 창조되었다. 이것이 인간에게 최상의 것이다" (『법률』 803c). 그에 앞서 인간은 신의 손 안에 있는 인형과 같으며, 자신이 장난감인지 진지한 것인지를 모른다고도 했다(『법률』 644d). 따라서 인간이 최고로 진지한 존재인 신들을 바라보면서 행하는 유희는 동시에 인간에게는 본래적으로 진지한 것이다. 다시 말해서 "남자이든 여자이든 모든 이는 이런 방식으로, 즉 이 관계에 자신을 끼워 넣고 가능한 한 가장 아름다운 유희를 하는 것으로 삶을 영위해야 한다" (『법률』 803c). 또한 이렇게 언급된 유희가 무엇을 의미하는지를 아주 분명하게 하기 위해서 "우리는 우리의 삶을 특정한 유희들, 곧 제물을 바치고, 노래하며 춤추는 것으로 보내야 하며, 그렇게 해서 신들이 호의를 갖도록 만들 수 있다"(『법률』 803e). 그런데 플라톤이 보기에는 진지한 것과 유희적인 것을 결합시키는 제의에 철학도 끼어 있다는 것이다. 어쨌든 희극과 비극이라는 두 예술을 넘어서서 보다 높은 사유에 이름으로써 희극작가와 비극작가를 하나로 통일시킨 이는 소크라테스이다. 플라톤 대화편들의 형식이 연극을 연상시킨다는 것이 이미 다른 각도에서 지적되었다.[4] 즉 대화편들은 기본적으로 디오니소스적인 것으로 복귀한다는 것이다. 이렇게 볼 때 플라톤 철학은 디오니소스 종교 가까이에 서 있는 셈이다.

이제 내용적인 측면으로 건너가보자. 여기에서도 심포시온이 그리스 종교와 연관이 있다는 것을 아주 일반적으로 말할 수 있다. 크세노파네스의 심포시온 비가에서 마지막 행은 "천상의 것을 늘 새롭게 생각할 것"을 권고한다. 플라톤의 『심포시온』은 이제 이 천상의 것 가운데 하나인 사랑의 신을 다룬다. 사랑의 신은 디오니소스와 밀접하게 연관된다. 그래서 아리스토파네스에 대하여 말하기를, 그는 항상 디오니소스와 아프로디테를 다루기 때문에 에로스를 찬미하는 데에 반대하지 않을 것이라고 한다(『심포시온』 177d-e). 심포시온에 참석한 사람들 가운데 한 명이 시인들이 소홀히 한 신, 에로스에 대한 찬미를 각자 돌아가면서 하자고 제안했다(『심포시온』 177a-b). 이 연설 시합의 끄트머리에 행한 소크라테스의 철학적 연설이 신화에 초점을 맞춘 아리스토파네스의 연설이나 찬미 일색의 아가톤의 장광설보다 우월하다는 것이 입증된다.

또 한 가지 점이 종교와 관련이 있다. 에로스 신을 두고 행해진 연설들은 연설 시합과 연관되는 것이다. 시합 혹은 경합(agon)은 고전 시기 그리스 사람들의 종교적 생활에서 중요한 역할을 한다. 부르크하르트(J. Burckhardt)는 그리스 사람들을 '우월을 다투는 사람들'(agonale Menschen)로 특징짓는다.[5] 베르베(H. Berve)는 '그리스 사람들의 경쟁심'(agonaler Geist der Griechen)이라는 표현을 쓴다.[6] 아곤(agon)이

---

4) 특히 E. Hoffmann, *Platon*, 15쪽 이하.
5) J. Burckhardt, *Griechische Kulturgeschichte* III, 68쪽.

신화에서 어떤 의미를 지니는가는 바일러(I. Weiler) 연구에 자세하게 설명되어 있다.[7] 그리스 사람들에게는 매우 많은 종류의 경합이 있었는데, 그 가운데 중요한 것은 특히 삶을 충족시키는 종교적 순간들, 최고의 순간들이었다. 예를 들어 호메로스의 아폴론 찬가(V. 146-152)에 다음과 같은 내용이 들어 있다.

> 포이보스, 당신의 마음은 델로스에 가장 많이 빠져 있나니
> 여기는 이오니아의 아들들이 아이들과 정숙한 부인들을 데리고
> 당신을 기리기 위해 펄럭이는 옷을 입고 모여드는 곳.
> 춤과 노래 및 권투 시합이 시작되어 사람들이 당신을 생각하기에
> 당신에게 기쁨이 있고, 많은 손님들이 생각하기를
> 이오니아 아들들을 거기에서 만나는 당신은
> 불멸하며, 결코 늙는 법이 없다네.

이 시를 상기시키는 하르더(R. Harder)는 다음과 같이 설명한다. "축제에 참여하는 사람들과 시합에 나선 사람들이 하나 되는 이 충족의 순간이 현재를 영원하게 만들고, 일치된 공동체를 인간 현존재의 최고 단계, 거의 신적인 단계로 고양시킨다."[8] 왜냐하면 시합에 관객으로 참여한다는 것은 그리스 사람들에게는 신적인 행위이기 때문이다. 다시 말해서 시합을 바라봄으로써 인간이 신들의 삶으로 끌어올려지

---

6) H. Berve, *Gestaltende Kräfte der Antike*, hrsg. von E. Buchner und P.R. Franke, 2. Aufl., München 1966, 1쪽 이하.

7) I. Weiler, *Der Agon im Mythos, Zur Einstellung der Griechen zum Wettkampf*, Darmstadt 1974.

8) R. Harder, *Eigenart der Griechen, Einführung in die griechische Kultur*, hrsg. von W. Marg, Freiburg 1962, 144쪽.

고, 그렇게 해서 제의가 이루려는 것으로 채워진다.

『심포시온』의 연설 시합은 또 한 가지 점에서 디오니소스 신과 관계를 맺고 있다. 함께 술 마시기 전에 아가톤도 소크라테스도 각각 다른 이를 심판관으로 든다. 아가톤은 다음과 같이 말한다. "저를 놀리시는군요, 소크라테스. 선생님과 저의 지혜의 우열에 대해서는 얼마 안 있다가 디오니소스를 심판관으로 하고 결판을 짓기로 해요"(『심포시온』 175e). 이윽고 연설 시합이 시작되고 소크라테스가 연설하기에 앞서 끝난 아가톤의 연설이 참석자 모두로부터 박수갈채를 받는다. 이렇게 해서 소크라테스와 아가톤 사이의 우열의 판정으로 관심이 모두 쏠리게 되었다. 소크라테스의 연설은 만티네이아의 제사녀 디오티마와의 만남을 보고하는 것으로 되어 있다. 여기에 대해서는 에로스를 다루는 장에서 이미 언급했다.[9] 그런데 이 경합이 어떻게 시인과 철학자 사이에 판정을 해야 하는 디오니소스와 연관된다는 말인가? 플라톤은 소크라테스의 연설이 있고 나서 매우 특별한 사건을 통해 심포시온을 중단시킨다. 즉 화자(話者, Aristodemos에게서 들은 것을 전하는 Apollodoros를 말한다: 옮긴이)는 다음과 같이 전한다. "소크라테스가 이렇게 말을 마치고 나자 다른 이들이 연설을 칭찬했는데, 아리스토파네스만은 무언가를 말하려고 했네. 왜냐하면 소크라테스가 말하면서 그의 연설을 두고 한 말이 있었기 때문이지. 그런데 갑자기 문 두드리는 소리가 들려왔고, 피리 부는 여자와 함께 이리저리 어울려 다니는 자들(κωμασταί)의 떠들썩한 소리가 났다네"(『심포시온』 212c). 그러자 주인장인 아가톤이 밖에 있는 사람들을 들어오게 하라고 명한다. 텍스트는 다음과 같은 내용으로 계속된다. "얼마 있지 않아 알키비아데스의 목소리가 마당에서 나더군. 그가 아주 취해서 큰 소리를

---

9) 위 「에로스」 장 참조.

지르며, 아가톤이 어디 있느냐고 하면서 그가 있는 데로 데려가달라고 하더군. 그래서 일행들과 함께 그를 부축하고 있던 피리 부는 여인이 그를 잔치 자리에 인도해 왔어. 그는 담쟁이덩굴과 제비꽃으로 엮은 두툼한 화관을 머리에 쓰고, 많은 리본을 머리에 달고 문지방에 서서 '여러분, 안녕하십니까?'라고 말했네"(『심포시온』 212d-e).

빕펀(J. Wippern)은 논문 「『심포시온』의 디오티마 연설에서의 에로스와 불멸성」("Eros und Unsterblichkeit in der Diotima-Rede des Symposions")에서 크뤼거, 예거 그리고 다른 사람들을 근거로 삼아 이 알키비아데스의 출현에서 알키비아데스가 디오니소스로 묘사된다는 점에 주목하게 했다.[10] 우리는 디오니소스를 "한 떼의 술 취한 무리들과 피리 부는 여인을 대동하고, 담쟁이덩굴과 제비꽃으로 엮은 화관을 쓰고 머리에 많은 리본(tainia)을 꽂고"[11] 등장하는 것으로 묘사하는 일련의 고대 문헌들을 알고 있다. 여기에서 도이프너(L. Deubner)가 언급하는 아티카의 향유 그릇(Choenkännchen)이 연상된다(도판 그림 8,3). "향유 그릇에서 우리는 디오니소스가 술자리에서 취하여 사티로스에 기대어 걸어오는 것을 본다. 피리 부는 여인이 앞서서 걷고, 뒤에는 꼬마 사티로스가 밤길을 밝히기 위해 횃불을 들고 따른다."[12] 쾰른의 디오니소스 모자이크에서도 디오니소스는 술자리에서 취하여 포도 잎사귀와 담쟁이덩굴로 엮은 화관을 쓰고 젊은 사티로스의 부축을 받으며 걸어오는 것으로 묘사된다.[13] 알키비아데스가 등장할 때의

---

10) J. Wippern, "Eros und Unsterblichkeit in der Diotima-Rede des Symposions", in: *Synusia*, Festschrift für J. Hirschberger, hrsg. von K. Flasch, Pfullingen 1965, 123–159쪽.

11) 같은 책 142쪽.

12) L. Deubner, *Attische Feste*, Berlin 1932, 97쪽.

13) O. Doppelfeld, *Das Dionysosmosaik am Dom zu Köln*, Köln 1962, 22쪽.

떠들썩한 소리도 우주의 일부이다. 디오니소스는 미친 듯이 날뛰고 소란스러운 소리를 내며 인간을 덮치는 신이다. "디오니소스와 그의 거친 떼거리가 들이닥치면, 원초적 세계(Urwelt)가 다시 등장한다. 원초적 세계는 모든 장벽과 규정을 비웃는데, 그 까닭은 원초적 세계가 이것들보다 더 오래되었기 때문이다. 원초적 세계는 신분상의 차이나 성차(性差)를 인정하지 않는데, 그 까닭은 원초적 세계가 죽음을 향해 얼키설키 꼬여 있는 삶으로서 모든 존재를 공평하게 껴안고 통일시키기 때문이다."[14]

알키비아데스가 행하는 연설은 소크라테스를 에로스와 아름다움의 참된 친구로 칭송한다. 이 알키비아데스−디오니소스는 연설하기 전에 처음에는 아가톤의 머리에 나중에는 소크라테스의 머리에 리본들을 꽂아주는데, 더욱이 소크라테스에게는 앞서 아가톤에게 꽂아준 리본들 가운데 몇 개를 뽑아서 꽂아준다(『심포시온』 213e). "모든 사람을 언변으로 때려눕히는 사람"(『심포시온』 213e)인 소크라테스가 이 리본을 받아 마땅하다는 것이다. 이렇게 해서 알키비아데스는 어떤 면에서는 디오니소스로서 술자리의 연설 시합에 대한 판정을 내린 셈이다.

여기에다 덧붙여 또 하나의 관점에서 소크라테스는 디오니소스 제의와 결부된다. 즉 알키비아데스가 연설 초두에 소크라테스를 실레노스(Silenos)와 비교하는 것이 바로 그것이다. "조각가들은 실레노스의 흉상을 만들 때 그 손에 시링크스(syrinx)와 피리를 들려서 묘사하고, 이 흉상들을 열어젖히면 그 안에 신들의 상이 드러나 보이게 하지요"(『심포시온』 215b). 그런데 소크라테스는 특히 사티로스 가운데 하나인 마르시아스(Marsyas)와 닮았다고 한다(플라톤 시대의 표현으로는 실레노스와 사티로스 사이에 전혀 차이가 없었다). 이 유사성은 마치 마르시아

---

14) W.F. Otto, *Theophania*, Hamburg 1956, 125쪽.

스가 피리를 불어 그렇게 하듯이 소크라테스는 연설로 듣는 사람들을 도취시킨다는 점에 있다. 그런데 소크라테스의 마력이 마르시아스를 훨씬 능가한다는 것이다. 그것은 비단 소크라테스가 악기의 도움을 빌리지 않고 듣는 이들을 사로잡기 때문만은 아니라고 한다. "이 분의 말을 들을 때 내 심장은 미친 듯이 춤추는 코리바스(Korybas, 복수는 Korybantes, 프리기아의 대지의 여신인 키벨레[Kybele]의 제사녀: 옮긴이)들에 사로잡힌 이의 심장보다 더 격렬하게 뛰며, 눈물이 마구 쏟아집니다. 나는 많은 사람들이 이런 상태에 빠지는 것을 봅니다. … 그런데 여기에 있는 이 마르시아스는 번번이 나를 그런 상태에 빠지게 만드니, 내가 지금의 상태로 남아 있다면 살 가치가 없다고 생각했습니다"(『심포시온』 215e-216a).

알키비아데스는 아무것도 모른다는 사실만을 안다는 유명한 소크라테스의 말로 소크라테스와 실레노스 사이의 또 하나의 연관성을 지적한다. "여러분도 아시는 바와 같이, 소크라테스는 아름다운 사람들에 빠져서 늘 그들을 쫓아다니고 그들에게 정신이 팔려 있는가 하면, 또 모든 것에서 알지 못하며 자신이 행하는 것을 하나도 모른다는 거예요. 이것이야말로 바로 실레노스와 같은 점이 아닌가요?"(『심포시온』 216d). 사티로스와 실레노스는 플라톤의 시대에 디오니소스를 따라다니는 것으로 생각되고 묘사되었다. 고대의 꽃병 그림들이나 모자이크들에는 사티로스와 실레노스가 디오니소스 떼거리의 여성격인 님프들과 마이나스(mainas)들의 꽁무니를 좌충우돌 끈질기게 성적으로 치근거리며 따라다니는 반인반수(半人半獸)의 존재로 나타난다. 따라서 소크라테스는 에로스에 사로잡혀 있다는 점에서 실레노스와 같다는 것인데, 물론 여기에서의 에로스란 알키비아데스가 나중에 설명해서 분명해지듯이 감각적인 것이 아니다. 그러나 에로스에 사로잡혀 있다는 점이나 아무것도 알지 못한다는 점은 소크라테스의 겉모습에 지나지 않는다. 이 겉모습은 나무나 점토로 만들어진 실레노스상의 겉모습에 해당한다. 실레노스상을 열어젖히면 그 안에 신들의 상이 들어 있는 것이 보인다. 소크라테스는 실레노스상과 닮았다. 겉으로 보기에 소크라테스는 배불뚝이에 두툼한 입술 하며 들창코 등 실레노스처럼 추하다. 그러나 내면은 소프로시네(σωφροσύνη, 『심포시온』 216d), 곧 '분별', '사려', '절제'로 가득 차 있다. 바로 이 속성은 디오니소스적이다. 오토는 디오니소스가 한편으로는 에로스와 아프로디테에 가깝지만, 그의 본질은 "고삐 풀린 쾌락과는 멀리 떨어져 있다"고 설명한다.[15)]

소크라테스의 철학함이 갖는 디오니소스적, 사티로스적 면모를 그의 제자들도 마찬가지로 지닌다. 알키비아데스의 말에 따르면 소크라테스의 제자들은 "철학하는 자의 광기와 열광"(φιλοσόφου μανία τε καὶ βακχεία, 『심포시온』 218b)을 통해서 규정된다. '마니아'(mania)와 '박케이아'(bakcheia)라는 두 표현은 흔히 이렇게 붙어 쓰여서 디오니소스 종교를 가리킨다. '마니아'라는 말은 그 자체로 보면 아직 전문 용어가 아니다. 인간의 병으로서의 마니아를 논외로 치고, 플라톤은 『파이드로스』에서 신을 통해 규정되는 네 종류의 광기를 구별하는데, (예언술에서처럼) 아폴론이 지배적인 광기, (비교[秘敎, Mysterien]에서처럼) 디오니소스가 지배적인 광기, (시가에서처럼) 무사 여신들이 지배적인 광기 그리고 (사랑에서처럼) 아프로디테와 에로스가 지배적인 광기가 그것이다(『파이드로스』 265b). 그러나 '마니아'가 '박케이아' 개념과 결합하면 디오니소스와의 연관성이 뚜렷해진다. 니체는 소크라테스를 디오니소스적인 것의 반대자이자 파괴자로 보았다. 플라톤은 다른 소크라테스상을 갖고 있다. 즉 철학자의 모범으로서의 소크라

---

15) W. F. Otto, *Dionysos, Mythos und Kultus*, Frankfurt 1933, 160쪽.

테스는 자신의 철학함이 디오니소스와 결합될 수 있는 방식으로 사유한다.

이와 동시에 여기에는 철학의 본질이 무엇인가에 대한 언명도 들어 있다. 플라톤적 의미로 소크라테스처럼 철학하는 자는 거리를 둔 추상화(distanzierte Abstraktion)의 방식을 취하지 않는다. 그는 오히려 디오니소스적 열정(Enthusiasmus, 그리스어로 enthousiasmos이고 이 말은 신이 안으로 들어온다는 것, 곧 신들림을 의미한다: 옮긴이)을 통해 이끌린다. 다시 말해서 그에게 문제가 되는 것은 개별성의 지양(止揚)을 경험하고 모든 존재자의 통일성 안으로 들어가는 것이다. 그래서 후기 니체도 소크라테스를 디오니소스적인 것과는 이질적인 사상가로 이해했음에도 다음과 같이 썼다. "'디오니소스적'이라는 단어로 표현되는 것은 '통일성으로의 충동', '인격, 일상, 사회, 현실을 넘어서는 것', '소멸의 심연에서 벗어나는 것'으로, 보다 어둡고, 보다 충만되며, 보다 부동(浮動)하는 상태들로 열정적이고 고통스럽게 부풀어오르는 것이며, 모든 변화에서 동일한 것, 동일하게 강한 것, 동일하게 축복받은 것보다는 삶의 전체 성격을 황홀하게 긍정하는 것, 삶의 가장 두렵고 가장 의심스러운 속성마저도 인정하고 성스럽게 만드는, 범신론적으로 함께 즐거워하고 함께 괴로워하는 저 위대한 현상이다."[16] 또 『비극의 탄생』에서 디오니소스는 그의 영향력으로 "개별화의 족쇄가 깨뜨려지고 존재의 어머니들로의 길, 사물들의 가장 내적인 핵심으로의 길이 열리는"[17] 신으로 나타난다. 플라톤 철학의 이러한 디오니소스적 계기는 왜 이 철학이 일자(一者, das Eine)의 철학이며, 왜 이 철학이 결국 일(一)과 다(多)의 결합을 다시 이루어내려 애쓰는지를 우리에

---

16) F. Nietzsche, WW III 791쪽.
17) F. Nietzsche, WW I 88쪽.

게 설명해준다. 다시 말해서 전승된 종교에서 탈자 의식(脫自儀式, der ekstatische Kult)이 행했던 것이 철학 안으로 받아들여지고, 철학은 이 탈자 의식과 동일한 것을 제의의 외적인 행위들이 없이 순수히 정신적인 방식으로만 행하는 것이다.

그런데 플라톤 철학함의 특성을 이런 식으로 파악하는 것은 통상적으로 그리고 20세기 후반에 다시금 철학에 대해 생각되는 것과는 모순되는 것처럼 보인다. 수리논리학, 형식적 언어 분석, 학문 이론, 이데올로기 비판 등이 철학으로 간주되는 시대에 철학적 사유의 디오니소스적 계기가 지니는 의미는 대부분의 사람들에게서 사라지고 없다. 사람들은 철학을 거의 항상 '개념의 긴장'(Anstrengung des Begriffs)으로만 이해하고, 이때 도대체 무엇이 개념으로 포착되어야 하는지를 망각한다. 이에 반해 플라톤을 염두에 두면 철학함의 출발과 목표는 현대인도 일종의 디오니소스적 열정(Enthusiasmus)의 형태로 여전히 만날 수 있는 경험, 저 존재의 통일성을 개념 이전에(vorbegrifflich) 개념을 넘어서서(überbegrifflich) 경험하는 것임을 강조해야만 한다. 이 점을 특히 핑크도 힘주어 말한다. "열광적 도취는 철학의 학문 정신과 어울릴 수 없다는 피상적인 선입관은 도취의 본성과 철학의 본성에 대한 크나큰 오해이다. 도취는 비이성적인 느낌, 미친 상태, 의미의 혼란이 아니다. 도취를 이렇게 잘못 생각하는 것은 '심취한 상태'(Trunkenheit)를 기껏해야 '술 취한 상태'(Betrunkenheit)로 떠올릴 수밖에 없는 저 통속 심리학(vulgäre Psychologie)의 유산들 가운데 하나이다."[18] 플라톤 철학이 제의와 닮아 있음에도 불구하고 비학문적이지 않다는 사실은 이 철학이 열광적으로 경험된 것을 개념적 사유를 수단으로 확정하려 했을 뿐만 아니라 철학적 열광 안에서 새로운 앎,

---

18) E. Fink, *Vom Wesen des Enthusiasmus*, Essen 1947, 14쪽.

비일상적이고 비개별적인 앎이 열린다는 점에서도 알 수 있다. 철학적 앎이란 개별 학문적인 앎의 종류가 아니다. 또 철학적 앎은 개별 학문적 앎의 일종의 요약이나 정리 같은 것이 아니다. 그런가 하면 철학적 앎은 개별 학문적 앎에 대한 반성도 아니다. 철학적 앎은 오히려 전적으로 독특한 종류의 앎이다. 그리고 철학적 앎에 이르는 길도 마찬가지로 전적으로 독특한 종류이다. 이 길은 플라톤이 『심포시온』에서 '마니아'(mania)와 '박케이아'(bakcheia)로 나타낸 길이다.

우리가 이 점을 진지하게 받아들인다면, 또 한 가지 점을 더 생각해 보아야 한다. "열광에서 인간은 원리적으로 인간 외적인 것(ein außermenschliches), 인간을 넘어서는 것(übermenschliches)의 방향으로 넘어간다."[19] 이 점은 철학적 열광에도 마찬가지로 적용된다. 핑크는 이 점을 그리스어의 의미를 고려하고(엔테오스[ἔνθεος]에서 나온 엔투시아스모스[ἐνθουσιασμός]) 『파이드로스』 249c를 근거로 다음과 같이 표현한다. "열광은 사건이다. 이 사건에서 인간은 신 안에 있고, 따라서 신 곁에 있다. 이때 그리스 신은 신적인 상태로 머물러 있다. 다시 말하면 인간은 가장 존재적인 존재자(das seindste Seiende)의 현존(parousia) 안에 있다."[20] 또 달리 표현하면 "열광에서 인간 실존의 자기 충일(自己充溢, Sichselbstüberschwingen)이 신에 의해 사로잡혀짐(Sichergreifenlassen)으로서 발생한다."[21]

두 가지 인간학적 종류의 통찰이 여기에 근거한다. 하나의 통찰은 우주에서 인간의 지위에 관계한다. "열광적인 충만에서 초인간적인 것뿐만 아니라 인간의 참된 형이상학적 상황, 존재자 전체에서 인간

---

19) 같은 책, 25쪽.
20) 같은 책, 같은 곳.
21) 같은 책, 26쪽.

이 차지하는 지위도 명백해진다. 다시 말해서 인간은 스스로를 중간자(Zwischenwesen)로, 신과 짐승 사이, 무와 본래적 존재자 사이에서 구부러진 존재로 파악한다."[22] 이 중간자적 지위를 인식하면 인간은 다음과 같은 입장을 의식적으로 취할 수밖에 없게 된다. 즉 인간이 할 수 있는 것은 초인간적인 것에 등을 돌리든가 아니며 초인간적인 것에 관심을 돌리든가이다. 이 관심을 돌리는 일이 종교에서는 '제의'(Kult)를 통해서 일어나고 철학에서는 '사유'를 통해서 일어난다.

이렇게 초인간적인 것에 등을 돌리거나 관심을 돌리는 일로부터 두 가지의 세계 해석이 나온다. 그 하나는 인간 중심적 세계 해석이고, 다른 하나는 '인간 현존재의 탈중심성'(Ekzentrizität)에서 출발하는 세계 해석이다. 여기에서 다시 한 번 핑크를 따라가자면, 그는 먼저 우리에게 인간 중심적 세계관을 소개한다. "인간의 존재가 열광적인 것을 명백하게 포기하거나 심지어 거부하는 것으로 해석되는 한, 유한성이 신적인 것을 드러내는 실존 이해의 강력한 힘 앞의 유한성으로 해석되는 한, 인간이 세계의 중심에 있고, 인간 자신이 가장 많이 존재하는 존재자(das am meisten Seiende)인 것으로, 존재하는 모든 것의 척도이자 척도를 부여하는 것(das Maß und das Maßgebende)으로 보인다. 모든 사물들은 쓸모 있는지, 유용한지 무용한지와 같은 존재 형식으로, 결국 인간에게 중요한 정도라는 존재 형식으로 인간을 위해 존재하는 것으로 보인다. … 인간 중심적 입장은 열광을 차단하는 것으로서 자기 자신을 고정시키는 유한성이다."[23] 또 하나의 세계관은 인간에게 일종의 사유의 코페르니쿠스적 전환을 요구하는데, 열광만이 이 전환을 불러일으킬 수 있다. "열광을 경험하는 것은 인간 중심

---

22) 같은 책, 같은 곳.
23) 같은 책, 26쪽 이하.

적 함정을 반박하는 유일하게 가능한 길이다. 다시 말해서 인간은 열광을 경험함으로써 최고 존재자 곁의 존재라는 자기의 최고 가능성을 실현하며, 인간이 본성상 무엇일 수 있는 이상의 것일 때에만 본질적으로 존재할 수 있음을 알게 된다."[24] 따라서 인간의 최고 가능성은 '자기 안에 존재하는 것'(In-sich-Sein)이 아니라 '자기 바깥에 존재하는 것'(Außer-sich-Sein)이다. 그러나 이 자기 바깥에 존재한다는 것은 '무로 빠져드는 것'(Ins-Nichts-Geraten)이 아니라 최고의 존재다움이라는 영역에 입문하는 일이다. "열광은 인간을 가장 존재적인 존재자의 현존에 빠뜨리고, 인간은 이를 통해 — 그리스적으로 생각해서 — 신들과 같은 삶, 최고도로 고양된 축복의 삶, 신적인 삶 자체를 분유(分有, Teilhabe)하는 삶을 산다."[25] 여기에서 종교적 열광과 철학적 열광은 동일한 목표를 갖는다.

플라톤 철학은 인간 중심적 사유 방식에서 다른 사유 방식으로의 전환을 요구하는데, 후자의 사유 방식에 대한 이름을 우리는 아직 갖고 있지 않다. 플라톤에서 이 후자의 사유 방식은 흔히 신 중심적인 것으로 나타난다. 그는 『법률』의 잘 알려진 대목에서 인간이 만물의 척도라는 프로타고라스의 명제를 빗대어 다음과 같이 말한다(한참 위에 인용된 핑크의 언급도 이 프로타고라스의 명제와 관계된다). "그런데 아마도 신이 만물의 척도요, 사람들이 말하는 것과 같은 어떤 인간조차 훨씬 넘어서는 것이다"(『법률』 716c). 그러나 이 구절은 아직 우리가 플라톤의 신 개념이 기독교의 신 개념과 비교될 수 있다고 받아들이는 것을 정당화시켜주지 못한다. 무엇보다도 플라톤은 인격신을 받아들이지는 않는 것으로 보인다.[26] 그렇지만 이 점은 결정적인 것이 아

---

24) 같은 책, 27쪽.
25) 같은 책, 29쪽.

니다. 더욱 중요한 것은 플라톤의 철학 개념을 인간 중심적으로 생각해서는 안 된다는 점이다. 플라톤의 철학함은 초인간적인 존재 영역을 전제하며, 이 영역은 임시적으로만 '신'이라는 이름으로 불린다.

라벨(L. Lavelle)은 자신의 저서 『존재에 대하여』(De l'Etre)의 신판 서문에서 철학에 대한 인간 중심적 파악과 신 중심적 파악을 다시 한 번 대립시킨다. "우리가 선택해야 하는 철학에는 두 가지가 있을 뿐이다. 그 하나는 인간이 만물의 척도라는 프로타고라스의 철학이고, 다른 하나는 만물의 척도는 인간이 아니라 신으로, 이 신은 인간들에게 분유된다는 플라톤의 철학이다."[27] 라벨은 자기 자신을 기독교적 플라톤주의자로 이해했으며, 그런 까닭에 어쩌면 기독교적 사유를 플라톤에 대입시켜 생각했는지도 모른다. 다른 한편으로 라벨은 신에 대한 사상을 존재에 대한 사상과 가장 밀접하게 결합시킨 사상가들 가운데 한 사람이다. 그러나 라벨은 철학사가가 아니다. 그에게 문제는 플라톤이 실제로 무엇을 생각했고 가르쳤는지를 규정하는 것이 아니라 플라톤에서 통찰의 밑바닥에 깔려 있는 것을 계속 전개하는 일이었다. 그런데 이 플라톤에서 통찰의 밑바닥에 깔려 있는 것은 플라톤 철학의 종교적 계기, 더 정확하게 말하면 제의적 계기(kultisches Moment)였다. 다른 대부분의 플라톤주의자들처럼 라벨도 바로 이 계기를 특히 중요한 것으로 간주했다.

끝으로 지금까지 말해온 것을 다시 한 번 되돌아보자. 플라톤의 철학함은 그 본질적인 점들에서 우리에게 종교적 제의의 연장으로 나타났다. 제의가 인간과 신 사이의 간격을 적어도 일시적으로 없애듯이,

---

26) D. Bremer, "Die Epiphanie des Gottes in den homerischen Hymnen und Platons Gottesbegriff", in: Zeitschrift für Religions- und Geistesgeschichte 27(1975), 1-21쪽.
27) L. Lavelle, De l'Etre, 35쪽.

철학적 사유는 적어도 인간과 우리가 그다지 주목하지 않는 단적인 존재(das Sein schlechthin) 사이의 분리를 때때로 없앤다. 그런데 존재는 우리에게 가장 가까운 것일 뿐만 아니라 (왜냐하면 우리가 우리 자신에 대해서보다 존재에 더 가까이 서 있기에 존재가 우리에게 있기 때문에) 동시에 우리에게 가장 먼 것이기도 (왜냐하면 우리는 무한성 안의 존재를 우리의 개념들로는 결코 완전하게 파악할 수 없기 때문에) 하다. 그러므로 플라톤의 사유가 먼 데의 신(Gott der Frene) 아폴론뿐만 아니라 가까움의 신(Gott der Nähe) 디오니소스와도 연관될 수 있는 것은 그 처음과 끝이 존재에 대한 물음인 철학 자체의 본성이 지닌 이 모순에 기인한다.

맺는 말

플라톤 철학은 그리스 종교의 철학적 연장, 특히 그리스 종교에서 제의가 목적으로 삼는 것, 곧 신과의 유대를 복구하는 일의 연장으로 드러났다. 플라톤 철학의 이 종교적 계기는 아리스토텔레스 철학이 보여주는 주로 학문적 성격의 영향으로 거의 완전히 잊혀졌다. 그래서 플라톤 철학을 한번 이론과 학문으로서보다는 철학적 종교의 형태로 기술하는 것이 필요하다고 여겨졌다. 플라톤에게서 중요한 것은 결국 철학하는 인간이 하나이자 궁극적인 존재 근거와 일치되는 것(Einswerdung)이기에, 그에게서는 종교와 철학이 결합된다.

우선 철학의 서로 다른 두 형태를 구별해야 한다. 이 구별은 플라톤 이전의 사상가들에서도 적어도 암시적으로나마 드러난다. 철학의 한 형태는 주로 학문적인 쪽으로 나아간 아리스토텔레스를 그 대표자로 볼 수 있겠다. 다른 하나는 종교적인 것으로 플라톤이 가장 탁월한 대표자라고 하겠다.

우리는 이 구별이 중요하지 않은 것이 아니라고 본다. 즉 이 구별은 철학사의 많은 현상들을 지금까지 그랬던 것보다 더 잘 이해할 수 있는 가능성을 제공한다. 나는 이 점을 두 종류의 형이상학을 구분하는 지금까지의 시도들에 입각해서 밝히고자 한다. 지금까지의 시도들이 만족스럽지 못한 상태에 머물러야 했던 것은 우리가 형이상학을 이론과 학문으로만 파악했기 때문이다. 우리는 철학사적인 연구에서 아주 흔히 플라톤주의와 아리스토텔레스주의를 구별해왔다. 이 개념들로 작업을 잘 진행시킬 수 있었다. 한편으로는 스스로를 플라톤주의자라고 생각하는 철학자들이 다른 한편으로는 스스로를 아리스토텔레스주의자라고 생각하는 철학자들이 있었던 것이 고대에만 국한되지 않는다. 중세에는 알렉산드리아의 클레멘스(Clemens) 이래, 특히 아우구스티누스(Augustinus) 이래 우선 플라톤주의가 우세했다. 그러다가 12세기에 토마스 아퀴나스를 통해 중요한 의미를 획득한 아리스토텔레스주의가 다시 등장하고 19세기와 20세기의 신토마스주의(Neuthomismus, 대표자는 질송[É. Gilson, 1884-1978]과 마리탱[J. Maritain, 1882-1973]: 옮김이)에 이르기까지 지속적인 영향을 끼쳤다. 그러나 플라톤주의에서도 중세에 탁월한 추종자들이 있었는데 (최근에 다시 강조되듯이 토마스 아퀴나스도 플라톤주의에 결코 아주 먼 것은 아니다), 샤르트르(Chartres)학파의 사상가들, 프란치스쿠스 교단의 보나벤투라(Bonaventura)와 둔스 스코투스(Duns Scotus), 도미니쿠스 교단의 디트리히 폰 프라이베르크(Dietrich von Freiberg)와 마이스터 에크하르트(Meister Eckhart) 같은 이들이다. '플라톤 아카데미아'와 같은 르네상스 시대의 플라톤주의가 있었고, 케임브리지 플라톤주의도 있었다. 데카르트나 독일 관념론에서도 플라톤적인 것이 발견된다. 반면에 프로테스탄트적 스콜라철학에서는 다시 아리스토텔레스주의가 주를 이룬다. 20세기에 라벨은 명백하게 플라톤주의를 지지한다.

그러나 이렇게 이름을 열거해서 얻게 되는 성과가 무엇인가? 플라톤주의와 아리스토텔레스주의의 본질을 보다 정확하게 제시하는 명칭은 없는가? 오랫동안 플라톤주의와 아리스토텔레스주의를 '선험적 형이상학'과 '후험적 형이상학', '하강하는 형이상학'과 '상승하는 형이상학', '위로부터의 형이상학'과 '아래로부터의 형이상학'으로 즐겨 대립시켜왔다. 여기에서 중요한 것은 해당되는 형이상학적 사유의 방법을 더 정확히 특징지으려는 표현들이다. 플라톤주의는 경험과 상관없이 진행하며, 일반적인 원리들로부터, 따라서 어느 의미에서는 위로부터 출발한다고 한다. 이에 반해 아리스토텔레스주의는 '경험이라는 밑바닥'을 지키며, 따라서 아래에서 위로 상승한다고 본다. 그러나 이 구별은 다음과 같은 사실을 알게 되면 더 이상 유지될 수 없다. 즉 플라톤주의에서도 명제들이 단순히 최상의 원리로부터 도출되기만 하는 것은 아니다. 플라톤주의자에게도(어쩌면 바로 플라톤주의자야말로) 철학적 경험이 있다. 바이셰델(W. Weischedel)은 이 '형이상학적 경험'을 분석한 최초의 학자들 가운데 한 사람이다. 또한 형이상학의 내용이 그 방법보다 중요해 보인다.

내용상의 구별은 예를 들어 코흐(J. Koch)에서 찾을 수 있는데, 그는 '위로부터의 형이상학'을 '일자 형이상학'(Einheitsmetaphysik)으로, '아래로부터의 형이상학'을 '존재 형이상학'(Seinsmetaphysik)으로 파악한다.[1] 신스콜라주의자이자 중세 연구가인 코흐는 이 개념들을 특히 두 종류의 중세 플라톤주의를 구별하는 데에 사용했다. 즉 그는 아우구스티누스로 거슬러 올라가는 플라톤주의를 '존재 형이상학'으로 이해하고, 위(僞) 디오니시우스 아레오파기타(Pseudo-Dionysius Areopagita)로부터 시작하는 또 다른 플라톤주의는 본질적으로 '일자 형이상학'

---

[1] J. Koch, "Augustinischer und dionysischer Neuplatonismus und das Mittelalter", in: Kant-Studien 48(1956/57), 117-133쪽. 다음에도 재수록 되어 있다. *Platonismus in der Philosophie des Mittelalters*, hrsg. von W. Beierwaltes, Darmstadt 1969, 317-342쪽. 여기에서는 이 책의 쪽수로 인용한다.

이라고 본다.

또 코흐는 '일자 형이상학'을 플로티노스(Plotinos)로 귀착시킨다. 이때 코흐가 플로티노스에 대해 말한 것은 별 문제 없이 플라톤에게도 적용되는데, 특히 최근에 다시 강력하게 관심의 전면에 부상한 플라톤의 비교적(秘敎的) 철학(esoterische Philosophie)을 생각하면 그러하다. 코흐는 다음과 같이 쓴다 "플로티노스에서 단적인 일자(一者), 이와 동시에 좋음이 … 세계 원리이다. … 이 일자에 대한 사변(Einheitsspekulation)에서 특징적인 것은 단적인 일자를 세계 전개의 근원적 원리일 뿐만 아니라 모든 철학함의 출발점으로 본다는 사실이다."[2] 반면에 아우구스티누스에게서는 플로티노스 철학에 종사했다는 『고백록』의 보고에서조차 '존재 형이상학'이 발견된다고 한다. 그렇게 말할 수 있는 이유는 다음과 같다. "유일한 진리는 '나는 나인 자다'(Ich bin, der ich bin)라고 하는 것과 동일시된다. 여기로부터 피조물들은 존재하는 것으로 특징지어지지만─참된 존재자와 비교해서는─존재하지 않는 것으로 특징지어진다."[3] 코흐는 아우구스티누스의 '존재 형이상학'을 신플라톤주의의 아리스토텔레스적 요소들로, 플라톤주의와 아리스토텔레스주의를 통일시키려는 신플라톤주의적 시도들로 귀착시킨다.[4] 아주 일반적으로 말해서 이런 형태의 형이상학에는 어쨌든 아리스토텔레스적인 것이 우세하다. "존재 형이상학에는 존재(곧 신)와 존재자의 구별이 있고, 이 구별에는 존재 유비(類比), 모든 존재자가 본질과 존재 작용으로 이루어졌다는 이론, 모든 물질적 존재자들의 본질이 형상(形相)과 질료(質料)로 이루어졌다는 이

---

2) 같은 책, 321쪽 이하.
3) 같은 책, 324쪽.
4) 같은 책, 같은 곳.

론이 속해 있고, 또 여기에는 존재 법칙으로서 모순율의 인정이 깔려 있다."[5] 그에 반해서 '일자 형이상학'은 쉽게 범신론에 가까이 가는데, 이 점을 코흐에 이어 바커잡(H. Wackerzapp)도 강조한다. "신 이외의 또 하나의 세계를 설명하는 데에서, 다시 말해서 일원성으로부터 그 일원성과는 다른 두 번째의 것을 도출해내는 데에 그 본성상 어려움을 갖는 것이 일자 형이상학이다."[6]

　코흐의 견해에 대해 반박이 없지 않았다. 플라쉬(K. Flasch)는 아우구스티누스에서 바로 이 일자 사상이 갖는 근본적인 중요성을 강조한다. "아우구스티누스는 사유 일반, 특히 철학을 일자(unum)에 대한 물음으로 이해한다. 그는 두 가지 주요 물음(신에 대한 물음과 혼에 대한 물음)을 일자에 대한 물음의 부분 문제들로서 도입한다."[7] 플라쉬에 따르면 아우구스티누스에게도 위 디오니시우스에게서와 동일한 것이 적용된다는 것이다. 즉 "두 경우에 존재 개념은 일자로부터 구성된다. … 존재의 근거이자 존재 언명(存在言明, Ist-Aussagen)의 기준으로서의 일자, 이 결정적인 동기가 아우구스티누스와 … 디오니시우스를 같은 정도로 사로잡았다."[8] 두 사람은 이 점에서 플라톤주의의 전통을 따른다. 중세에 동방교회의 영역에서는 위 디오니시우스 이후부터 일자라는 초월적 존재자에 기울어졌고, 반면에 서쪽에서는 아우구스티누스와 보에티우스(Boethius) 이후부터 일자 개념의 자리에 존재 개

---

5) J. Koch, *Die Ars coniecturalis des Nikolaus von Kues*, Köln und Opladen 1956 (Arbeitsgemeinschaft für Forschung des Landes Nordrhein-Westfalen, Geisteswissenschaften, Heft 16), 16쪽.

6) H. Wackerzapp, *Der Einfluß Meister Eckharts auf die ersten philosophischen Schriften des Nikolaus von Kues*(1440-1450), Münster 1962(BGPhThMA XXXIX, 3), 47쪽.

7) *Historisches Wörterbuch der Philosophie*, Bd. II, Basel 1972, Sp. 367.

8) 같은 책, Sp. 369 이하.

념이 왔다는 코흐의 주장은 플라쉬에 의해 거부된다. 게다가 아우구스티누스에서뿐만 아니라 위·디오니시우스에서도 일자와 존재를 견주는 데에 있어서 흔들린다는 것, 한결같지 않다는 것을 확인할 수 있다.[9]

코흐는 존재 형이상학과 일자 형이상학이라는 도식을 에크하르트의 철학에도 적용하고자 한다. 이때 에크하르트는 한편으로는 존재 형이상학자로 나타난다. 왜냐하면 그의 철학과 신학의 기본 테제가 '존재는 신이다'(esse est deus)라는 것이기 때문이다.[10] 다른 한편으로는 에크하르트에게서 일자 개념이 결정적인 역할을 하기도 한다. 「갈라디아서」 3장 20절 '신은 한 분이시다'(deus unus est)에 대한 라틴어 설교에서 에크하르트는 일자 사상을 순수 존재 사상 및 순수 지성 사상과 결합시킨다. 코흐는 "지성으로 상승한다는 것, 지성에 복속된다는 것은 신과 합일된다는 것을 뜻한다. 하나가 된다는 것, 하나로 있다는 것은 신과 하나가 된다는 것이다"[11]라는 에크하르트의 말에서 다음과 같이 추론한다. "에크하르트의 형이상학은 비록 '존재는 신이다'라는 명제에서 출발하고는 있지만 디오니소스적인 신플라톤주의의 정신이 뚜렷한 일자 형이상학이다."[12] 이것은 첫눈에는 납득할 수 있을 것 같아 보인다. 하지만 코흐는 에크하르트에게 일자의 인식이 특별한 종류의 인식을 나타낸다는 사실에 충분히 주목하지 않은 것 같다. 일자의 인식은 (신 및 존재와 동일한 것으로 생각된) "지성으로 상

---

9) 같은 책, Sp. 369.

10) 여기에 대해서는 다음 나의 책을 참조하라. *Meister Eckharts These vom Sein, Untersuchungen zur Metaphysik des Opus tritartitum*, Ratingen 1976.

11) Sermo XXIX n.304(LW IV 270, 4–6): "Ascendere igitur ad intellectum, subdi ipsi, est uniri deo. Uniri, unum esse, est unum cum deo esse."

12) J. Koch, *Augustinischer und dionysischer Neuplatonismus*, 341쪽 이하.

승하는 것"(ascendere ⋯ ad intellectum)이고 "신과의 합일"(uniri deo)
이다. 여기에서는 단순히 아래로부터 시작하는 형이상학과 위로부터
연역되는 형이상학 사이의 구별의 문제도 아니고, 궁극적 실재가 존
재 개념으로 더 잘 특징지어지는지 일자 개념으로 더 잘 특징지어지
는지의 문제도 아니다. 형이상학적 방법 그 이상의 것이 문제이고, 형
이상학적 용어의 문제 그 이상이 문제이다. 에크하르트의 일자 인식
이론을 신비주의로 돌린다거나 따라서 이 이론을 철학적 사유 과정의
영역에서 배제하는 것 역시 충분하지 않다. 인간의 인식이 일자로, 단
적인 존재자로 상승한다는 이론은 전적으로 철학의 전통, 즉 정확히
말해서 이미 파르메니데스에서 시작된 철학적 전통의 연장선에 있는
것이다.

그러므로 플라톤주의와 아리스토텔레스주의의 차이는 다른 어떤
것에서 찾아야 할 것으로 보인다. 이 차이는 코흐가 생각한 것보다 더
심원한 것임에 틀림없다. 따라서 우리는 우선 형이상학을 근본적으로
다른 두 형태로 나누어 보고 여기에 제3의 것을 추가하고자 한다.

첫 번째 형태로는 '학문적 형이상학'(wissenschaftliche Metaphysik)
을 들 수 있겠다. 형이상학의 학문적 성격은 아리스토텔레스로부터
시작해서 되풀이하여 표현되었다. '존재자로서의 존재자에 대한 학
문'이라는 아리스토텔레스의 규정과 이 규정이 다른 규정들과 어떤
연관성을 갖느냐 하는 데에 대해서는 현대에도 넘치도록 논의되었지
만 형이상학을 기본적으로 학문으로 보는 견해만큼은 논란의 여지가
없어 보인다. 그래서 얼마 전에도 카울바흐(F. Kaulbach)는 『형이상학
입문』에서 다음과 같이 썼다. "아리스토텔레스는 '철학'이라는 명칭
을 '학문'과 동의어로 사용한다. 형이상학이 '제1의'(으뜸가는) 근거들
을 과녁으로 삼는다는 점에서 형이상학은 학문들의 좌표에서 각별한
위치를 차지한다."[13) 바로 이 점에서 형이상학은 개별 학문들

(Einzelwissenschaften)과 구별된다. "하나의 개별 학문, 예컨대 수학이 사물들을 계산 가능성이라는 관점에서 고찰하는 반면에 형이상학에서 문제가 되는 것은 존재자를 아주 일반적으로 존재자로서(als), 그 존재 성격에 주목하여 파악하는 일이다."[14] 그러므로 형이상학적 사유 방식은 개별 학문들의 사유 방식과는 다르지만 그럼에도 불구하고 역시 학적이다.

우선 이런 정도를 확정할 수 있겠다. 우리는 지금까지 그리스어 단어 에피스테메(ἐπιστήμη)를 단순히 '학문'(Wissenschaft)으로 옮겨도 좋은가 하는 물음, 더 나아가 '학문적' 형이상학의 고찰 방식이 개별 학문들과 다르다고 하는데 이것이 본질이 다르다는 것을 암시하는 것은 아닌가 하는 물음을 억눌러왔다. 으뜸가는 근거들과 원인들을 탐구하는 학문, 곧 형이상학은 다음과 같이 일컬어진다. "우리는 이 학문을 어떤 유용성 때문에 탐구하는 것이 아니며 마치 우리가 다른 어떤 것 때문이 아니라 자기 자신 때문에 행동하는 어떤 사람을 자유롭다고 말하는 것처럼 오로지 이 학문만 모든 학문들 가운데 자유롭다. 왜냐하면 이 학문만 자기 자신 때문에 탐구되기 때문이다. 그래서 우리가 이 학문을 획득하는 일을 인간적인 일로 그치는 것으로 간주하지 않는 것은 옳은 일이다"(『형이상학』 I 982b 24-29). 또 조금 뒤에는 다음과 같이 말한다. "이 학문은 가장 신적이고 가장 명예롭다. 그런데 이 학문은 두 가지 의미로 그럴 수 있다. 첫째로 이 학문은 신이 가장 많이 지닌다는 점에서 신적이고, 둘째로 이 학문은 신적인 것을 그 대상으로 삼는다는 점에서 신적이다. 그런데 이 학문에서 두 가지가 적용된다. 즉 신이 모든 이에게 원인들에 속하고 근원으로 보이고, 더 나

---

13) F. Kaulbach, *Einführung in die Metaphysik*, Darmstadt 1972, 34쪽.
14) 같은 책, 35쪽.

아가 오로지 이 학문만 혹은 이 학문이 신을 가장 많이 갖는다."(『형이
상학』 I 983a 5-10) 이렇게 볼 때 궁극적인 존재 근거들을 다루는 학문
은 인간에게 유용한 다른 학문들보다 훨씬 의미 있는 것으로 꼽는다.
그러면서도 이 학문은 여전히 학문이다(혹은 여전히 학문인 것으로 보
인다).

　형이상학을 학문으로 보는 아리스토텔레스의 규정은 소요학파(逍遙
學派, Peripatiker)에서 생생하게 살아 있고, 전성기 스콜라철학과[15] 후
기 스콜라철학에서 다시 받아들여진다. 이런 점에서 코레트(E.
Coreth)에게 형이상학은 "존재자 및 그것과 하나를 이루는 존재자를
둘러싼 우리의 앎을 그 근거로부터, 존재자의 존재로부터 해명하고자
하는 근본 학문이다."[16]

　이런 견해의 주된 증인은 역시 칸트이다. 1791년에 프로이센 학술
아카데미가 내건 현상(懸賞) 문제 '라이프니츠와 볼프 시대 이래 독일
에서 형이상학이 이루어낸 참된 발전은 무엇인가?'(처음부터 이미 형이
상학을 학문으로 이해하는 물음인데)에 대한 칸트의 답변에 다음과 같은
단어 풀이가 나온다. "학문에 대한 옛 이름 'μετὰ τὰ φυσικά'가 벌
써 동일한 의도가 향하는 인식의 종류에 대한 암시를 준다. 우리는 이

---

15) 예컨대 다음을 참조. Thomas Aquinas, *S. theol.* *I q.8 a.1*; *In Met. prooem. und
　VI lect. 1; *In Boeth. de trin. q.2 a.2; q.5 a.4*. 더 나아가 다음도 참조. J.D. Robert,
　"La métaphysique, science distincte de toute autre discipline philosophique
　selon Thomas d'Aquin", in: Divus Thomas(Piacenza) 24(1947), 220쪽 이하; L.
　Oeing-Hanhoff, *Ens et unum convertuntur, Stellung und Gehalt des Grundsatzes
　in der Philosophie des hl. Thomas von Aquin*, Münster 1953(PhThMA 37, 3), 7쪽
　이하; P. Wilpert(Hrsg.), *Die Metaphysik im Mittelalter, Ihr Ursprung und ihre
　Bedeutung*, Berlin 1964(Misc. med.2).
16) E. Coreth, *Metaphysik, Eine methodisch-systematische Grundlegung*,
　Innsbruck 1964, 45쪽.

학문을 통해서 경험 가능한 모든 대상을 넘어서고자(trans physicam) 한다. 그리하여 가능하다면 단적으로 그런 종류의 대상일 수 없는 것을 인식한다. 그러므로 형이상학의 정의는 그런 학문을 획득하는 근거를 포함하는 의도에 따른 것일 것이다. 즉 형이상학은 감각적인 것의 인식에서 초감각적인 것의 인식으로 나아가는 학문이다."[17] 그런데 이 형이상학은 아직 "끝없는 논란의 싸움터"[18]이다. "지금까지 형이상학의 운명은 학문의 안전한 과정을 열어나갈 수 있을 만큼 순탄하지 못했다."[19] 그래서 칸트는 이전 및 동시대의 형이상학을 아직은 실제적 학문(faktische Wissenschaft)으로 인정할 수 없었다. 그러나 형이상학은 그 의도에 따를진대 학문이고, 『순수이성비판』은 형이상학에 길을 마련해주고자 한다. 그런데 학문적 형이상학의 문제는 칸트의 견해로도 전학문적(vorwissenschaftlich)이고 보다 근원적인 영역에서 생겨났다. 즉 "형이상학이 그 총아로 탄생시킨 우리 이성의 자연적 속성으로부터 (생겨났으며) … 이 이성의 자연적 속성은 우연에서 나온 것이 아니라 위대한 목적들을 향해 지혜롭게 조직화된 근원적인 싹이 될 수 있다."[20]

제1차 세계대전 이후 예고되었던 '형이상학의 부활'이 실현되지 못한 채로 있는 우리 시대에 바이셰델은 학문적 형이상학을 갱신하려는 주목할 만한 시도를 감행했다. 그가 1953년의 브뤼셀에서 개최된 세계철학대회(World Congress of Philosophy, 5년마다 열리는데 20회 대회는 1998년 보스턴에서, 21회 대회는 2003년 이스탄불에서 그리고 2008년 22회 대회는 서울에서 열렸다: 옮긴이)에서 행한 강연「형이상학적 경험

---

17) I. Kant, WW 20(Akademieausgabe), 316쪽.
18) I. Kant, KrV A VIII.
19) I. Kant, KrV B XIV.
20) I. Kant, WW 4, 353쪽.

의 본성과 과제」[21]는 모든 학문은 특수한 경험을 근거로 그렇기 때문에 형이상학도 고유하게 그 자신에 기초하는 경험을 근거로 삼을 수 있는 경우에만 가능하다는 점으로부터 출발한다. 그런데 그는 형이상학을 "존재자의 존재 및 모든 존재자의 근거를 묻는 … 철학의 분과"로 이해한다.[22] 이로부터 이끌어져 나오는 것은, 형이상학의 기초를 세우는 경험은 존재 및 존재 근거에 대한 경험이어야 하고 이 경험은 한편으로는 구체적 존재자에 생생하게 붙어 있는 일상적 경험과 구별되고 다른 한편으로는 신과의 인격적 만남을 목표로 삼는 종교적 경험과 구별된다는 것이다.[23] 이런 종류의 경험이 있는가? 바이셰델은 우선 형이상학의 역사를 지적한다. "형이상학이 단지 전통적인 의미에서가 아니라 근원적인 의미에서 탐구되었던 곳에서는 물론 항상 분명하게 알려진 것은 아니지만 형이상학적 경험이 먼저 있었다고 할 수 있다."[24] 그런데 형이상학적 경험은 직접적으로도 제시된다. "모든 경험과 마찬가지로 형이상학적 경험 역시 … 그 스스로에 의해 진실임이 판명된다. 형이상학적 경험은 그 안에 사태 자체가 나타나게 되는 한 최초의 것이고 다른 어떤 것으로부터도 도출될 수 없다."[25] 이러한 존재 및 존재 근거에 대한 형이상학적 경험은 학문적 해명에 그 기반으로서 쓰일 수 있다. 그렇다면 형이상학은 형이상학적 경험 안

---

21) *Actes du XIème Congrès international de philosophie*, Amsterdam–Löwen 1953, Bd.IV, 121–127쪽. 다소 손질되어 다음 제목으로 나왔다. "Zum Problem der metaphysischen Erfahrung", in: Zeitschrift für philosophische Forschung 9(1955), 421–430쪽. 이 논문은 다음 책에도 실려 있다. *Wirklichkeit und Wirklichkeiten*, Berlin 1960, 103–112쪽. 이하에서는 이 책의 쪽수로 인용한다.
22) 같은 책, 104쪽.
23) 같은 책, 104쪽 이하.
24) 같은 책, 106쪽.
25) 같은 책, 110쪽.

에서 경험된 것을 개념적으로 파악하고 학문적으로 기술하는 일이 될 것이다.[26]

방금 서술한 의미에서의 학문으로서의 형이상학과는 근본적으로 구별되는 다른 형태의 형이상학적 사유가 있다. 이 형태의 형이상학에서는 타당한 명제들을 획득하는 일보다는 새로운 인식 종류에 이르는 통로를 찾는 일이 더 중요하다. 이런 형이상학은 플라톤에 의해 대표되는데 흔히 종교적 제의와 비교된다.

일찍이 이런 형태의 형이상학의 예는 파르메니데스의 교훈시에 나타난다. 서곡은 한 지혜로운 사람이 세상 바깥의 영역으로 올라가는 여행에 대해 자세히 묘사한다. 빛의 나라에 도착한 이 사람에게 여신이 "흔들림 없는 완벽한 진리의 핵심과 참된 신뢰가 없는 가사적 존재의 의견들"(B 1, 28-30)을 전해준다. 여기에서 전해지는 진리는 몇 마디 짧은 말로 이루어져 있다. 그 핵심 문장은 "존재는 있고, 비존재는 있지 않다"(B 6, 1 이하)는 것이다. 사람들은 이상하게 긴 도입부가 무엇을 의미하는지 물어왔다. 이 도입부가 그저 호감을 주는 시적인 치장은 아닌 것 같다. 앞에서 이미 언급한 대로 사람들은 이미 오래 전부터 철학자가 전지한 신의 영역으로 올라가는 여행을 한다는 파르메니데스의 묘사가 구체적인 본을 갖고 있다고 생각해왔으며 이 본이 샤머니즘적인 피안 여행을 그리는 종류의 보고들일 것으로 추측해왔다.[27] 여러 종류의 형이상학적 사유를 구분하려는 우리의 시도에

---

26) 같은 책, 111쪽. 다음 내 책에 실린 글도 참조. *Die ontologische Erfahrung*, Ratingen 1974.

27) 다음을 참조. H. Diels, *Parmenides' Lehrgedicht*, Berlin 1897, 9쪽; K. Meuli. "Scythica", in: Hermes 70, 121-176쪽, 특히 그 가운데 171쪽 이하; F.M. Cornford, *Principium sapientiae, The origins of greek philosophical thought*, Cambridge 1952, 118쪽; J. Morrison, "Parmenides and Er", in: Journal of

비추어 이것이 의미하는 것은 무엇인가? 분명히 파르메니데스에게 존재자 전체에 대한 '학문적' 이론을 획득하고 다듬는 일은 중요한 것이 아니다. 비록 교훈시의 제2부에서 그런 것들이 있기는 하지만 그것은 그저 불확실한 인간의 의견일 따름이다. 파르메니데스는 확실히 전혀 다른 어떤 것을 추구하고 있다. 즉 그는 자신의 사유가 걸어갔고 거기에서 보편적 통찰에 도달하게 된 길을 증언하고자 하는 것이다. 말하자면 그는 사유의 '경험'(Er-Fahrung)을 증언하고자 하는 것이다. 일상적 사유는 이 경험에서 떨어져 있다. 왜냐하면 이렇게 경험된 것은 "인간의 길 바깥에"(B 1, 27) 있기 때문이다.

플라톤의 '동굴의 비유'와 『심포시온』의 디오티마 연설은 분명히 이런 생각과 연결된다. 이런 생각은 플로티노스와 아우구스티누스에게서 받아들여지고 정교화되며, 이들을 넘어서서 기독교가 지배하는 중세의 신학자들과 철학자들에게 이르게 된다. 예컨대 보나벤투라의 『신에 이르는 정신의 여정』(Itinerarium mentis in deum)은 그 철학적 부분에서 형이상학적 지식의 완성이라기보다는 오히려 최고 존재를 향한 인식의 상승이라는 의미에서의 형이상학이다. 이 최고 존재는 「출애굽기」(Exodus) 3장 14절에 나오는 신의 이름 '나는 나인 자'(sum, qui sum)에 근거하여 신적인 것으로 파악될 수 있었다. 인식의 상승은 플라톤주의자인 에크하르트에서 드물게 말해지기는 하지만 우리는 그에게서 마찬가지로 형이상학적 사유의 형태를 발견한다. 여기에서는 하나의 이론을 만들어내기보다는(비록 에크하르트가 『명제집』[Opus propositionum]을 계획하면서 그런 종류의 것을 하고자 했지만)(『명제집』은

Hellenic Studies 75(1955), 59–68쪽, 특히 59쪽; W. Burkert, *Weisheit und Wissenschaft, Studien zu Pythagoras, Philolaos und Platon*, Nürnberg 1962, 132쪽 및 주 226.

『문제집』[*Opus quaestionum*] 및 『해석집』[*Opus expositionum*]과 함께 『3분된 작품집』[*Opus tripartitum*]을 형성하는 작품: 옮긴이) 최종적이고 궁극적인 인식을 얻는 것이 중요하다. 그런데 이 인식은 인식하는 자가 새로운 어떤 영역, 지금까지 자신에게 알려져 있지 않은 영역으로 들어감으로써 도달하게 되는 것이 아니라 그 인식하는 자가 자신 스스로 줄곧 안에 있었지만 그때까지 알아채지 못했던 인식, 그 안에서 인간의 정신과 신의 존재가 하나인 인식을 찾아냄으로써 도달하게 된다. 즉 "만일 내가 내 안에 있는 것을 내던지면, 나는 신의 존재로 옮겨질 수 있고, 이 신의 존재는 정신의 존재이다."[28] 인간이 개별적 존재로부터 '떨어져 나간' 상태를 요구함으로써 인간은 형이상학적 사유가 지닌 본래 목표에 도달한다. 그 본래 목표는 인간 정신이 신의 존재와 합일되는 것이다. 이런 형이상학은 그 핵심에서 종교이다.

근대의 플라톤주의에 대해서도 비슷하게 말할 수 있다. 여기에서도 철학이 제의의 역할을 떠맡는다. 즉 철학적 인식은 인식하는 인간과 신의 결합을 이루어내는 것으로 여겨진다. 예컨대 브루노(G. Bruno)는 고대의 악타이온(Aktaion) 신화를 이런 의미로 해석한다. 이 신화에 따르면 악타이온은 사냥꾼인데 사슴을 사냥하다가 디아나 여신의 알몸을 보게 되고 이 여신에 의해 사슴으로 변해서 자신의 사냥개에게 물려 죽는다. 브루노의 해석에서 이 신화는 최고의 종교적–철학적 인식의 모습이 된다. "악타이온은 신적인 지혜에 대한 열망으로 가득 차 있고 신적인 아름다움에 이르기를 추구한다는 점에서 오성(Verstand)을 의미한다."[29] 신적인 아름다움과 지혜는 디아나, 곧 신적인 일자(一

---

28) Pr. 76(DW III 322, 5f.). 번역은 퀸트(Quint)의 것에 따른다.

29) G. Bruno, *Die heroischen Leidenschaften*, Gesammelte philosophische Werke (L. Kuhlenbeck) Bd.II 347쪽.

畜)가 반영되는 존재 전체(das Seinsganze)의 인식을 통해서 구체화된다. 사냥꾼이 신을 봄으로써 그는 변신을 겪는다. "자신의 생각을 갖고 있으며 자신의 사냥개를 거느리고 있는 악타이온은 자신의 바깥에 있는 좋음, 지혜, 아름다움, 숲의 야생동물을 추구하게 되었다. 그러나 그가 이런 것들을 보자마자 이 엄청난 아름다움에 넋을 잃고는 사냥감이 되어 그가 추구하던 것으로 변한 것을 보게 된다. 또 그는 그 자신이 자기의 사냥개, 곧 자기 생각이 바라는 사냥감이 되었다는 것을 깨닫게 된다. 그는 신을 자신 안에 갖게 되었기에 이 신을 자기 바깥에서 추구할 필요가 없게 되었다."[30] 이렇게 해서 그는 새로운 인식 방식, 곧 이성을 통한 인식 방식을 획득한다. "광적이고 맹목적이며 헛된 세계의 방식으로 살았던 삶을 자신의 사냥개가 앗아가버리고 그는 이제 정신적인 방식으로 살기 시작했기 때문에, 그는 신들의 삶을 살고 암브로시아를 먹고 살며 넥타르에 취한다."[31] 이 인식은 학문적 형이상학의 종류가 아니다. 이 인식에서 문제가 되는 것은 인간을 일상적 현존재로부터 끌어내며 인간을 신적인 삶의 단계로 끌어올리는 새로운 삶의 방식을 획득하는 일이다.

우리는 근대의 또 하나의 중요한 예로 데카르트 철학을 들 수 있다. "나는 생각한다. 그러므로 존재한다"(cogito, ergo sum)는 말은 정말로 종결이 아니라 자기 의식(Selbstbewußtsein)에서 출발해서 존재 의식(Seinsbewußtsein)에 이르고 존재 의식을 넘어서서 신의 의식(Gottesbewußtsein)에 이르는 경험을 표현한 것이다. 데카르트에서 문제가 되는 것은 특정한 이론을 발전시키는 일이 아니라 존재 사유의 길을 여는 일이다. 그러므로 알키에(F. Alquié)가 다음과 같이 언급

---

30) 같은 책, 350쪽.
31) 같은 책, 같은 곳.

한 것은 옳게 말한 것이다. "데카르트의 형이상학이 오로지 그 독단적 (교의적, dogmatisch)인 내용이라는 관점에서만 보았을 때 많은 이에게 매우 부족해 보일 수 있다는 것은 결코 놀라운 일이 아니다. 이 형이 상학은 신과 혼들이 실재한다는 주장에 국한되는데, 이 주장은 그 당 시 모든 사람이 믿었던 내용이다. … 그러나 데카르트의 형이상학은 이 형이상학에서 운동을 감지하는 사람에게는 그 전체 깊이를 드러낸 다. 그 전체 깊이는 이 운동을 통해서 의식이 모든 물리적 존재론으로 부터 해방되고 자연과학을 인간 및 존재에 달려 있는 것으로 기술한 다는 점이다."[32] 『제1철학에 대한 성찰』(*Meditationes de prima philosophia*)은 다른 무엇보다도 특히 보편적 회의를 넘어서서 존재의 직접적인 현존을 의식에서 발견하는 길에 도달하고자 하며 데카르트 의 신 존재 증명은 의식 안에 있는 신의 관념을 드러내고자 한다. 그 런데 여기에서 학문적인 증명 그 이상의 것이 문제라는 것은 세 번째 성찰의 결론에서 이끌어져 나온다. 이 세 번째 성찰의 결론에서 데카 르트는 거기에서 전개된 신 존재 증명에 이어서 언급하기를 그 무엇 보다도 특히 여기에서 신의 속성과 아름다움을 바라보고, 경탄하며, 경배하고자 한다고 한다. "믿음이 우리에게 피안의 삶의 지복(至福, höchste Seligkeit)은 오로지 유일하게 신적인 위엄을 바라보는 데에만 있다고 가르치듯이 우리도 지금 비록 훨씬 불완전한 바라봄이기는 하 지만 현재의 바라봄으로부터 최고의 즐거움을 얻을 수 있다면 현세의 삶에서 이 최고의 즐거움에 도달할 수 있다는 사실을 경험한다 (experimur)."[33] 그러므로 데카르트에 따르면 철학은 복된 사람이 신

---

32) F. Alquié, *Descartes*, Stuttgart-Bad Cannstatt 1962, 79쪽. 번역은 조금 수정을 가했다.
33) AT VII 52.

곁에서 누리는 영원한 삶을 선취(先取, Vorwegnahme)하는 데에 이르게 한다. 그리고 바로 이것이 기독교 제의 행위의 목표이기도 하다.

20세기 철학자들 가운데 끊임없이 되풀이해서 플라톤주의자임을 고백한 사람은 라벨이다. 그의 철학은 의식 안에서 '존재의 현존'(présence de l'être)을 경험하는 데에 근거한다. 이 존재의 현존을 경험하는 일이야말로 철학하는 사람이 개념적으로 포착하고 분석하려고 시도해야 하는 것이지만 본래 철학적으로 탐구되어야 하는 것은 이 경험 자체이다. 더욱이 이 경험은 기본적으로 모든 이에게 열려 있지만 거의 대부분의 사람들이 주목하지 않는다. "반면에 존재 및 자아의 이 내적 연관성을 일단 삶 자체의 작용으로 파악한 사람은 자신의 사유를 더 이상 그것으로부터 떼어낼 수 없다. 즉 이 만남을 기억하는 일이 그에게 이 연관성을 항상 새롭게 눈앞에 펼쳐놓고, 또 바로 이것이 정신을 끊임없이 운동하게 하며 고양시킨다. 사람들은 이 경험이 직접적으로 명백하다고 말하지 않을 것이고 이 경험이 필연적이라고도 말하지 않을 것이다. 또 사람들은 만일 우리가 즉시 이 경험을 넘어서지 않으면 이 경험은 쓸모없는 상태로 있을 것이라고도 말하지 않을 것이다. 그러나 이 경험 안에 우리가 인식할 수 있는 모든 것이 들어 있다."[34] 또 "만일 이 인식이 주어지면 인식의 노력은 그 최종 단계에 도달한 것이다."[35] 이렇게 라벨 역시 자신의 방대한 철학 저술에도 불구하고 철학을 기본적으로 자신이 신과 동일시한 존재를 궁극적이고 심층적으로 인식하는 과정으로 파악했다. "문제가 되는 것은 우리가 신을 두고 신이 존재한다고 말하는 것이 아니다. 오히려 결정적인 것은 '신은 존재이다'라는 언명이다."[36] 이렇게 볼 때 라벨의 철학

---

34) L. Lavelle, *Die Gegenwart und das Ganze*, Düsseldorf 1952, 26쪽.
35) 같은 책, 45쪽.

은 중세의 '출애굽기 형이상학'(Exodusmetaphysik)과 결합된다. 출애굽기 형이상학의 신 개념은 신의 이름이 들어 있는 「출애굽기」 3장 14절의 표현, "나는 나인 자이다"(Ich bin, der ich bin)를 통해서 규정된다.[37] 그러므로 신과 동일시된 존재를 인식하는 길로서의 철학은 라벨에서도 역시 제의와 유사한 과제를 갖는다.

우리는 지금까지 두 가지 형태의 형이상학을 구별했다. 즉 하나는 아리스토텔레스로 소급해 올라가는 주로 학문적인 방향의 형이상학이고, 다른 하나는 플라톤과 관계를 맺는 보다 종교적인 방향의 형이상학이다. 제의(Kult)가 플라톤주의의 원형으로 나타나는 반면에 학문적 철학의 원형은 제의에서 벗어나 합리화된 신화(Mythos)라고 보아도 좋을 것이다.[38] 그런데 18세기 말에 세 번째 형태의 형이상학적 사유가 등장했다. 이러한 형태의 형이상학적 사유는 플라톤적 요소와 아리스토텔레스적 요소를 함께 지니고 있다. 이것의 특징은 '역사'가 중심에 위치한다는 점이다. 이것의 고유성은 헤겔에서 가장 명확하게 볼 수 있다. 헤겔의 체계는 한편으로 학문성을 확보하고자 한다. 다시 말하면 "철학을 학문으로 고양(Erhebung)시켜" 철학이 더 이상 '앎에 대한 사랑'으로 불리지 않고 '앎'으로 불릴 수 있게 하려는 것이다.[39]

---

36) L. Lavelle, *Einführung in die Ontologie*, Köln 1970, 110쪽.

37) 여기에 대해서는 다음을 참조. E. Gilson, *Der Geist der mittelalterlichen Philosophie*, Wien 1950, 59쪽. 더 나아가 나의 논문도 참조하라. "Exodusmetaphysik und metaphysische Erfahrung", in: *Thomas von Aquino*, hrsg. von W. P. Eckert, Mainz 1974, 80-95쪽. 여기에는 이 주제에 대한 다소 오래된 문헌 목록도 실려 있다.

38) 이 점을 나는 다음 강연에서 다소 자세하게 암시했다. "Über philosophische Rationalität", in: 16. Weltkongreß für Philosophie 1978, Sektions-Vorträge, Düsseldorf 1978, 55쪽 이하.

39) G.W.F. Hegel, *Phänomenologie des Geistes*, hrsg. von J. Hoffmeister, 6. Aufl.,

헤겔에 따르면 이 '철학의 학문으로의 고양'은 예컨대 파르메니데스나 플라톤이나 라벨이 생각한 것과 같은 방식으로 일어날 수 없다. 즉이 고양은 "권총에서 총알이 발사되듯" 갑자기 일어나는 것이 아니라"긴 과정을 통해서 꾸준히 애써야" 달성할 수 있다.[40] 우리는 학문적체계에 대한 추구를 헤겔 사유의 아리스토텔레스적 측면으로 파악할수 있겠다. 그러나 최종 목표에 이르기까지 인식이 상승한다는 생각이 등장하는 곳에 플라톤적 측면이 담겨 있다. 즉 헤겔 역시 모든 앎이 거기에 이르려고 추구해 마지않는 목표에 대해 말하고 있는 것이다. "그것은 더 이상 자기 스스로를 넘어설 필요가 없는 곳이다."[41] 목표는 '절대적 앎'인데, 이 절대적 앎은 플라톤 철학과는 달리 인간 정신이 발전하는 긴 역사 안에서 비로소 도달하게 된다. 헤겔 철학은 아주 새로운 종류의 형이상학으로 파악되는데, 여기에 대해 카울바흐는다음과 같이 말한다. "이 시도는 형이상학적이다. 학문 이론으로서이런 방식으로 이해된 형이상학은 지금까지의 앎의 단계들, 따라서역사적으로 '현상하는 앎'(erscheinendes Wissen)의 전체 형태들을 기술한다. 이렇게 해서 이 형이상학은 이성이 지금까지의 역사적 전개에서 겪어온 경험들을 다시 한 번 뒤따라 경험한다."[42] 이에 반해서플라톤주의와 아리스토텔레스주의는 비역사적으로 사유한다. 또한니체에서도 역사의 모든 시대의 철학의 밑바닥에는 동일한 경험이 깔려 있는데, 이 동일한 경험이란 "모든 것은 하나이다"라는 문장에 표현되어 있는 경험이고, 이 문장은 "그 근원을 신비적 직관에 두고 있

Hamburg 1952, 12쪽.

40) 같은 책, 26쪽.

41) 같은 책, 69쪽.

42) F. Kaulbach, *Einführung in die Metaphysik*, Darmstadt 1972, 100쪽.

으며 우리가 모든 철학 및 이 근원을 더 잘 표현하려고 항상 새로 하게 되는 시도들에서 만나게 되는 문장이다."[43]

이렇게 역사가 중심 위치를 차지하는 철학이 갖는 특이성은 청년 헤겔학파가 끌어낸 결론을 통해서 특히 눈에 띄게 되었다. 다시 말해서 청년 헤겔학파의 철학자들에게 헤겔은 최후의 철학자(der letzte Philosoph)로 나타난다. 이 최후의 철학자에게는 철학적으로 넘어서는 것이 더 이상 가능하지 않으며 정치적 활동, 곧 혁명으로 철학이 스스로 지양됨으로써 그저 계속될 수밖에 없다.[44] 헤겔은 역사를 형이상학으로 만들었다. 뢰비트(K. Löwith)는 이 역사적 형이상학이 전통적 형이상학과 다른 점을 철학의 대상 및 역사의 대상에 대한 근본적인 성찰을 통해서 분명히 하고자 한다. "철학은 아리스토텔레스에서 헤겔에 이르기까지 다름 아닌 항상 있으며 필연적인 것과 연관되었지 한때는 이렇고 다른 때에는 저런 것과 연관되지 않았다. 왜냐하면 때에 따라 달라지는 것은 우연히 주어지기 때문이다."[45] 또한 "우연적인 것과 관련해서는 … 철학적 학문은 없고 보고나 역사가 있을 뿐이다. 그렇기 때문에 그리스 철학자들이 역사를 역사가에게 넘기고 우리의 인간 역사로부터 무엇인가 철학적인 것을 만들어내는 역사철학을 고안해내지 않은 것은 옳은 일이다."[46] 하버마스(J. Habermas)는

---

43) F. Nietzsche, WW III 361쪽(Schlechta).

44) 여기에 대해서는 다음 논문을 참조. K. Löwith, "Philosophische Theorie und geschichtliche Praxis in der Philosophie der Linkshegelianer", in: *Die Hegelsche Linke*, Ausgewählt und eingeleitet von K. Löwith, Stuttgart-Bad Cannstatt 1962, 7-38쪽.

45) K. Löwith, *Gesammelte Abhandlungen, Zur Kritik der geschichtlichen Existenz*, Stuttgart 1960, 232쪽.

46) K. Löwith, *Vorträge und Abhandlungen, Zur Kritik der christlichen Überlieferung*, Stuttgart 1966, 137쪽.

이런 뢰비트를 "역사 의식으로부터 스토아적으로 후퇴했다"거나 "돌연 고대로 되돌아갔다"고 비난한다.[47]

우리는 여기에서 하버마스의 뢰비트에 대한 비판이 정당한지 아닌지를 문제 삼지 않고 단지 이 두 사람의 발언을 역사로 이해되는 형이상학의 특성을 지적하는 것으로만 사용하기로 한다. 뢰비트에 따르면 이런 형이상학의 속성들 가운데 하나는 철학적 관심을 존재자 전체이자 특히 자연인 '세계'로부터 '인간 세계'로 돌리는 것이다. 마르크스가 철학자들을 두고 그들은 지금까지 단지 세계를 해석했을 뿐이며 이제 중요한 것은 세계를 변화시키는 일이라고 말할 때 그는 방금 말한 견해의 의미에서의 세계 개념을 취하고 있는 것이다.[48] 존재자 전체는 인간에 의해서 변화될 수 없으며, 변화될 수 있다면 그것은 '인간 세계'이다. 지금 관심은 바로 이 '인간 세계'에 쏠려 있으며 이에 반해 '자연'은 중요하지 않게 되었다. 이미 헤겔에서 "자연은 세계사에 비해 하위의 전시장이다."[49] 뢰비트에 따르면 이것은 결국 다음과 같은 의미이다. "초인간적인 자연적 우주는 망각되고 세계는 그 근저로부터 인간화되었다. 세계가 인간의 세계로 된 것이다. 이렇게 세계가 사라짐과 동시에 인간의 본성은 역사적 실존으로 휘발되어 버린다."[50]

게다가 뢰비트는 세계 개념이 인간의 역사적 세계로 협소해지는 것을 심지어 초기 하이데거에서도 발견한다. 뢰비트는 하이데거에게 이

---

47) J. Habermas, "Karl Löwiths stoischer Rückzug vom historischen Bewußtsein", in: Merkur, Heft 185(1963), 576–590쪽. 이 글은 다음 두 책에도 수록되어 있다. *Theorie und Praxis, Sozialphilosophische Studien*, Neuwied 1963, 352–370쪽. *Philosophisch-politische Profile*, Frankfurt 1971, 116–140쪽.

48) K. Marx, *Die Frühschriften*, hrsg. von S. Landshut, Stuttgart 1971, 341쪽.

49) 여기에 대해서는 다음 책을 참조하라. K. Löwith, *Gott, Mensch und Welt in der Metaphysik von Descartes bis Nietzsche*, Göttingen 1967, 132쪽 이하.

50) K. Löwith, *Gesammelte Abhandlungen*, 233쪽.

의를 제기하기를 형이상학의 본래 의미에서의 세계는 『존재와 시간』에서 주장되듯 '주위 전체성'(Bewandtnisganzheit)도 아니고 '지시 연관성'(Verweisungszusammenhang)도 아니라고 한다. 이것은 오직 인간의 환계(Umwelt)에만 적용된다는 것이다. "우리가 집과 거주지와 역사적 대지와 우연히 속해 있는 민족을 떠나자마자, 또 '문명 세계'(mondo civile) 밖으로 나오자마자, 어쩌면 역사적 세계의 오늘날의 동굴 거주자에게 원초적인 폭력과 세계의 단조로운 크기가 다가올 것이다. 이 세계는 우리의 세계가 아니요 우리를 가리키는 것이 아니라 단지 자기 자신을 가리킬 뿐이다."[51] 그러나 여기에서 뢰비트의 비판은 '존재 역사'(Seinsgeschichte)의 이론으로 전통적 형이상학 그리고 그리스 형이상학으로부터 근본적으로 결별하는 후기 하이데거에게도 해당한다. "어떤 고전 철학자도 존재 및 미래 역사의 도래를 준비하는 일로서 존재의 참된 본성에 대한 성찰을 요구하지 않았다."[52] 하이데거의 존재의 물음에 대한 '세계사적' 정초(定礎)는 그리스의 우주–존재론(Kosmo–Ontologie)과는 거리가 먼데, 그것은 그리스의 우주–존재론이 기독교의 인간–신학(Anthropo–Theologie)과 유사한 꼭 그 정도로 멀다.[53] 만일 이 점이 맞다면 세 번째 형태의 형이상학도 역시 종교적으로 조건 지워져 있음이 밝혀진 셈이다. 물론 이번에는 유대교적–기독교적인 구속사에 의해 조건 지워져 있는 것이고, 이렇게 보면 바로 신학에서 출발한 사상가들이야말로 철학적 사유와 역사적 사유가 결합된 것으로 보고 철학의 역사성을 끊임없이 강조한다는 사실도 더 잘 이해할 수 있을 것이다. 그런데 이런 철학 역시 제의와 동일한 것

---

51) 같은 책, 243쪽.
52) K. Löwith, *Heidegger–Denker in Dürftiger Zeit*, 2.Aufl., Göttingen 1960, 60쪽.
53) K. Löwith, *Gesammelte Abhandlungen*, 238쪽.

을 하고자 한다. 다만 절대적 존재와의 합일이 역사의 전개 과정에서
야 비로소 시작된다는 차이가 있을 따름이다.

지은이 칼 알버트(Karl Albert)

1921년 독일 네하임(Neheim)에서 태어났다. 쾰른대학교와 본대학교에서 철학을 전공하고 에리히 로타커(Erich Rothacker)의 지도로 박사학위를 받았다. 김나지움의 철학 교사를 거쳐 1973년에서 1980년까지 라인란트 사범대학교 철학 정교수, 1980년부터 1987년 정년 퇴임까지 부퍼탈대학교 철학과 정교수를 지냈다. 주요 관심 분야는 형이상학과 존재론, 철학사, 철학적 신비론이며, 플라톤, 마이스터 에크하르트, 루이 라벨을 다루는 훌륭한 저술을 남겼다. 2008년 10월에 세상을 뜬 이래 생전에 연고가 있던 마인츠대학교 모리스 블롱델 연구소에 그의 이름을 딴 장학금이 생겼다. 그의 저술들은 특유의 투명한 필체로 씌어져 철학을 전공하지 않은 일반 독자들로부터도 사랑받고 있다.

옮긴이 이강서(李康瑞)

성균관대학교 철학과와 같은 대학교 대학원 철학과를 졸업했다. 독일 뮌헨대학교에서 플라톤 철학으로 박사학위를 받았으며, 1996년부터 전남대학교 철학과에서 학생들을 가르치고 있다. 주요 관심 분야는 서양 고대철학과 형이상학이다. 지은 책으로 『철학의 문제들』(1998, 공저), 『플라톤 철학과 그 영향』(2001, 공저), 『생각하고 토론하는 서양철학 이야기 I: 고대』(2006), 『철학, 문화를 읽다』(2009, 공저) 등이 있다. 옮긴 책으로는 『철학의 거장들 I: 고대·중세』(2001, 공역), 『대화의 철학 소크라테스』(2004), 『진리의 현관 플라톤』(2004), 『지중해 철학기행』(2007) 등이 있다. 독일 튀빙엔 학파의 고대철학 해석을 둘러싼 논란과 서양의 신비주의 전통에 대한 저술을 준비하고 있다.

Gang-Seo Rhee

B.A.: Sung-Kyun-Kwan University in Seoul, Korea
M.A.: Sung-Kyun-Kwan University in Seoul, Korea
Dr. phil: Muenchen Universitaet in Germany
since 1996 professor, Dept. of philosophy, Chonnam National University in Gwangju, Korea

플라톤 철학과 헬라스 종교

대우학술총서 604

1판 1쇄 펴냄 2011년 8월 19일
1판 2쇄 펴냄 2014년 12월 22일

지은이 | 카를 알버트
옮긴이 | 이강서
펴낸이 | 김정호
펴낸곳 | 아카넷

출판등록 2000년 1월 24일(제2-3009호)
413-120 경기도 파주시 회동길 445-3
전화 031-955-9511(편집) · 031-955-9514(주문) | 팩시밀리 031-955-9519
www.acanet.co.kr

ⓒ 이강서, 2011
알버트 KDC 160.23

Printed in Seoul, Korea.

ISBN 978-89-5733-208-5 94160
ISBN 978-89-89103-00-4 (세트)